日本プロレス歴代王者名鑑

ヘビー級シングル編❷ 世界最高峰、王道最高峰

週刊プロレス 編

ベースボール・マガジン社

目次

NWA世界ヘビー級王者

1949年11月28日～（テーズ・ベルト）

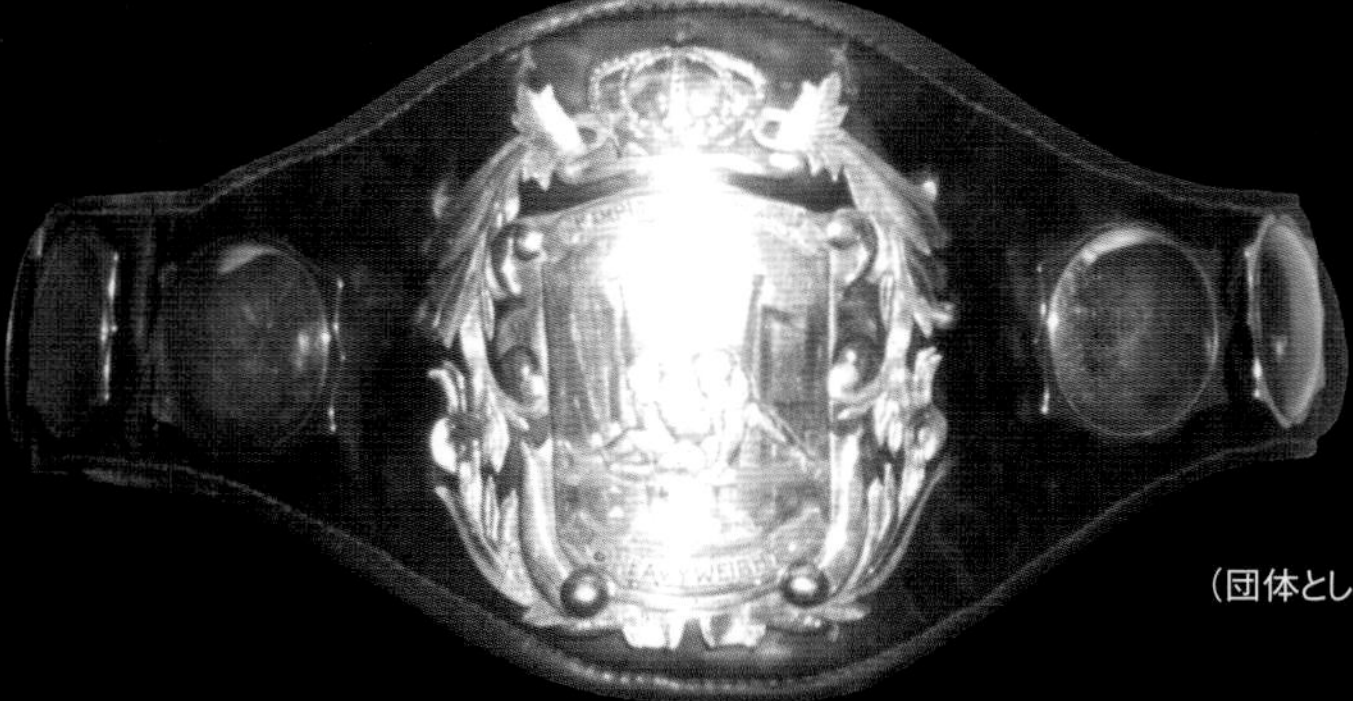

1959年末～
（団体として初のベルト）

1973年7月20日～

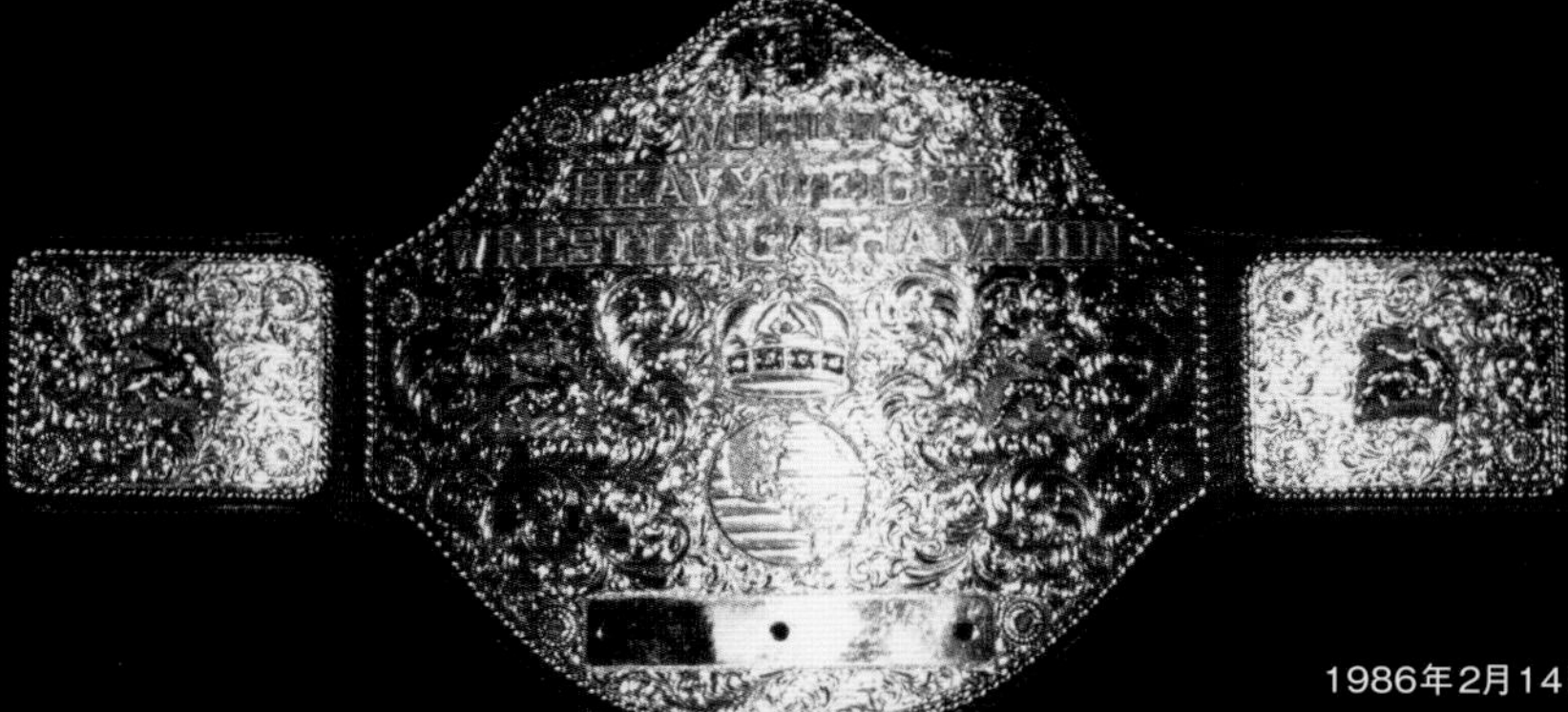

1986年2月14日～

全米を牛耳る巨大組織が誇る世界最高峰王座

ボクシング統一機構にならって「旧NWA」が発足

プロレスの歴史の中で「NWA」と略称されてきた組織は3つあったので、本稿では混同を避けるため、第二次世界大戦前から存在した「ナショナル・レスリング・アソシエーション」を「旧NWA」、ピンキー・ジョージが1943年に命名してアイオワ州限定で運営した「ナショナル・レスリング・アライアンス」を「アイオワNWA」、1949年11月にサム・マソニックが声をかけて組織的に再編成された新しい「ナショナル・レスリング・アライアンス」を「新NWA」と異なる呼称することにより、明確に峻別して稿を進める。

まずは「旧NWA」の起源から話を始める。1921年に、アメリカのプロボクシング興行を統括する「ナショナル・ボクシング・アソシエーション（NBA）」という組織が誕生した。これは各州で毎週のように開催されるようになったプロボクシング興行から漏れなくタックス（興行税）を徴収する目的で結成されたもので、各州のアスレティック・コミッション（体育局）の集合体だから絶大なる権威も有し、各階級のチャンピオン（ヘビー、ミドル、ライト、フライ）とコンテンダーを認定するという具体的なルーティンも兼務していた。NBA内部で「このシステムを、プロレスにも適用しようじゃないか？　そうすればタックスを

ルー・テーズとプロモーターのトム・パックス。写真は1937年12月30日、21歳のテーズがエベレット・マーシャルを破って初めて世界王座を獲得した翌日、パックスにベルトを渡された

キチンと取れるし、プロレス興行も秩序が保たれるだろう」という提議がなされたのが1930年で、これが「旧NWA」の誕生契機だった。

ところが、ボクシングと違ってプロレスのプロモーター連中は一筋縄ではいかない。ニューヨーク、シカゴ、セントルイス、ロサンゼルス、ヒューストン、ボストンのような大都市のプロモーター達は「統一チャンピオン？　余計なお世話だよ」とばかりに自分達の認定するヘビー級チャンピオンを勝手に擁立し、所属州のアスレティック・コミッショナーに「ボクシングと違って、ウチの興行で使う世界チャンピオンは、特定の人気レスラーでないと、客が集まらない。なんとか、本部にはうまいこと言っておいてください。タックスは多めに払いますから」的な方便を講じて巧妙に立ち回っていた。その結果、1930年代後半には全米で7人もの「ワールド・チャンピオン」を名乗るレスラーが乱立して収拾がつかない状態になったが、1940年代に入ってようやく「このままでは、プロレスはいつまで経っても世間からバカにされ続ける」との危機感が共有された結果、統一（少なくとも集約）の機運が生まれてくる。「旧NWA」の中で最も権力を持っていたミズーリ州出身のハリー・ランドラリー（会長）を抱え込んだのがセントルイスのプロモーターだったトム・パックスで、パックスはワイルド・ビル・ロンソン、サンダー・ザボー、ブロンコ・ナグルスキー、ボビー・マナゴフ、ルー・テーズらのトップレスラー（全て歴代の旧NWA世界王者）を囲いこんで、中西部では独占的に使い回し、ブッキング・チャージを荒稼ぎしていた。

旧NWAに反旗を翻したマソニック派が独立

本稿の主テーマである「新NWA」の主役、サム・マソニック（1905～1998年）は、1935年8月、セントルイスの大手新聞社『セントルイス・タイムズ』を辞め、トム・パックス事務所に雇われた。

「私はスポーツ担当で、主に野球とプロレスを取材していた。毎週のように会場に行って取材しているうちにプロレスの魅力に憑りつかれて、パックスの熱心な誘いもあり転職した。仕事はプログラム作成と、パックスが決めた出場レスラーに電話してブッキングすること。当時は隔週でキール・オーデトリアム定期興行があったから、本当に大変な仕事だった」（マソニック）

ちなみに21歳のルー・テーズがエベレット・マーシャルを破って初めて世界ヘビー級王者（このときは一時的に旧NWA世界王座が保留状態になっていたため、ミッドウェスト・レスリング・アソシエーション＆ボストンのアメリカン・レスリング・アソシエーションの共同認定タイトル）になったとき、パックスの発注していたベルト（のちのテーズ・ベルト）をセントルイス市内の宝飾店へ取りにいったのもマソニックだった。

「セントルイスで一番有名だったジョージ・ルーベンスタインという宝飾屋の手作りで、クリスマス前に完成して、私が取りにいった。私がヘレン（妻）と婚約する前だったから、『婚約指輪もここで作ろう』と決

心した」(マソニック)

この時点ではパックスとマソニックの関係は円滑だったが、徐々にパックスの目に余る〝横暴〟が我慢の限界を越えたために、1942年1月、マソニックはパックス事務所を退社している。

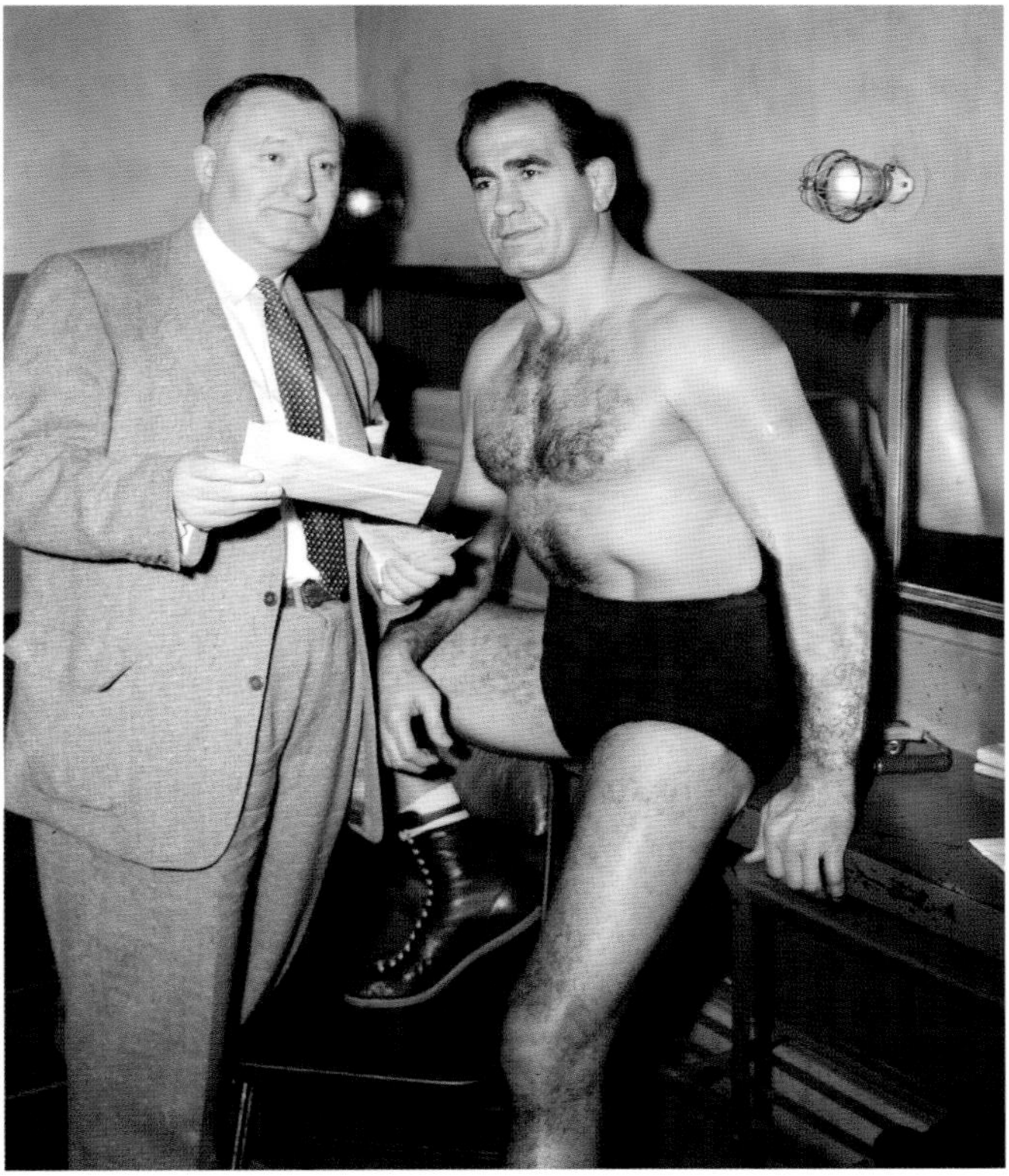

テーズとサム・マソニック。写真は1956年

「パックスはプロレス以外にサーカスとオートレースの興行も手掛けていて、その失敗が原因だった。プロレス興行は大きな儲けが出ていたが、残り二つは大赤字。私へのサラリーも減る一方で、次第に、とても生活できるレベルではなくなった。私はパックスを直近で見ていたから、徐々にプロレス興行のやり方も学ぶことができた。1941年の暮れにセントルイス市から興行ライセンスを取得して、パックスに対抗して興行を始めた」(マソニック)

マソニックは1942年3月27日に自派を旗揚げした。以降5月1日、5月15日、5月29日と計4

回の興行を打ったが、観客数は平均して3000人。一方パックス派は依然として隔週に1万人前後の満員を動員し、新勢力のマソニック派を圧倒した。

マソニックは、自分がパックス事務所にいた時代に親交を深めていた中西部のプロモーター達に応援を依頼して、実力派のレスラーをかき集めた。具体的にはアル・ハフト（コロンバス）、トニー・ステッカー（ミネアポリス）、ハリー・ライト（デトロイト）、オーブル・ブラウン（カンザスシティ）、ピンキー・ジョージ（デモイン）、サム・エイビー（オクラホマシティ）、マックス・クレイトン（オマハ）の7人である。パックスがブッキングしていたようなネームバリューのある大スターこそいなかったが〝シューター〟の異名を取っていた裏街道のガチンコも多く、ヴラディック・ズビスコ、ジョージ・ザハリアスといった古豪も駆けつけて動員に尽力している。

ところが、このオポジション（反対勢力）誕生に、パックスは激怒した。かつての部下だったマソニックの旗揚げが面白いはずがない。その時点までは定期的に供給していた「旧NWA世界王者」ワイルド・ビル・ロンソンを、「マソニックに協力したプロモーター達」へ派遣することを中止した。完全な嫌がらせである。陰険と言えば陰険なのだが、プロレス界では古今よく使われてきた手法である。

「私の興行に（旧NWA）世界チャンピオンのビル・ロンソンを呼ぶことは最初から想定していなかった。同じセントルイス市内の対抗勢力だから、それは仕方がない。でも、周辺の中西部のプロモーター達をも巻き込んで制裁する仕業はやり過ぎだった。パックスは長年の栄華で、自分のエゴがコントロールできなくなっていた。在職中に私は何度も『サーカスとオートレーシングをやめて、プロレスに集中したらどうですか？』と提言したが、一切耳を貸さなかった。確かにビル・ロンソンは素晴らしい観客動員を継続していたが、パックスに干されたプロモーター達が一致団結すれば、ロンソン以上の世界チャンピオンを作れるという自信はあった」（マソニック）

「ロンソンに代わる大物」と言えば、当時26歳だった元世界王者のルー・テーズを引き抜けば話は簡単だったのだが、テーズは1942年6月から陸軍に召集されてヒューストンのシップヤード（軍艦製造施設）に従軍しており（正式な除隊は1946年6月）、テキサス地区内の興行には出場を許されたものの、他の州を巡業する世界チャンピオンとしての行動は許されなくなっていた。そこでマソニック・グループは、「テーズ以外の王者候補」をノミネートして、新組織の世界王者とする行程に取り掛かった。

旧NWAとアイオワNWAが勢力争いを展開

結果的にマソニック・グループが1948年7月に採用した組織名称も「ナショナル・レスリング・アライアンス」。略称がNWAだったために、既存の旧NWAへの嫌がらせと捉えがちだが、この「アライアンス」の名称はその時に初めて使われたわけではなく、それまでの興行会社名（団体ではなく、単独のプロモーション）として二度、存在していた。最初に使ったのはマックス・ボウマン（1894～1976年）。彼はエド・ストラングラー・ルイスのマネージャーだったビリー・サンドウ（1884～1972年）の実弟で、1941年にカンザス州ウィチタで自らの興行グループを「ナショナル・レスリング・アライアンス」と称し、小規模ながら世界王者（ロイ・ダン、エド・ヴァイラグ）を擁して1942年後半までウィチタ限定の興行を継続した。次にこの名称を使用したのがアイオワ州デモインとウォータールーを管轄していたピンキー・ジョージで、ジョージは（パックスによって）世界王者ビル・ロンソンの派遣が中止された1年後の1943年11月3日、自分のデモイン興行で「旧NWA世界王者」のレイ・スチールを「ナショナル・レスリング・アライアンス世界ヘビー級王者（アイオワNWA）」と称して唐突に登場させた。これがのちの巨大カルテル（新NWA）に直結するスタート地点で、つまり「新NWA」のゴッドファーザー（名付け親）はピンキー・ジョージということになる。のちにも書くが、「新NWA」の初代会長に推挙（1949年11月）

「アイオワNWA世界ヘビー級王者」のオーブル・ブラウン（1908～1981年）。1940年代のカンザス地区では絶対的な英雄だった

されたのがジョージだったのは、この実績（命名、組織母体の形成）によるものだ。

　肝心の世界ヘビー級王者だが、レイ・スチールは暫定的に曖昧な（象徴的な）役割を担っただけで、実質的な防衛戦は行っておらず、翌1944年からはカンザス地区のプロモーターも兼任していたマソニック・グループの実力派レスラー、オーブル・ブラウン（1908年3月10日生まれ、当時36歳）が取って代わった。ブラウンは1948年までの間に何度か「アイオワNWA」の王座転落、奪回を繰り返したが、事実上のナンバーワンとして君臨。トム・パックスに〝干された〟プロモーターたちのテリトリーを定期的に巡業して人気を高めていき、第二次世界大戦が終わった1945年8月頃には「旧NWA王者ビル・ロンソンに対抗できる実力者」の地位と名声を獲得していた。年齢的にもロンソンより2年若く、「両者が次に対戦したら、ブラウンが勝つのではないか？」との声も高まっていった（両者の最後の対戦は1942年7月22日のデモイン戦で、このときはロンソンが勝って旧NWA世界王座を防衛。デモイン地区に対するロンソン派遣は、これが最後だった）。

　日本の降伏によって終戦となった2カ月後の1945年10月、それまで海軍に召集されていたサム・マソニックはめでたく除隊となり、再びセントルイスでのプロモーターとして復帰した。自分が不在の期間はピンキー・ジョージが中心となって「反パックス勢力」の結束を固めており、12月5日のキール・オーデトリアム興行には10人のレスラーをブッキングして3771人の観客を集めている。まだまだパックス派の観客数（平均9000人前後）には及ばなかったものの、「アイオワNWA世界王者」ブラウンを中心に着々と形勢逆転の機会を狙う位置には漕ぎつけていた。

その頃、「旧NWAとアイオワNWAの統一」の行方を握るルー・テーズ（当時29歳）は終戦後の〝一時帰郷休暇〟が許された1945年9月21日、パックス派のキール・オーデトリアム大会においてレイ・エカート（エッケルト）を破り「ホームリングへのカムバック」を果たし、翌年6月に正式に除隊したあともパックス派の「準エース」としてロンソンの世界王座を引き継ぐ位置に戻っていった。

テーズとマソニックが手を組み、統一組織と統一王座が実現

ルー・テーズは1947年4月25日、キールでホイッパー・ビリー・ワトソンを破って8年ぶりに「旧NWA世界王者」に復帰した。パックスから意外な〝商談〟が持ち込まれたのは、この年の暮れ。「パックスは既にサーカスとオートレーシングの興行から手を引いていて、セントルイスのプロレス興行に専念していた。しかしまだ借金の清算が終わっていなかったので、『プロレスの興行権を売却して引退したい。新たな株主の候補者を探してほしい』と言い出した。売却金額は10万ドル。私個人はとてもそんな金は持っていなかったが、複数の株主を募って買収することは可能だと判断した」（テーズ）

テーズは年末から年明けにかけて複数の親しいプロモーターに相談を持ち掛けた結果、トロントのフランク・タニー、モントリオールのエディ・クインからの大口出資賛同に漕ぎつけて買収に合意した。半数近くの株は現役のテーズとビル・ロンソンが取得したので、二人はそれを3年ローンで返済することにした。興行権譲渡に関する売買契約が最終合意に達したのは1948年12月、サム・マソニックら8人のグループが7月14日（と18日）にアイオワ州ウォータールー（プレジデント・ホテル）に集結して「新NWAの基盤組織」を構築した4カ月後だった。

幻に終わったNWA世界王座統一戦（1949年11・25ジ・アリーナ、旧NWA王者ルー・テーズvsアイオワNWA王者オーブル・ブラウン）の前売り券

以降、セントルイスはマソニック派とテーズ派がキール・オーデトリアムでそれぞれ隔週興行（つまり月に4回の興行、ほぼ毎週）を繰り広げる過密状態になったため、年明けの１９４９年2月、テーズとマソニックの間で〝和平協定〟が結ばれ、5月からセントルイスの興行オペレーションは一本化され「月に2回」へ頻度が縮小された（ただし対外的には、二人が握手したことは知らされず、11月の世界王座統一戦まではルー・テーズとオーブル・ブラウンが〝それぞれのNWA世界王座〟〈旧NWA、アイオワNWA〉の防衛戦を行った）。

「業界からトム・パックスがいなくなれば、私とテーズの間で無駄な血を流し合う理由はなかった。テーズは（旧NWA）世界チャンピオンとしての巡業、レスリングに専念したかったし、プロモーターとの二股は時間的に無理だと感じていた。一方私も、1カ月に4回もキール・オーデトリアムで興行がある状態は、明らかに異常だと感じていた。我々の利害が完全に一致した結果の合体だった」（マソニック）

残る大仕事はリング上の一本化、すなわちルー・テーズ（旧NWA王者）とオーブル・ブラウン（アイオワNWA王者）による「世界ヘビー級王座の統一（新NWA王者誕生）」だけとなった。この大興行は11月25日、中西部最大のインドア会場だったジ・アリーナ（のちにチェッカードームと改称）で行われることとなり、10月末には１万７５００枚の前売り券が全て売り切れる前人気を呼んだ。プロモーターのマソニックとしては最高の稼ぎ時だっ

1949年11月28日、ミズーリ州セントルイスで第1回NWA総会が開催。テーズが初代王者に認定された。写真中央の一番奥、背の高い人物がテーズ

たが、11月1日、オーブル・ブラウンが巡業先のミズーリ州セダリアで交通事故に遭い全治3カ月の重傷（意識回復までに5日）を負ったため、興行そのものがキャンセルされている。

「払い戻しの作業だけで2週間くらいかかった。統一戦の興行にあわせて、全米のプロモーターを呼んで、アライアンス、アソシエーションの合同総会をやる予定も組まれていた。テーズとブラウンの試合を会場で見届け、その勝者を統一チャンピオンとして（総会で）認定する…という日程を組んでいたわけだが、興行がキャンセルされたので、総会だけになった」（マソニック）

別掲が、1949年11月28日にセントルイス市内の「クラリッジ・ホテル」で開催された記念すべき〝大同団結〟の集合写真である。全米各地の主要プロモーターが漏れなく参加し、出席したルー・テーズが「統一NWA（新NWA）認定の統一世界チャンピオン」として参加者全員の認定を受けると同時に、「加盟プロモーターが仕切るテリトリーを公平に巡業して、タイトルマッチを行う」との宣誓書に署名した。前述したように初代会長は「基盤母体発足、ならびに命名の功」を称えられてアイオワ

1952年5月時点でNWAの中枢を形成していた主要プロモーターたち（中央が会長のマソニック）

州デモインのピンキー・ジョージが就任し、ここに巨大統一組織「ナショナル・レスリング・アライアンス（新ＮＷＡ）」が誕生した。なお、「旧ＮＷＡ」はこのあとも１９８０年まで継続したが、「新ＮＷＡの認定する世界チャンピオンを、そのまま自動的に認定する」ことに合意したため、表面上は活動を休止した形になった。マソニックは本部（セントルイス）の事務局長として就任し、メンバー間の連絡係と、王者ルー・テーズの派遣スケジュールを決める重責を担うことになった。

　これ以降は毎年８月か９月に「ＮＷＡ年次総会」が開催され（大体が３日間連続の開催）、新規メンバーの参入やメンバー間の問題解決、次期ヘビー級王者についての討議をする場として定着していく。開催地は基本的に本部のあるセントルイスだったが、メンバーの中でホストの立候補があった場合はそれを受け入れた（60年代後半からはギャンブル嗜好のメンバーが多くなり、ラスベガス開催が多くなる）。マソニックは１９５０年の総会から会長に就任し、ジャック・アドキッセン（フリッツ・フォン・エリック）が会長となる１９７５年８月の総会まで、25年間に及ぶ長期政権でリーダー役を全うした。新ＮＷＡの勢力範囲は北米大陸、メキシコ、オーストラリア、そして日本、韓国にまで及び、ＮＷＡ世界ヘビー級王座は〝世界最高峰〟の王座として称えられ、グローバルな規模で長

テーズが旧NWA時代から巻いていた個人ベルトは、そのまま新NWAの初代ベルトとして使われた。写真は1950年12月、NWA世界ヘビー級王者テーズとNWA世界ジュニアヘビー級王者バーン・ガニアのツーショット(左端はオクラホマのプロモーター、リロイ・マクガーク、右端はテーズのマネージャー、エド・ストラングラー・ルイス)。ガニアは翌51年にヘビー級に転向し、60年にはミネアポリスに新団体AWAを設立した

くプロレスの繁栄に寄与した。

ちなみにNWAメンバー(加盟プロモーター)の数は1953年と1954年の39人が最多。ジャイアント馬場が初めてNWA世界王者になった1974年は29人。最後のNWA総会が行われた1985年は16人まで減少している。

NWA黄金時代を築いたマソニック会長は1975年に引退。これを機に第一副会長のジム・バーネットが実権を握った。以降もNWAは世界最大組織としての威容は何とか保ち続けたが、徐々にメンバー間の関係がギクシャクし始め、1983年夏の第一副会長辞任後にバーネットは、父ビンス・マクマン・シニアに代わってWWFの実権を握ったばかりのビンス・マクマホン・ジュニアと結託。ビンス率いるWWFが全米侵略を進めるのと反対に、NWAは勢力を喪失。1985年に行われた最後のNWA総会をもって、歴史を誇る大組織は事実上崩壊した。王者でいうと、初代王者テーズから第29代王者リック・フレアー(1984年5月~1986年7月在位)までが名実ともに〝世界最高峰〟NWA世界王者ということになる(よって本書ではこの期間の王者を中心に紹介)。

初代
「936連勝」の大記録を達成! NWA王者像を確立

▼1950年に撮影されたポーズ写真。6フィート2インチ(187㎝)、223ポンド(101kg)は、年間200を超す試合数をこなさなければならなかった世界王者として理想的な体型だ。第4代王者ディック・ハットンの時代までは、王者個々人がベルトを用意していた。テーズのベルトは、旧NWAの王者時代にセントルイスのプロモーター、トム・パックスから贈られたもの

在位期間 1949年11月28日～1956年3月15日

ベルト載冠 1949年11月28日(現地時間)、アメリカ・ミズーリ州セントルイス市内のクラリッジ・ホテルで開催された第1回NWA総会において満場一致で初代王者に認定された

1949年11月28日、アメリカ、カナダ各州を支配する38人のプロモーターによって統一NWA世界王者に認定されたテーズは、そこから6年4カ月の王座期間に年間200～250試合をこなし、この期間に有名な「936連勝」という大記録も樹立している。50年からはマネージャーとして往年の大レスラー、エド・ストラングラー・ルイスを同道。各地のトップレスラーの挑戦を受けてサーキットを続けるという「NWA世界王者のルーティン」は、このテーズ時代から始まって、以降フレアー時代まで30年以上受け継がれた。切り札の元祖バックドロップは比類なきスピードと破壊力を持ち、ニックネームだった〝鉄人〟を象徴する最強の必殺技だった。

◀パワーボムの原型ともなった必殺リバース・スラムでアントニオ・ロッカを叩きつける(当時のマスコミはテーズ式パイルドライバーと呼称=53年、MSG)

▼MSGに登場した王者テーズは、強敵パット・オコーナーにボディースラムを見舞う(55年)

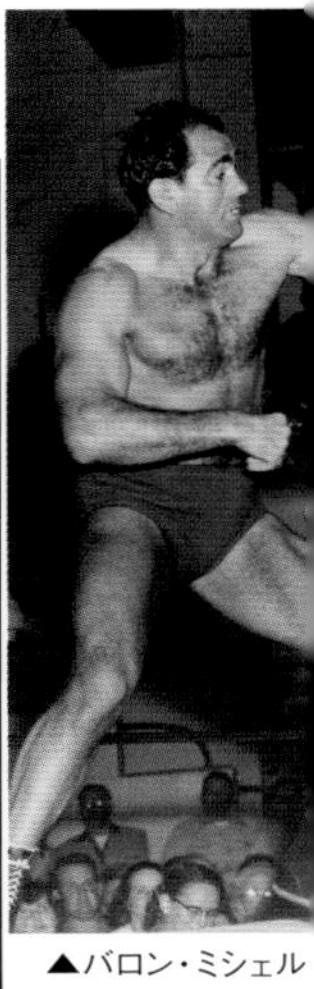

▲バロン・ミシェル
烈なエルボースマッ

▼テレビの普及に伴って国民的セレブになっていた〝世紀のショーマン〟ゴージャス・ジョージと対決(50年、シカゴ)

第2代 ホイッパー・ビリー・ワトソン

テーズを破った未来日の超大物世界王者

▼トロント地区で長年「ブリティッシュ・エンパイア（英連邦）・ヘビー級王者」として君臨してきたワトソンが、テーズを破って悲願のNWA世界王座奪取（40歳）。ベルトはテーズ・ベルトを借用したもの

在位期間 1956年3月15日～11月9日
ベルト戴冠 1956年3月15日（現地時間）＝カナダ・オンタリオ州トロント、メープルリーフ・ガーデン／NWA世界ヘビー級選手権試合（60分1本勝負）／ホイッパー・ビリー・ワトソン（30分33秒、場外カウントアウト）ルー・テーズ（テーズが足首骨折） ※テーズが防衛に失敗。ワトソンが第2代王者となる

1915年にカナダのトロント郊外で生まれたワトソンは少年時代からレスリングに熱中し、20歳でプロデビュー。4年間のイギリス修業期間を経て40年にトロントに戻り、以降は絶対的な地元ヒーローとしてアメリカの大物勢を迎撃。プロモーターのフランク・タニーとの二人三脚で五大湖周辺地区に黄金時代を到来させた。56年3月15日、本拠地のメープルリーフ・ガーデンでテーズを破り悲願のNWA世界王座を奪取。相手の手首をグリップして「合気道」の要領で何度もマットに叩きつける「アイリッシュ・ホイップ」の威力は凄まじく、8カ月間王座を守ったが、11月9日にセントルイスでテーズに雪辱を許した。一度も来日しなかった数少ない超大物の一人。

◀“流血王”グレート東郷にイスを叩きつけるワトソン。50年代のトロント地区におけるドル箱カードだった（53年）

◀ワトソンの切り札、コークスリュー・ホイップ。この体勢から何発も繰り出す荒技だ（56年、相手はカール・フォン・ショーバー）

▼コークスクリュー・ホイップと並んで切り札にしていたスリーパーホールド（相手はバディ・ロジャース、56年）

◀トロント地区のテレビ解説者としても人気があったロード・アンソル・レイトンをNWA世界戦で迎撃（56年）

第3代

力道山と闘い、日本のプロレス人気に貢献

▼幼少期に左利きから右利きに矯正されたが、リング上のパンチ攻撃やキック攻撃、ならびにポーズ写真は常にサウスポーの構えを取った

在位期間 1956年11月9日～1957年11月14日

ベルト戴冠 1956年11月9日（現地時間）＝アメリカ・ミズーリ州セントルイス、キール・オーデトリアム／NWA世界ヘビー級選手権試合（60分1本勝負）／ルー・テーズ（37分5秒 場外カウントアウト）ホイッパー・ビリー・ワトソン ※ワトソンが防衛に失敗。テーズが第3代王者となる

日本での防衛戦の相手 ①力道山②力道山

ワトソンから王座を奪還してからのテーズは、従来通りの防衛街道をバク進したが、1957年6月14日、シカゴで落とし穴が待っていた。小兵のエドワード・カーペンティアの挑戦を受け、3本目にロープブレークを繰り返したところ、レフェリーに試合放棄と判定されて敗れるという不覚を取る。8月のセントルイスにおける再戦で完璧に勝利したが、6月の試合結果を強く支持するプロモーターもおり、のちにWWAとAWAが設立される遠因となる。テーズは10月に日本に初遠征し、力道山を相手に北米大陸以外の土地で初めてNWA世界選手権が開催された。10月7日の後楽園球場には3万の観衆が集まり、テレビ視聴率は空前の87・0％（電通調査）を記録。

▲57年6月14日、シカゴにおけるエドワード・カーペンティア戦を微妙な判定で負けとされ、のちにNWA世界王座が分裂する契機を作ってしまった

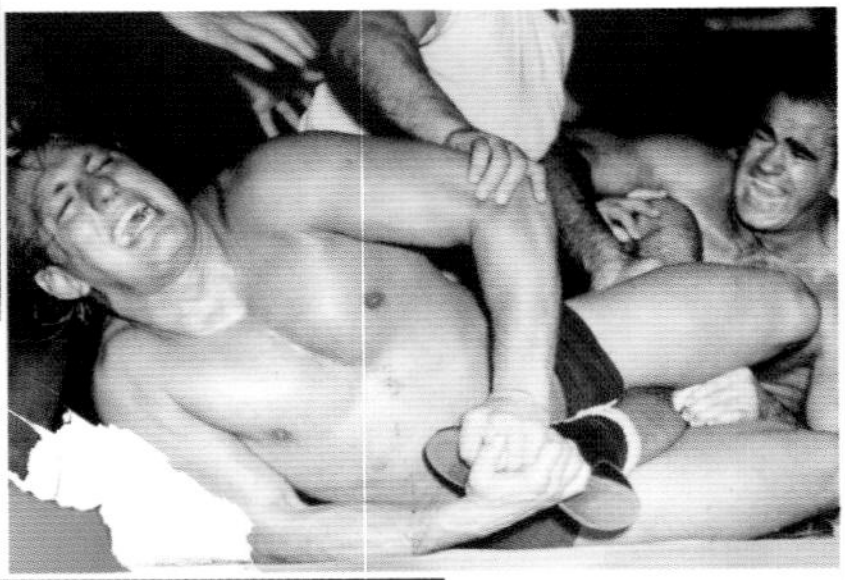

▼57年10・7後
道山とノーフォー
フルタイムドロー
13大阪・扇町プ
対1で王座防衛

▲バディ・ロジャースとは全米を股にかけて抗争を展開。どんな大会場でも満員の観衆を動員した（写真は57年）

◀ゴールデン・テラー（正体はジョージ・ボラス）に股裂きで猛攻を仕掛けるテーズ（56年）

ディック・ハットン

第4代

歴代NWA王者で唯一の五輪経験者として実力を発揮

▼ハットンは全米アマレス選手権で3度王座に就いたあと、オリンピック出場（1948年、ロンドン）を経てプロ入り。歴代NWA世界ヘビー級王者の中で唯一の五輪出場経験者。ベルトはオハイオ州コロンバスのボス、アル・ハフトから寄贈されたもの。下部にハットンの顔写真が入っている

在位期間 1957年11月14日～1959年1月9日

ベルト戴冠 1957年11月14日（現地時間）＝カナダ・オンタリオ州トロント、メープルリーフ・ガーデン／NWA世界ヘビー級選手権試合（60分1本勝負）／ディック・ハットン（35分15秒　コブラツイスト）ルー・テーズ　※テーズが防衛に失敗。ハットンが第4代王者となる

1923年生まれのハットンは大学時代に3度のアマレス王座（NCAAヘビー級）を獲得したあと、3年間の兵役（朝鮮戦争）を経て53年にプロレス入り。デビュー直後からセミ、メインに起用されて各地で人気を博し、57年11月14日、トロントでルー・テーズを必殺のコブラツイストでギブアップさせ、34歳でNWA世界王者となった。卓越したレスリング技術を持ちながらも、試合ぶりが地味なため観客動員は芳しくなく、王座獲得から1年2カ月後の59年1月、セントルイスでパット・オコーナーに敗れ王座を失った。来日したのは王座転落から3年後の62年のみだったが、エースの力道山や若き日のアントニオ猪木相手に往年の実力者ぶりを存分に見せつけた。

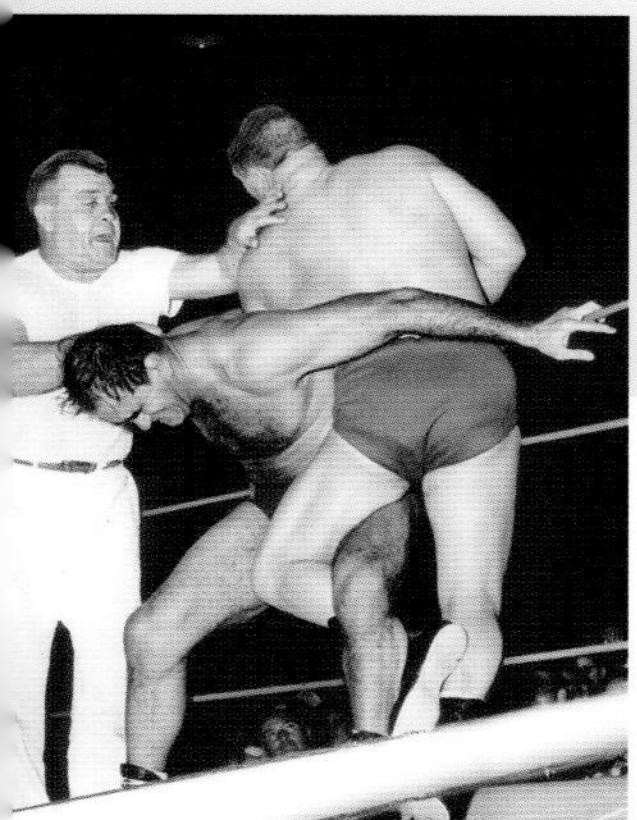

◀1923年、テキサス州アマリロ生まれのハットンは、王座獲得後はテキサス州を中心とする南部で精力的に防衛戦を行った（写真は58年のテーズ戦、アマリロ）

▲53年にプロ入りして初めて撮影された写真。左胸のワッペンは全米大学選手権者に贈られたもの

◀テーズのSTFを必死で耐えるハットン。寝技の攻防は通のファンを唸らせた（58年）

▼57年11月14日、ハットンはカナダ・トロントでテーズに挑戦。コブラツイストで完璧なギブアップを奪い、悲願のNWA王座を奪取

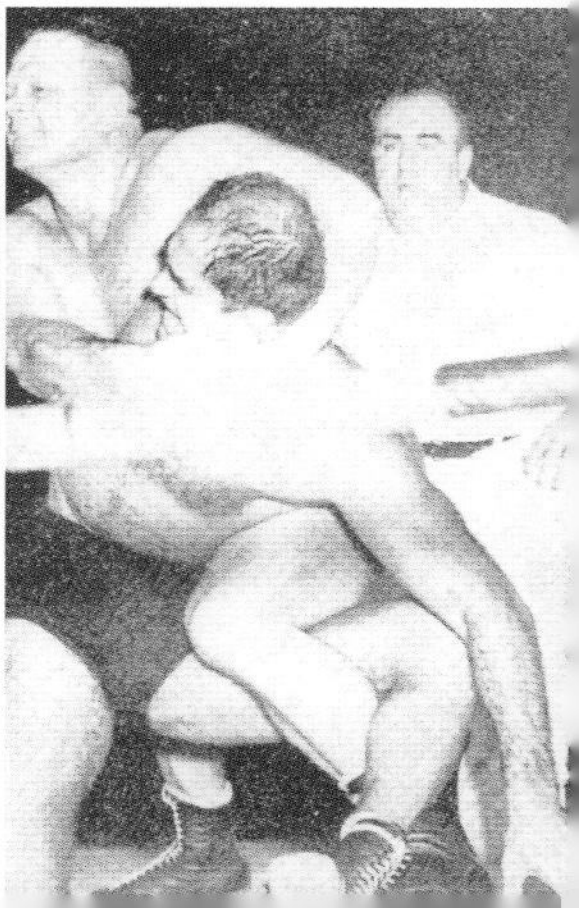

第5代 高度なテクニックに長けた正統派王者

▼オコーナーが王者になった年に団体としてのベルトが新造され、このあと第10代王者ハーリー・レイスまで13年間使われた

母国のニュージーランドでアマレスの頂点を極めたオコーナーは1950年にアメリカに渡り、正統派の試合ぶりで早くから中西部の人気者となった。59年1月、ハットンを破って34歳でNWA世界王者になってからは全米各地で防衛戦を重ね、オリジナル技の後方回転エビ固めは、現在でも「オコーナーズ・クレイドル」と呼称され伝承されている。ドロップキックの名手としても名高く、「スカイロケット」の別称で破壊力を誇った。63年3月の初来日時はNWA王座転落後だったが、一度目のアメリカ遠征から凱旋帰国したばかりのジャイアント馬場と親交を深めて、そのあと90年に65歳で死去するまでの長い間、全日本プロレスの顧問的立場で馬場を支援し続けた。

在位期間 1959年1月9日～1961年6月30日

ベルト戴冠 1959年1月9日（現地時間）＝アメリカ・ミズーリ州セントルイス、キール・オーデトリアム／NWA世界ヘビー級選手権試合（60分1本勝負）／パット・オコーナー（15分3秒 スピニング・レッグロック）ディック・ハットン ※ハットンが防衛に失敗。オコーナーが第5代王者となる

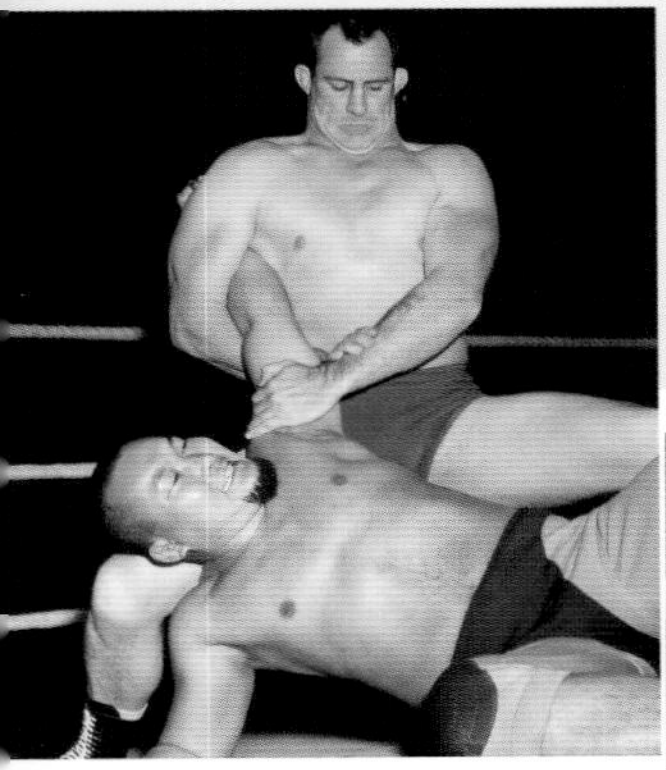

▲ミツ荒川の挑戦を受けたNWA世界戦（61年）。日本プロレスがロスのWWAと密な関係を構築していた時代だったので、王者期間中の来日はなかった

▲バーン・ガニアはオコーナーがNWA世界王者になる前まで、最大のライバルとして何度も名勝負を残していた。ガニアがAWAを設立した60年以降、2人の対戦はない（写真は54年11月、MSG）

▼オコーナーは、2年… の王座期間に10回… の挑戦を受け、全米各… 繰り広げた（写真は5…

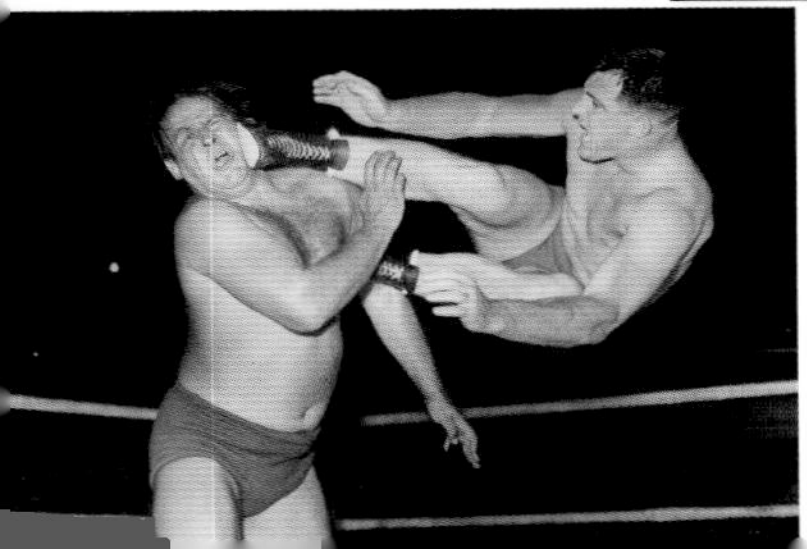

◀「オコーナーズ・クレイドル」（後方回転エビ固め）と並び必殺兵器としていた高角度ドロップキック（写真は60年、相手はアーニー・デューセック）

第6代 異色のヒール王者、元祖〝ネイチャー・ボーイ〟

▼1921年2月20日生まれのロジャースは42年に21歳でデビュー、NWA世界を奪取したのは40歳。ショーマンシップと実力を兼ね備え、〝ネイチャー・ボーイ（野生児）〟のニックネームを持つロジャースの風貌、試合スタイルはのちの王者リック・フレアーが踏襲した

在位期間 1961年6月30日～1963年1月24日

ベルト戴冠 1961年6月30日（現地時間）＝アメリカ・イリノイ州シカゴ、コミスキー・パーク／NWA世界ヘビー級選手権試合（60分3本勝負）／バディ・ロジャース（2－1）パット・オコーナー　①ロジャース（8分30秒　体固め）オコーナー　②オコーナー（6分0秒　後方回転エビ固め）ロジャース　③ロジャース（7分0秒　体固め）オコーナー　※オコーナーが防衛に失敗。ロジャースが第6代王者となる

〝ネイチャー・ボーイ〟のニックネームで絶大な人気を誇っていたロジャースが、1961年6月30日にオコーナーを破り初のNWA世界王座に就いた。この一戦はシカゴのコミスキー・パークに3万8622人の大観衆を集めて史上最高の14万1365ドルのゲート収入を達成し、異色のヒール王者時代が幕を開けた。ニューヨークやシカゴなど、大都市のプロモーターからの出場要請を極端に優先し、南部、北西部の小都市出場を敬遠したことから、NWA内部では風当たりが強く、王座期間は短いものに終わった。足4の字固め、パイルドライバーの2大必殺技の切れ味は鋭く、生前にジャイアント馬場が「自分が見てきた中で、最高のプロレスラー」と絶賛している。

◀53年に撮影された初期のポートレート（32歳）。左胸に「ネイチャー・ボーイ（野生児）」と縫い取られた粋なジャンパー姿で、多くの女性ファンを魅了した

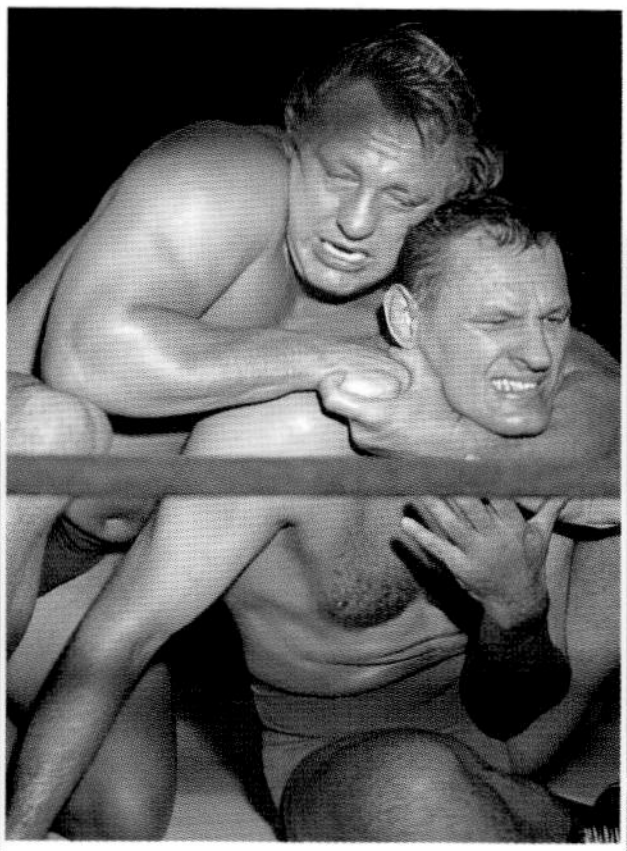

▲執拗にロジャースのNWA王座を狙った〝殺人狂〟キラー・コワルスキーとの攻防（62年）

▶モントリオール地区で最高の人気者だったジョニー・ルージョーに、豪快なジャンピング・ニーアタック攻撃（62年）

▼〝金髪の
バレンタイ
東部地区の
して各地に
動員した（6

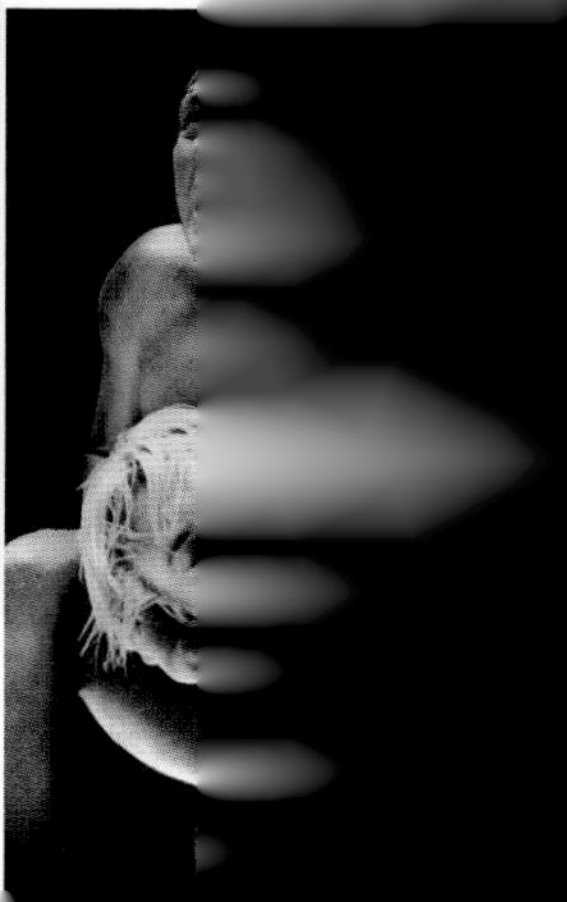

第7代

世界最高峰王者としてグローバルな防衛活動を展開

▼NWA最後の戴冠は46歳9カ月。転落は49歳9カ月で、50歳までの王座キープは達成ならず。この時期は団体のベルトを使用

在位期間 1963年1月24日～1966年1月7日

ベルト戴冠 1963年1月24日（現地時間）＝カナダ・オンタリオ州トロント、メープルリーフ・ガーデン／NWA世界ヘビー級選手権試合（60分1本勝負）／ルー・テーズ（14分54秒　体固め）バディ・ロジャース　※ロジャースが防衛に失敗。テーズが第7代王者となる

5年2カ月ぶりの王座復帰を果たした46歳のテーズは、直近の3年間に新興団体が生まれたニューヨーク（WWWF）、シカゴ（AWA）、ロサンゼルス（WWA）を除く全米マーケットを定期的に巡業し、NWA王者の広範囲な防衛活動を改めてアピール。1965年3月にはメキシコにも遠征し、総本山「アレナ・メヒコ」にも登場。力道山急死（63年12月）のため当該期間における日本遠征は実現しなかったが、日本から米国遠征に出ていた馬場、大木金太郎の挑戦を受けたほか、オレゴン、テキサスを遠征中だった猪木とも何度か再会している。この時期は初代王者の頃から保有していたセントルイスの興行権（株）を全て手離し、王者としてレスラー一本に専念。

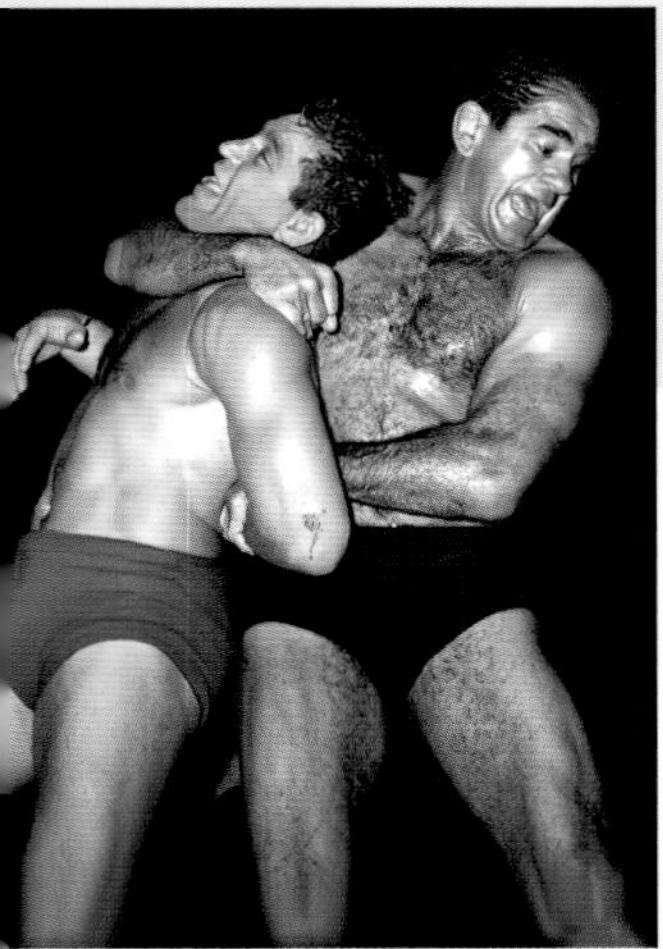

◀NWA世界ジュニアヘビー級王者であるダニー・ホッジの挑戦を受け、老獪な戦法で翻弄（63年）

で、15・1%の高視聴率を記録した伝説的な一戦

▶64年2月8日、デトロイトのオリンピア・スタジアムで遠征中のショーヘイ・ババ（ジャイアント馬場＝26歳）を迎撃

◀64年10月16日、ヒューストンで大木金太郎の挑戦を受け、原爆頭突きに怒ったテーズは、鉄拳攻撃で18針の裂傷を負わせKO勝ち

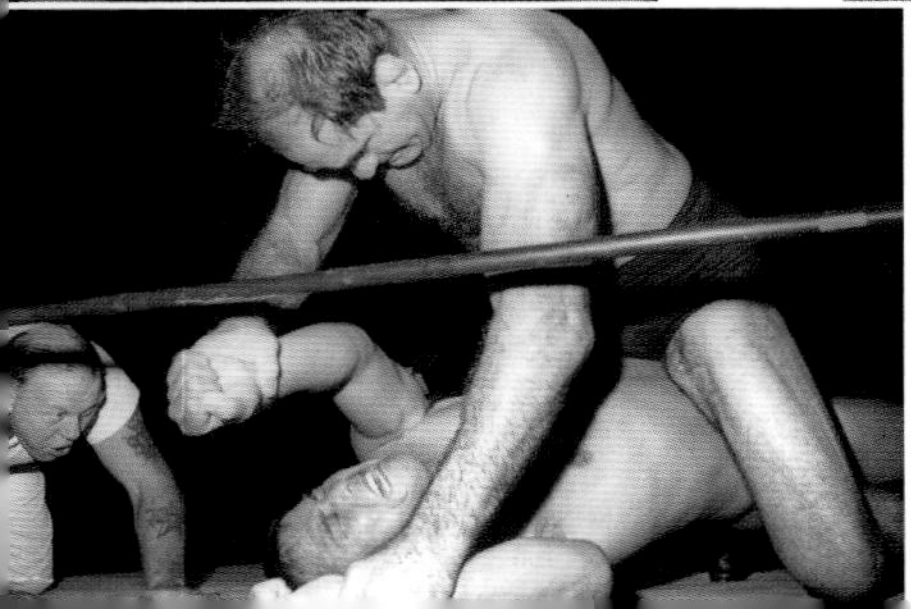

▲〝生傷男〟ディック・ザ・ブルーザーの暴走を強烈なヘッドロックでブロック（63年）

▼南部のタフガイ、ボブ・オートンをフライング・ボディーシザース・ドロップでフォール（64年）

▶女性ファンに絶大な人気を誇ったカウボーイ・ボブ・エリスをバックドロップでKO（63年）

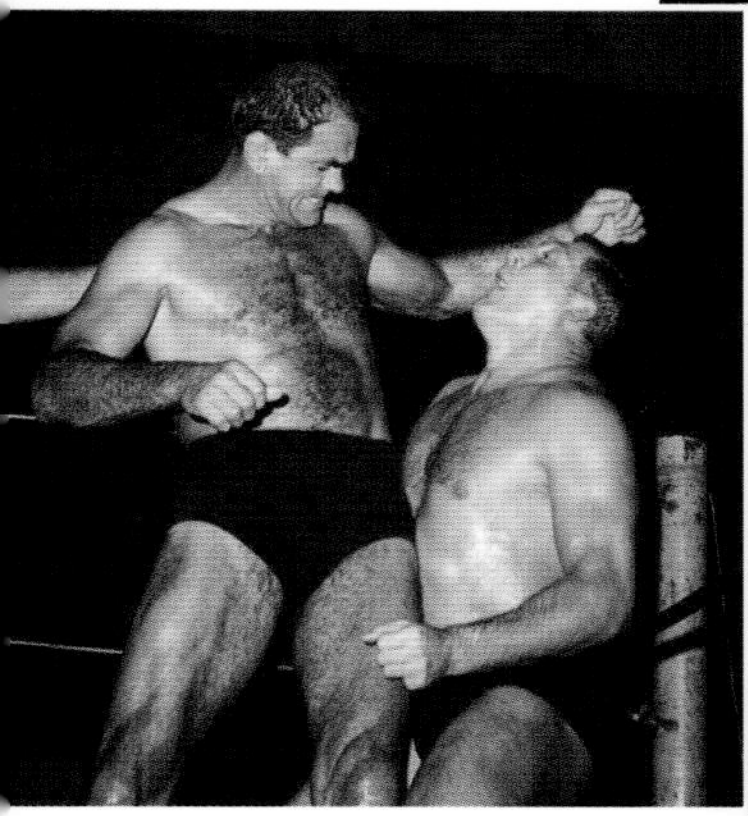

▲オハイオ地区を中心に売り出していた〝最強の挑戦者〟カール・ゴッチとの息詰まる攻防（64年）

▼〝怪力水夫〟セーラー・アート・トーマスの猛攻をバックドロップで逆転（63年）

▲アマリロ地区では、次世代を担う新星ドリー・ファンク・ジュニアの挑戦を何度もクリアー（64年）

▲NWA南部の中枢都市のひとつだったアトランタのテレビスタジオで、試合後のインタビューに応じる（66年）

▼テーズは66年1月7日、セントルイスでジン・キニスキーに敗れ49歳で王座から転落

▲メキシコにも定期的に遠征してNWAの勢力拡大に貢献（左はレイ・メンドーサ、右はレネ・グアハルド、65年）

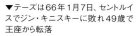

第8代 ジン・キニスキー

テーズ時代を終わらせ、ヒールながら長期政権を築く

▼キニスキーはプロ・フットボーラーからプロレスに転向して苦節12年、37歳でのNWA世界王座獲得を果たした

在位期間 1966年1月7日～1969年2月11日

ベルト戴冠 1966年1月7日（現地時間）＝アメリカ・ミズーリ州セントルイス、キール・オーデトリアム／NWA世界ヘビー級選手権試合（60分3本勝負）／ジン・キニスキー（2対1）ルー・テーズ　①テーズ（18分8秒　体固め）キニスキー　②キニスキー（4分28秒　反則勝ち）テーズ　③キニスキー（1分17秒　場外カウントアウト）テーズ　※テーズが防衛に失敗。キニスキーが第8代王者となる

初代から通算して10年以上に及んでいた「ルー・テーズの時代」に終止符を打ったのは、カナダ出身のタフガイで〝荒法師〟の異名を取ったジン・キニスキー。背中に「CANADA」と縫い取ったジャージーを着用してリングに上がったため、合衆国における防衛戦は全てアウェイのムードでヒール色を打ち出していた。193センチ、125キロの大型だったが抜群のスタミナで相手を圧倒。最後は切り札のシュミット流バックブリーカーで確実にフォールを狙う戦術で、3年1カ月に及ぶ長期政権を築いた。王座在位中に2度、日本プロレスに招聘されたが、日本では馬場のインターナショナル選手権に挑戦（4回）する立場に終始し、自らのNWA王座防衛戦は行っていない。

◀若手時代からライバル的存在だったボブ・オートンに強烈な地獄突きを叩きつける（67年）

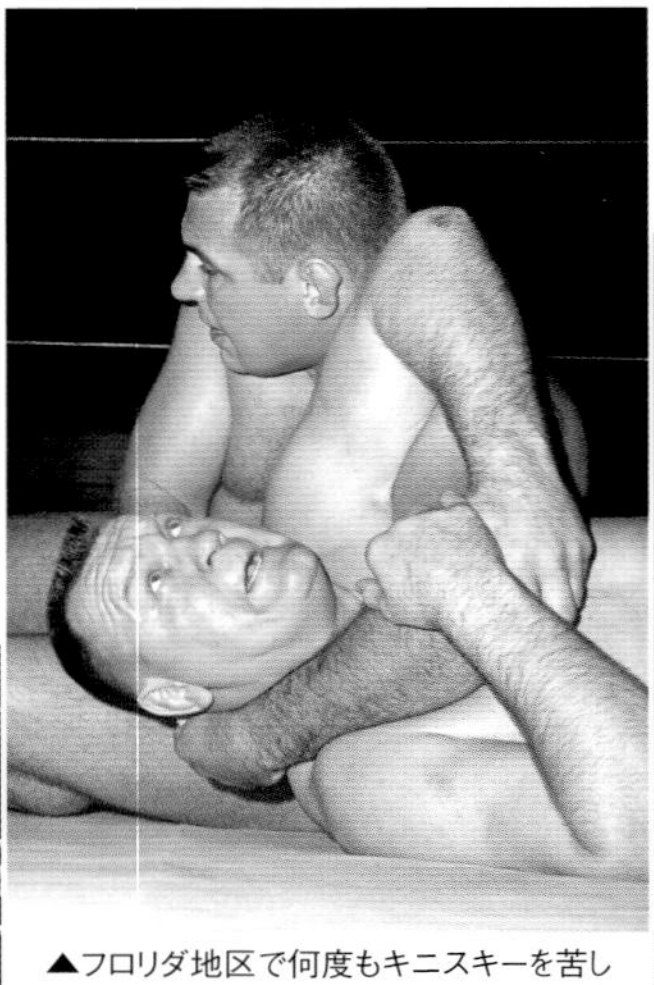

▲フロリダ地区で何度もキニスキーを苦しめた技巧派のダニー（ダン）・ミラー（68年）

▼67年8・14大阪球場で行われた馬場とのインターナショナル選手権にはNWAベルトを巻いて登場。しかし日本ではNWA防衛戦は行わず

▼68年10月、ロサンゼルスのWWAがNWAに吸収合併されて消滅。同年12月、最後のWWA世界王者だったボボ・ブラジルがNWA王者キニスキーに挑戦したが、60分時間切れ引き分けで王座奪取ならず

ドリー・ファンク・ジュニア

第9代

下馬評を覆しテーズに続く歴代2位の長期政権を樹立

▼28歳の若きNWA世界王者として69年末、日本プロレスに初来日を果たした

在位期間 1969年2月11日〜1973年5月24日

ベルト戴冠 1969年2月11日（現地時間）＝アメリカ・フロリダ州タンパ、フォートフォーマー・ヘスタリー・アーモリィ／NWA世界ヘビー級選手権試合（60分1本勝負）／ドリー・ファンク・ジュニア（27分0秒　スピニング・トーホールド）ジン・キニスキー　※キニスキーが防衛に失敗。ドリーが第9代王者となる

日本での防衛戦の相手 ①アントニオ猪木②ジャイアント馬場③アントニオ猪木④坂口征二

ジン・キニスキーの堅塁を崩したのは当時28歳の若武者ドリー・ファンク・ジュニア。父親から受け継いだ伝家の宝刀スピニング・トーホールドでギブアップを奪う完勝で、全米の関係者をアッと言わせた。当初は「マグレ勝ち」、「どうせ短命」と陰口を叩かれたが実力で跳ね返し、1973年5月に王座を奪われるまで4年3カ月という歴代2位の長期王座を樹立した。王座期間中に3度来日（いずれも日本プロレス）し、馬場（1回）、猪木（2回）、坂口征二（1回）を相手に防衛に成功。中でも69年12月2日、大阪で猪木の挑戦を受けた試合は両者ノーフォールの末60分フルタイム引き分けとなり、猪木自らが「ベストバウトだった」と振り返る激闘として語り継がれている。

◀71年12・9大阪で猪木と3度目のNWA戦の予定が、猪木欠場（クーデターの嫌疑で日プロ除名へ）のため代打の坂口と闘い、2対1で快勝

▲69年12・3東京で馬場と対戦し、1本目をジャンピング・ネックブリーカーで奪われるも、2本目をスピニング・トーホールドで取り返し、3本目は時間切れ引き分け

◀73年5・20米アルバカーキでデビュー2カ月の驚異の新人・鶴田と闘い、50分超の接戦の末、2対1で王座防衛

▼69年12・2大阪で猪木とノーフォール、60分フルタイムドローの歴史的死闘を展開（写真）。翌70年8・2福岡でも猪木の挑戦を受け、1対1で王座死守

第10代

1カ月に25回の防衛戦!!「太く短い」初戴冠

▼初の王者時代は短命に終わったが、この後、レイスは70年代の"NWAの顔"となっていく(写真は73年6・30カンザスシティ、ドリー戦)

在位期間　1973年5月24日〜7月20日
ベルト戴冠　1973年5月24日(現地時間)=アメリカ・カンザス州カンザスシティ、メモリアルホール/NWA世界ヘビー級選手権試合(60分3本勝負)/ハーリー・レイス(2—1)ドリー・ファンク・ジュニア　①レイス(12分15秒　体固め)ドリー　②ドリー(4分9秒　スピニング・トーホールド)レイス　③レイス(10分35秒　体固め)ドリー　※ドリーが防衛に失敗。レイスが第10代王者となる

1960年に17歳でプロレス入りしたレイスは、64年にAWA地区でブレイクするまでの間にアマリロ地区での修行時期も長く、ファンク一家とは親しい間柄だった。73年5月24日、カンザスシティでドリー・ファンク・ジュニアを破り王座に就いてからはチャンピオン・サーキットを立派に踏襲し、6月15日にはセントルイスでブルーノ・サンマルチノの挑戦を受け60分フルタイムで引き分け、NWA世界王者の貫禄を満天下に誇示した。ブレーンバスターとパイルドライバー、ダイビング・ヘッドバットの3大兵器を使い分けて順調に防衛街道を突き進んだが、6月に25回という異常な回数の防衛戦をこなしたことで疲労困憊の状況となり、2カ月天下に終わる。

▲73年7・20ヒューストンで試合前、サム・マソニックNWA会長から新しいベルトがレイスに贈呈された

▼73年7・20ヒューストンでジャック・ブリスコと対戦。1本目をアトミック・ドロップで先制したが、2本目、3本目を奪われて王座転落

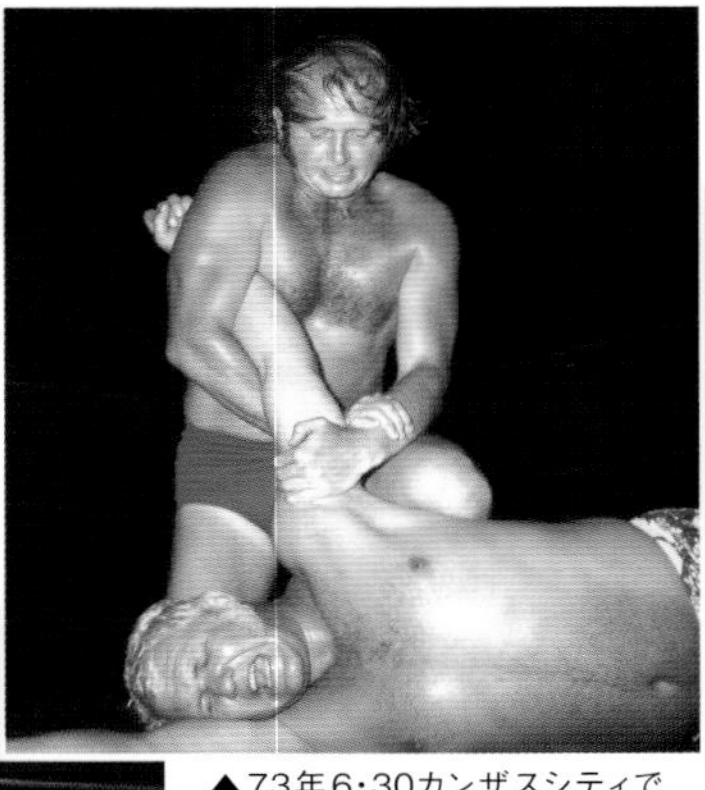

▲73年6・30カンザスシティで前王者ドリー・ファンク・ジュニアを迎撃。スピニング・トーホールドとブレーンバスターで1本ずつ取り合い、3本目は時間切れ引き分け

▼73年6・15セント
WWFヘビー級王者
マルチノの挑戦を受
間切れ引き分けに持

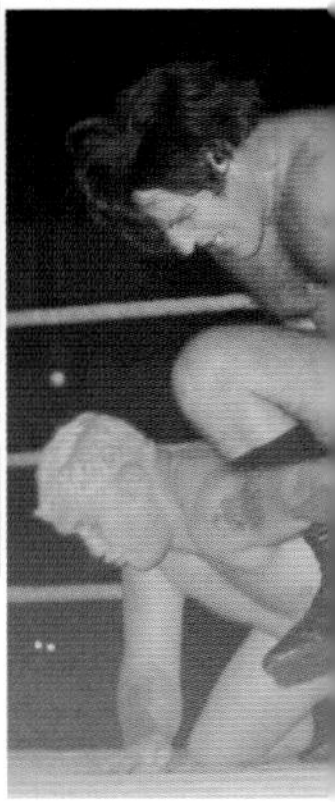

ジャック・ブリスコ

第11代

雌伏の時を経て王座戴冠。全日本で大車輪の活躍

▼73年7・20ヒューストンでレイスに挑み、2本目を足4の字、3本目をフライング・ボディーシザースで連取し、メキシコ製の新ベルトを腰に巻いた

在位期間 1973年7月20日～1974年12月2日

ベルト載冠 1973年7月20日（現地時間）＝アメリカ・テキサス州ヒューストン、サム・ヒューストン・コロシアム／ NWA世界ヘビー級選手権試合（60分3本勝負） ／ジャック・ブリスコ（2－1）ハーリー・レイス ①レイス（12分30秒 体固め）ブリスコ ②ブリスコ（2分43秒 足4の字固め）レイス ③ブリスコ（7分5秒 体固め）レイス ※レイスが防衛に失敗。ブリスコが第11代王者となる

日本での防衛戦の相手 ①ジャイアント馬場②ハーリー・レイス③ドリー・ファンク・ジュニア④ザ・デストロイヤー⑤ジャンボ鶴田

オクラホマ州立大学時代にアマレス全米選手権（NCAA）を獲得したブリスコは、1965年に24歳でプロレス入り。早くから「次期NWA王者最有力候補」と呼ばれてチャンスを待っていたが、NWA内部の権力闘争の煽りでワリを食い、中々チャンスは巡ってこなかった。73年7月20日、ヒューストンでレイスに挑戦するや、持ち味のテクニックを駆使してレイスのパワーを封じ込め、見事に世界最高峰に到達。メキシコで製作された新しいデザインのNWA世界ベルトを、王者として初めて腰に巻いた。フィニッシュは足4の字固め、後方回転エビ固め、バックドロップを多用し、74年1月には全日本プロレスのリングで「8日間に5度防衛」という記録を作った。

◀74年1・27大阪東淀川で元王者ドリーにダブルアーム・スープレックスで先制されるも、足4の字で取り返し、最後は時間切れ引き分けで王座死守

▼74年に全日本初参戦を果たし、1・23長崎でPWF王者・馬場とダブル選手権を敢行。1対1から3本目、ブリスコの足4の字が決まったまま両者リングアウト引き分け

▲74年1・24広島で前王者レイスと対戦。ブレーンバスターと足4の字で1本ずつ取り合った末、時間切れ引き分け

▶74年1・30日大で鶴田と対決。1対1から3本目、鶴田の後方回転エビ固めを切り返して逆転フォール勝ち。前元現NWA王者集結のシリーズを乗り切った

第12代 ジャイアント馬場

日本人初のNWA王者となり、猪木・新日本を牽制

▼全日本プロレス旗揚げ2年後の74年12月、日本人として初めて“世界最高峰”の座に就いた

在位期間 1974年12月2日～12月9日

ベルト戴冠 1974年12月2日＝鹿児島県立体育館／NWA世界ヘビー級選手権試合（60分3本勝負）／ジャイアント馬場（2－1）ジャック・ブリスコ ①馬場（11分47秒 体固め）ブリスコ ②ブリスコ（5分39秒 足4の字固め）馬場 ③馬場（3分20秒 体固め）ブリスコ ※ブリスコが防衛に失敗。馬場が第12代王者となる

日本での防衛戦の相手 ①ジャック・ブリスコ

デビュー以来、テーズ、ロジャース、ドリーの王者時代にNWA挑戦を重ねてきた馬場が、1974年12月2日、鹿児島におけるブリスコへの2度目の挑戦で遂に悲願を達成した。この年の夏には、新日本プロレスもNWA加盟を申請していたが却下されており、馬場はこのNWA世界王座奪取により、「実力日本一」を喧伝して挑戦を続けていた猪木に対して、最大の牽制と威圧を与える形となった。3日後の12月5日も日大講堂でブリスコを返り討ちにした馬場だったが、12月9日の豊橋でブリスコのバックドロップに無念の敗戦を喫し、王座は「1週間天下」に終わった。短期間ではあったが、この王座移動はNWA本部でも承認され、公式記録として残っている。

◀ブリスコを返り討ちにした馬場はNWA＆PWF両王座の防衛に成功した（74年12・5日大）

▼74年12・9豊橋でブリスコの再挑戦を受け、3本目にバックドロップを食らって轟沈。1週間天下に終わった

▲74年12・2鹿児島でブリスコに挑み、1本目を河津落としで先取。2本目は足4の字に屈するも、3本目、ジャンピング・ネックブリーカーで念願の王座初戴冠

◀74年12･5日大で前王者ブリスコを迎撃。3本目、ブリスコのバックドロップ狙いをロープを蹴って倒しそのままフォール勝ち

ジャック・ブリスコ

第13代

群がる全日本からの刺客を蹴散らす

▼74年に続いて、75年3月の3度目の全日本参戦もNWA王者として登場（写真は75年3・13日大、ブラジル戦）

在位期間 1974年12月9日～1975年12月10日

ベルト戴冠 1974年12月9日＝愛知・豊橋市体育館／NWA世界ヘビー級選手権試合（60分3本勝負）／ジャック・ブリスコ（2－1）ジャイアント馬場　①馬場（13分47秒 体固め）ブリスコ　②ブリスコ（3分30秒　足4の字固め）馬場　③ブリスコ（2分34秒　体固め）馬場　※馬場が2度目の防衛に失敗。ブリスコが第13代王者となる

日本での防衛戦の相手 ①ジャンボ鶴田②ジャイアント馬場③ジャンボ鶴田④ザ・デストロイヤー⑤ボボ・ブラジル

馬場から王座奪還を果たしたあともブリスコは全米とカナダを往復し精力的に防衛戦を消化し、1975年3月には三たび全日本のリングに登場。5日間で馬場、ザ・デストロイヤー、鶴田、ボボ・ブラジルの4人の挑戦を退けるという離れ業を見せて健在ぶりを証明した。8月8日には総本山セントルイスに馬場を迎撃して決着戦となったが、1対1から必殺バックドロップで3カウントを奪い王者の貫禄を見せた。8月のNWA総会で新日本プロレスがようやく（3度目の申請で）NWA加盟を許されたことにより、ブリスコ対猪木の夢のNWA世界戦も期待されたが「NWA王者は、全日本にのみ派遣する」という総会決議によって、結局は実現することなく終わった。

◀75年3・13日大でブラジルと激突。1本目はココバットを食らい不覚をとるも、足4の字で2本目を取り戻し、3本目はブラジル暴走のため反則勝ち

▲鶴田にとって3度目となるブリスコへの挑戦も、前2回と同じく1対1からのフォール負け（75年3・11名古屋）

◀75年6・20キール・オーデトリアムでディック・ザ・ブルーザーを迎え撃ち、1対1から両者リングアウトで王座防衛。レフェリーはテーズが務めた

▼75年3・9函館で前王者・馬場の挑戦を受け、1対1からの3本目、両者リングアウトで王座防衛

第14代 兄弟でNWA王者となる快挙を達成

▼日本ではたった1度だけベルト姿をファンに披露した（76年6・11蔵前、鶴田戦）

在位期間 1975年12月10日～1977年2月6日

ベルト戴冠 1975年12月10日（現地時間）＝アメリカ・フロリダ州マイアミビーチ、マイアミビーチ・コンベンション・ホール／NWA世界ヘビー級選手権試合（60分1本勝負）／テリー・ファンク（28分0秒　エビ固め）ジャック・ブリスコ　※ブリスコが防衛に失敗。テリーが第14代王者となる

日本での防衛戦の相手 ①ジャンボ鶴田

当初ブリスコへの挑戦者として予定されていた兄ドリーが、全日本の「オープン選手権」に出場するため急遽キャンセル。弟テリーが代役となったが、チャンスをモノにしたテリーがブリスコの足4の字固めを丸め込んでエビ固めでフォール。遂に兄弟で世界最高峰のベルトを腰に巻く快挙を達成した。デビュー時からの切り札であったスピニング・トーホールドに加えてローリング・クレイドルもレパートリーに加え、月間平均20戦のNWA世界戦をこなすという超人的なスケジュールを耐えた。1976年6月に王者として全日本のリングに登場し、鶴田を相手に2対1で完勝。客席で観戦していた大相撲・幕内力士の天龍がプロレス転向を決意した試合としても名高い。

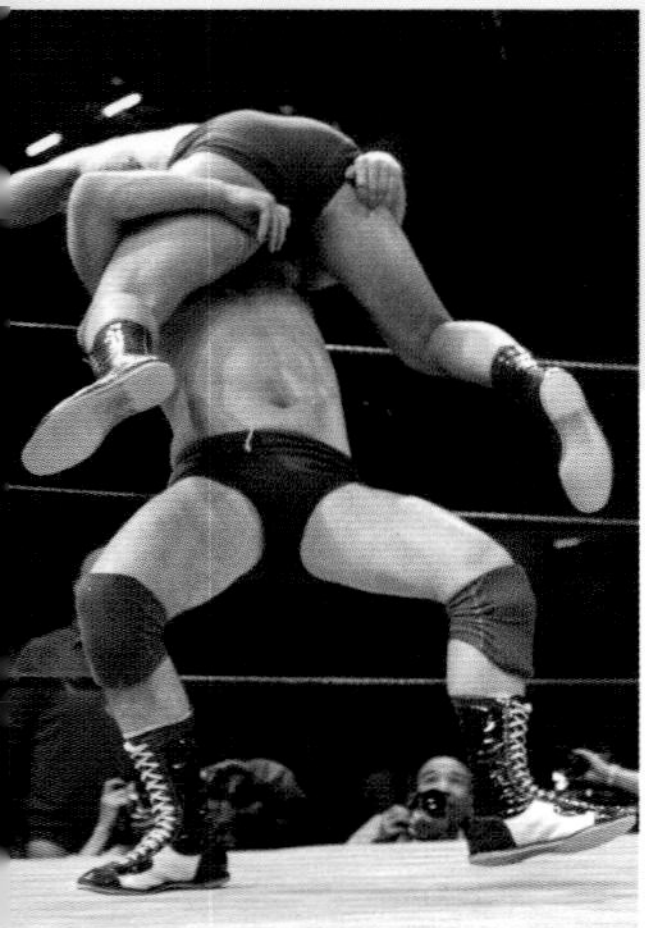

◀76年6・11蔵前決戦の3本目、鶴田がフライング・ボディーシザースを放った瞬間、そのノド元をトップロープに打ちつけ（写真）、そのままフォール勝ち。老獪戦術で王座を守った

◀76年2・6キ
リアムで元王者
で撃退

▼アメリカマット
リーの雄姿

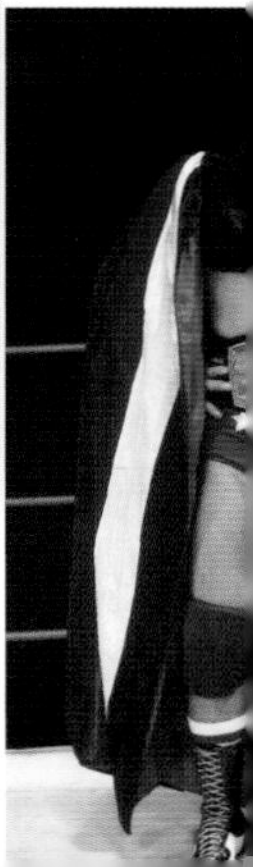

◀76年8・13キール・オーデトリアムにおいてジン・キニスキーを相手に金網デスマッチのNWA世界戦を敢行。流血戦の末、KO勝ちで王座死守

第15代

WWWF王座との統一にも色気を見せる

▼3年7カ月ぶり2度目の戴冠時は貫禄たっぷりで王者ぶりが板についてきた（写真は77年2・11キール・オーデトリアム、ビリー・グラハムとの初防衛戦）

在位期間 1977年2月6日～1979年8月21日

ベルト戴冠 1977年2月6日（現地時間）＝カナダ・オンタリオ州トロント、メープルリーフ・ガーデン／NWA世界ヘビー級選手権試合（60分1本勝負）／ハーリー・レイス（14分10秒 インディアン・デスロック）テリー・ファンク ※テリーが防衛に失敗。レイスが第15代王者となる

日本での防衛戦の相手 ①ジャンボ鶴田②ジャイアント馬場③ジャイアント馬場④ジャンボ鶴田⑤ジャンボ鶴田⑥ディック・マードック⑦ジャイアント馬場

1977年2月、テリー・ファンクの1年2カ月に亘る王座を奪ったのは34歳のレイス。秘密兵器のインディアン・デスロックでテリーからギブアップを奪っての完勝で、3年7カ月ぶりにNWA世界王座に返り咲いた。6月には全日本に来日して鶴田、馬場を相手に2度の防衛。翌78年1月20日、帯広における鶴田との防衛戦（1対1から60分引き分け）は、この年の「プロレス大賞・ベストバウト」に選出された。帰国直後の1月25日にはフロリダ州マイアミでWWWFヘビー級王者のスーパースター・ビリー・グラハムと史上初のダブルタイトルマッチを行うなど（60分引き分け）王座統一にも積極的な動きを見せ、79年4月にはニューヨークMSGにも登場。

▲78年1・25フロリダでWWWF王者グラハムとダブルタイトル戦。ベアハッグで1本目を失うも、ブレーンバスターで2本目をもぎとり、3本目はフルタイムドロー

▶77年7・15カルガリーでアンドレ・ザ・ジャイアントとの"世紀のNWA戦"が実現。大巨人優勢の中、抱えあげられたレイスの脚がレフェリーを直撃し反則をとられたため王座移動せず

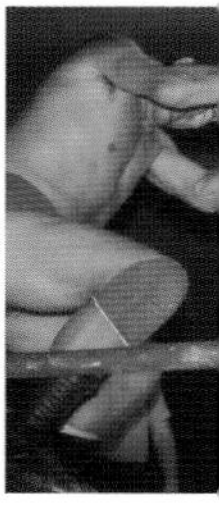

▶77年3・17米アマリロで馬場を迎撃。場外乱闘による両者リングアウトでベルトの日本流出を防いだ

▼78年1・20帯広で鶴
賞ベストバウトに輝く好勝
スターで先制したが、2本目
り返され、3本目は時間切

第16代 ダスティ・ローデス

5日天下で猪木とのNWA戦も幻に

▼79年8・21米タンパでレイスにエルボードロップ3連発を叩き込み初戴冠を成し遂げた（写真は8・26米オーランド、レイス戦）

在位期間　1979年8月21日～8月26日

ベルト戴冠　1979年8月21日（現地時間）＝アメリカ・フロリダ州タンパ、フォートホーマー・ヘスタリー・アーモリー／NWA世界ヘビー級選手権試合（60分1本勝負）／ダスティ・ローデス（19分22秒　体固め）ハーリー・レイス　※レイスが防衛に失敗。ローデスが第16代王者となる

1979年8月初旬、日本の各マスコミが「ダスティ・ローデスが10月に新日本に初参加」の決定情報を流した。その後間もない8月21日、フロリダ州タンパでローデスがレイスを破り初のNWA世界戴冠を果たしたことで、「10月にローデス対猪木のNWA世界戦が確定」と異常な盛り上がりを見せた。当の猪木は「本当に実現できるのか？」と半信半疑で、馬場はノーコメントを貫いた。ローデスは8月23日にキーウェストでレイスを返り討ち、25日はセントピータースバーグでテリー・ファンクを倒し、26日の昼興行でドン・ムラコを破り3度防衛したが、26日夜のオーランドでレイスに反則負けして王座転落した（反則でも王座移動の変則ルール）。

▶◀79年8・26米オーランドでレイスに反則負けして王座転落。わずか5日間だけの天下だった

◀79年10月、新日本に初参戦。すでにベルトを失っていたため、ファン待望の猪木とのNWA戦は実現せず（写真は11・1札幌のNWF戦）

▼NWAベルトを巻いたローデスの雄姿（79年8・26米オーランド、レイス戦）

第17代 全盛期を過ぎるも、地位を脅かす後継王者は出現せず

▼79年5月の全日本プロレス参戦時は第15代王者だったが、10月には第17代王者として登場（写真は10・26長野・松本、鶴田戦）

在位期間　1979年8月26日〜10月31日

ベルト戴冠　1979年8月26日（現地時間）＝アメリカ・フロリダ州オーランド、スポーツ・スタジアム／NWA世界ヘビー級選手権試合（60分1本勝負）／ハーリー・レイス（19分4秒　反則勝ち）ダスティ・ローデス　※ローデスが防衛に失敗。レイスが第17代王者となる

日本での防衛戦の相手　①ジャンボ鶴田

ローデスから王座奪還した2カ月後に日本へ遠征したレイスは、1979年10月26日に長野・松本で鶴田の挑戦を退けたが、31日に名古屋で馬場のジャンピング・ネックブリーカーを食らって完敗し王座転落。11月5日の宮崎・串間でも敗れたが、7日の兵庫・尼崎で辛勝し奪還に成功した。テリーから王座を奪い快進撃を続けていた2年前の時期に比較すると、明らかにオーバーウェイトが目立ってスタミナ消耗も激しく、両ヒザを痛めてインディアン・デスロックを使うこともなくなっていた。限界説も囁き始められていたが、NWA勢力圏内に有望な王者候補が現れておらず、大都市における観客動員力でレイスを凌ぐニュースターの登場を待つ状況が続いていた。

◀79年10・26長野・松本で鶴田に場外ブレーンバスターを見舞い、両者リングアウトで王座防衛

▲79年9・19ホノルルでピーター・メイビアの挑戦を受け、流血戦の末、辛うじて反則勝ちを拾った

◀79年10・31名古屋で通算4度目となる馬場との防衛戦に臨んだ

▼79年8・26米
ローデスに挑戦。
ドライバーを狙う
リバースの体勢か
越しに投げたため
レイスは王座奪回

第18代 ジャイアント馬場

日本におけるNWA独占を強くアピール

▼日本人で唯一、しかも2度目のNWA戴冠という快挙を成し遂げた（写真は79年11・5宮崎・串間、レイスとの初防衛戦）

在位期間 1979年10月31日～11月7日

ベルト戴冠 1979年10月31日＝名古屋・愛知県体育館／NWA世界ヘビー級選手権試合（60分1本勝負）／ジャイアント馬場（18分29秒　体固め）ハーリー・レイス
※レイスが防衛に失敗。馬場が第18代王者となる

日本での防衛戦の相手 ①ハーリー・レイス

1979年8月26日、日本武道館で行われた「夢のオールスター戦」でBIコンビ復活後、リング上で猪木に対戦を迫られた馬場はマイクで同意を表明。同日にフロリダではローデスがレイスに敗れ王座が交代。猪木の執拗な挑発を跳ね返すべく、10月31日にレイスに挑んだ馬場は流血戦の末に快勝し、5年ぶり2度目のNWA世界王座奪取に成功した。またもや1週間後に王座を奪還されたことに対しては批判の声もあがったが、NWA王者を招聘できない猪木に地団太を踏ませた。10月には国際プロレスがAWA世界王者を、11月には新日本がWWF王者を招聘して世界戦を開催しており、馬場が「NWA世界だけは全日本が独占」を強くアピールした形にもなった。

◀79年11・5串間で初防衛戦に臨み、バックドロップでレイスを返り討ちにした

◀74年の初戴冠時と同様、最後は切り札のジャンピング・ネックブリーカーでレイスを仕留め2度目の戴冠成就（79年10・31名古屋）

▶歴史的瞬間を目撃した名古屋のファンも大熱狂（79年10・31名古屋）

◀79年11・7尼崎で再びレイスの挑戦を受け、ダイビング・ボディーアタックを切り返されて逆転のフォール負けを喫し、王座から転落

ハーリー・レイス

第19代

後楽園ホールで初のNWA戦を開催。健在ぶりを誇示

▼馬場から虎の子の王座を取り返したレイスは、意気軒高と防衛街道を突き進んだ（写真は80年5・28札幌、鶴田戦）

在位期間 1979年11月7日～1980年9月4日

ベルト戴冠 1979年11月7日＝兵庫・尼崎市体育館／NWA世界ヘビー級選手権試合（60分1本勝負）／ハーリー・レイス（20分58秒　片エビ固め）ジャイアント馬場
※馬場が2度目の防衛に失敗。レイスが第19代王者となる

日本での防衛戦の相手 ①アブドーラ・ザ・ブッチャー②タイガー戸口③ジャンボ鶴田④ジャンボ鶴田

馬場から王座奪回翌日の1979年11月8日、初防衛戦はNWA戦史上初めて後楽園ホールで開催（挑戦者はアブドーラ・ザ・ブッチャー＝両者リングアウト）されたが、シリーズ中の開催場所が全て地方都市だったことに加え、都内会場もキャパシティの小さい後楽園だったことで「NWA王座の権威凋落」を指摘する声が噴出した。

80年5月にも全日本に参戦しタイガー戸口（27日、秋田）、鶴田（28日、札幌）を相手に2連戦。戸口には2フォール奪い2対1で快勝し、鶴田とは1対1から60分フルタイムで引き分けるなど、馬場に王座を奪われた前年のスランプを払拭する強さで健在ぶりを誇示した。帰国後もトニー・アトラス、ケン・パテラら新顔を一蹴した。

▼馬場から王座奪回した翌日（79年11月8日）、後楽園で宿敵ブッチャーと乱闘のまま5分で両者リングアウトに。ブッチャーのNWA戦は日本でこの一戦のみ

◀79年12月17日、WWFの本拠地MSGに登場。ローデスを流血に追い込みTKO勝ちで王座防衛。この大会には猪木、坂口征二、藤波辰巳、長州力ら新日本勢も出場

◀80年5・27秋田で戸口の挑戦を受け、1対1から3本目にブレーンバスターで快勝

◀80年5・28札幌で鶴田と対戦。1本目にジャーマン・スープレックスで不覚をとるも、ブレーンバスターで2本目を奪い返し、フルタイムドローで王座死守

第20代
日本人として前人未踏の3度目王座戴冠

▼NWA王座を3度以上戴冠したのはテーズ、レイス、馬場、ローデス、フレアーの5人だけ（写真は80年9・4滋賀・大津、レイスとの初防衛戦）

在位期間　1980年9月4日～9月10日
ベルト戴冠　1980年9月4日＝佐賀スポーツセンター／NWA世界ヘビー級選手権試合（60分1本勝負）／ジャイアント馬場（14分5秒　体固め）ハーリー・レイス　※レイスが防衛に失敗。馬場が第20代王者となる

1980年3月に大木金太郎が国際プロレスに入団し、31日にAWA世界王者ニック・ボックウインクルに挑戦。大木は保持していたインターナショナル王座の防衛戦も再開した。猪木も8月22日にWWF王座に挑戦するなど、ライバル団体が頻繁に世界戦を開催。馬場も9月にレイスを2週間招聘し、4度のNWA世界戦を開催して対抗した。先鋒の鶴田は引き分けで長蛇を逸したが、二番手の馬場がまたしても切り札ジャンピング・ネックブリーカーを爆発させ、3度目の王座獲得に成功（9月4日、佐賀）。10日に滋賀・大津で敗れて初防衛に失敗し、三たび「一週間天下」に終わったが、42歳での王座返り咲きでライバル団体に対する意地を見せた。

◀戴冠翌日の80年9月5日（熊本）、鶴田と組んでのタッグマッチに獲ったばかりのNWAベルトを巻いて登場

▲NWA王座3度戴冠という他の日本人レスラーが絶対に真似できない偉業を達成（80年9・4佐賀）

◀80年9・10滋賀・大津で初防衛戦。コーナーに上るや、レイスに足をすくわれてターンバックルに股間を強打。そのまま押さえ込まれてベルトを失った

▼馬場はレイス
仕掛け、最後は
ネックブリーカ
（80年9・4佐賀

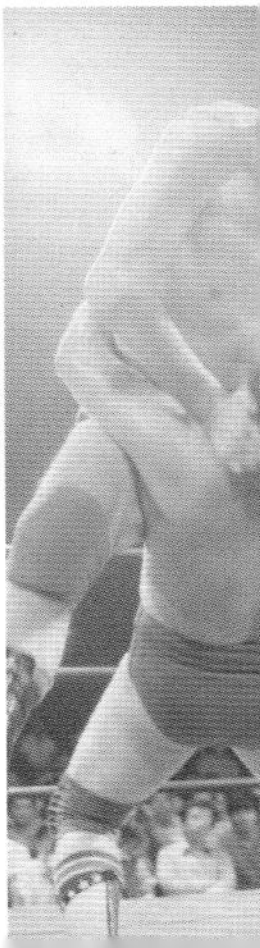

第21代 WWF王者バックランドと接戦を展開

▼再び馬場から王座を取り戻し、アメリカを中心に防衛活動を行った（写真は80年9・12愛知・一宮、マスカラス戦）

1980年9月10日、滋賀・大津で馬場から王座を取り戻したレイスは、帰国後の9月22日（MSG）と11月7日（セントルイス、キール・オーデトリアム）、WWF王者のボブ・バックランドとダブルタイトル戦を行ったが、それぞれ反則負け、反則勝ちでタイトル移動なし。年齢で6歳若いバックランドにスタミナ負けするシーンが多く、内容的には劣勢と映った。81年2月15日、後楽園ホールで行われた「馬場3000試合連続出場突破記念試合」に出場してNWA世界戦を行い、1対1から反則負けで王座防衛に成功。帰国後も引き分け、反則負けによる防衛戦が続出し、4月27日にジョージア州オーガスタというローカル都市で伏兵トミー・リッチに敗れ王座転落。

在位期間 1980年9月10日～1981年4月27日

ベルト戴冠 1980年9月10日＝滋賀・大津市皇子が丘公園体育館／NWA世界ヘビー級選手権試合（60分1本勝負）／ハーリー・レイス（11分58秒　片エビ固め）ジャイアント馬場　※馬場が初防衛に失敗。レイスが第21代王者となる

日本での防衛戦の相手 ①ミル・マスカラス②ジャイアント馬場

◀81年4・22米マイアミでローデスの挑戦を受け、両者反則で王座を堅持

▼馬場の3000試合連続出場突破記念試合で、3本目に急所打ちを見舞い反則負け。王座移動なし（81年2・15後楽園）

▲80年9・22MSGでWWF王者バックランドとダブルタイトル戦。バックランドのスリーパーにつかまるや、レフェリーに暴行を加え反則負けに。ルールによりともに王座移動はなし

▼80年9・12愛知
ラスがNWA挑戦。
えたレイスは場外ブ
で両者リングアウトに

第22代 NWA会長も耳を疑った王座奪取劇

▶フライング・ボディーシザースでレイスからフォールを奪い初戴冠

在位期間 1981年4月27日〜5月1日
ベルト戴冠 1981年4月27日（現地時間）＝アメリカ・ジョージア州オーガスタ、ベル・オーデトリアム／NWA世界ヘビー級選手権試合（60分1本勝負）／トミー・リッチ（タイム不明　体固め）ハーリー・レイス　※レイスが防衛に失敗。リッチが第22代王者となる

1956年生まれのリッチはキャリア5年の若手で、NWA世界王座候補に入るレベルのレスラーではなかった。オーガスタにおけるタイトル奪取はNWA会長のジム・クロケット・ジュニアの不在中に起き（全日本プロレスが招聘）、試合速報をジム・バーネットの国際電話で知らされたクロケットは松戸大会（81年4月30日）の控室で大激怒した。

第23代 たった4日でベルトを取り戻す

▶81年6・12米セントルイスでテッド・デビアスを相手に防衛

在位期間 1981年5月1日〜6月21日
ベルト戴冠 1981年5月1日（現地時間）＝アメリカ・ジョージア州ゲインズビル、シビック・アリーナ／NWA世界ヘビー級選手権試合（60分1本勝負）／ハーリー・レイス（タイム不明　体固め）トミー・リッチ　※リッチが防衛に失敗。レイスが第23代王者となる

リッチに敗れ王座転落したレイスは1981年4月28日（ジョージア州メイコン）、29日（ジョージア州コロンバス）、30日（ジョージア州ローム）と、3度のリターンマッチに失敗したあと、5月1日にジョージア州ゲインズビルで王座奪還に成功（ブレーンバスターで勝利）。「ジョージア州内のリッチ4日天下」に対しては、NWA内部で再び大きな非難が起きた。

第24代 ダスティ・ローデス

新日本をキャンセルして掴んだチャンスをものにする

▼約2年ぶり2度目の王座戴冠。異名の"アメリカン・ドリーム"を体現（写真は81年7・18米セントピータースバーグ、テリー戦）

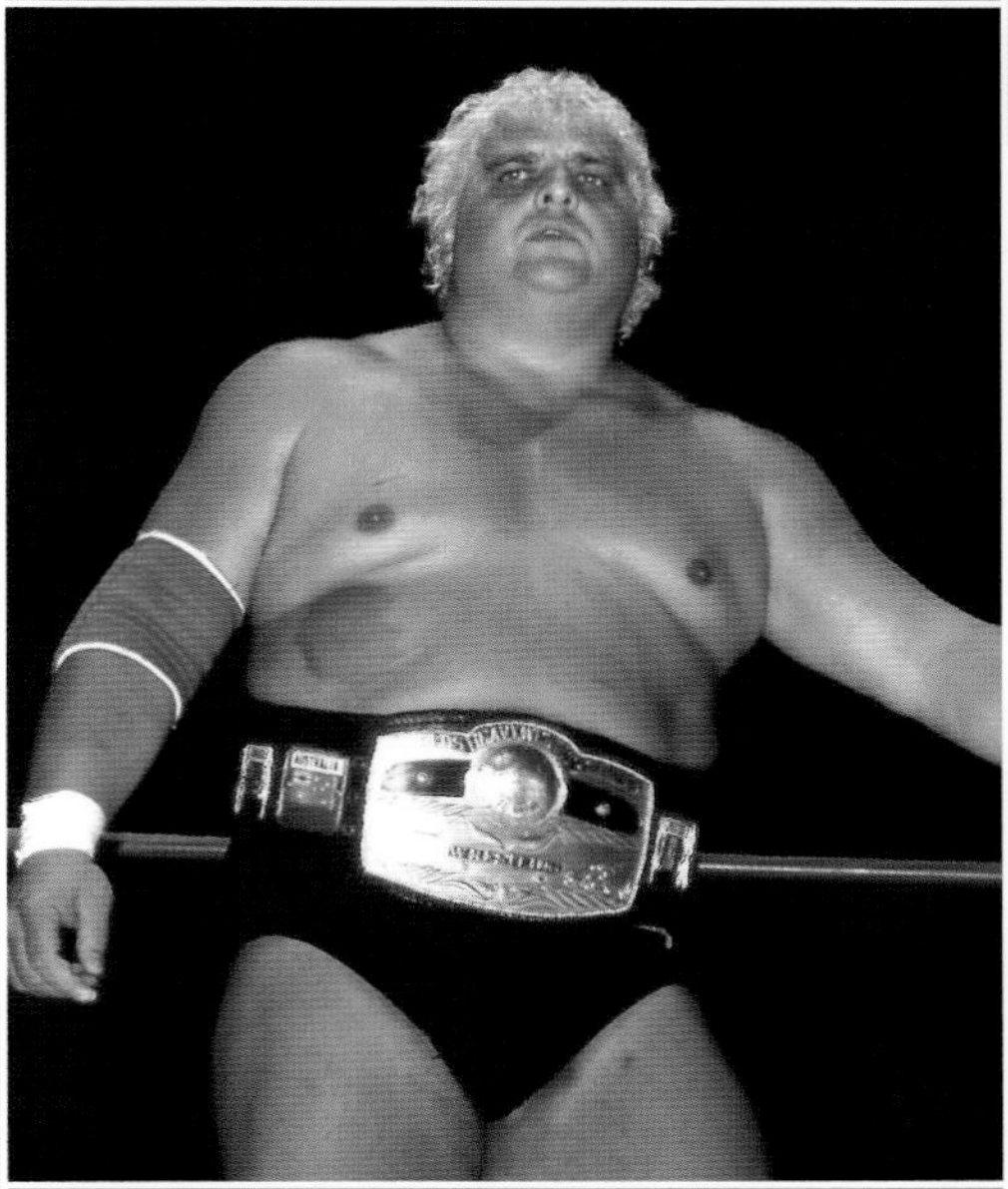

在位期間　1981年6月21日〜9月17日
ベルト戴冠　1981年6月21日（現地時間）＝アメリカ・ジョージア州アトランタ、オムニ・センター／NWA世界ヘビー級選手権試合（60分1本勝負）／ダスティ・ローデス（16分58秒　体固め）ハーリー・レイス　※レイスが防衛に失敗。ローデスが第24代王者となる

1981年初頭の段階で、アメリカの一般家庭ではケーブルテレビが40%以上の普及率を記録しており、アトランタに本社を置いていた最大手WTBSは、6月21日のレイス対ローデス（会場はアトランタ市のオムニ・センター）を自社制作のテレビ番組（ワールド・チャンピオンシップ・レスリング）で独占生中継。2年ぶりの王座奪取に燃えるローデスが、コーナー最上段からのフライング・ボディーアタックでレイスから3カウントを奪いNWA会長のジム・クロケット・ジュニアから祝福された。ローデスは6月24日、蔵前国技館における新日本のビッグマッチをキャンセルして掴んだチャンスをモノにし、「今度こそ王者として新日本に行く」と宣言するも叶わず。

◀王者に復帰し、NWA会長ジム・クロケット・ジュニアから祝福を受けた（81年6・21米アトランタ）

▼かつてローデスに王座を奪われた経験のあるテリーがケンカ腰で挑んできたが、大乱撃戦の末、辛うじてリングアウト勝ち（81年7・18米セントピータースバーグ）

▲81年8・16米オーランドで元王者ドリーとケンカマッチを展開。ドリーがオーバーフェンスを犯したため、反則勝ちを拾った

▶コーナー最上段からのフライング・ボディーアタックでレイスを仕留め、ベルト奪還に成功（81年6・21米アトランタ）

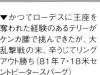

第25代 リック・フレアー

「ネイチャー・ボーイ」再誕！NWAの新時代が幕開け

▼卓越したショーマンシップと実力を併せ持ち、第6代王者ロジャースを踏襲した"ネイチャー・ボーイ（野生児）"の生まれ変わりは、NWAに新風を吹き込んだ（写真は81年10・9蔵前、鶴田戦）

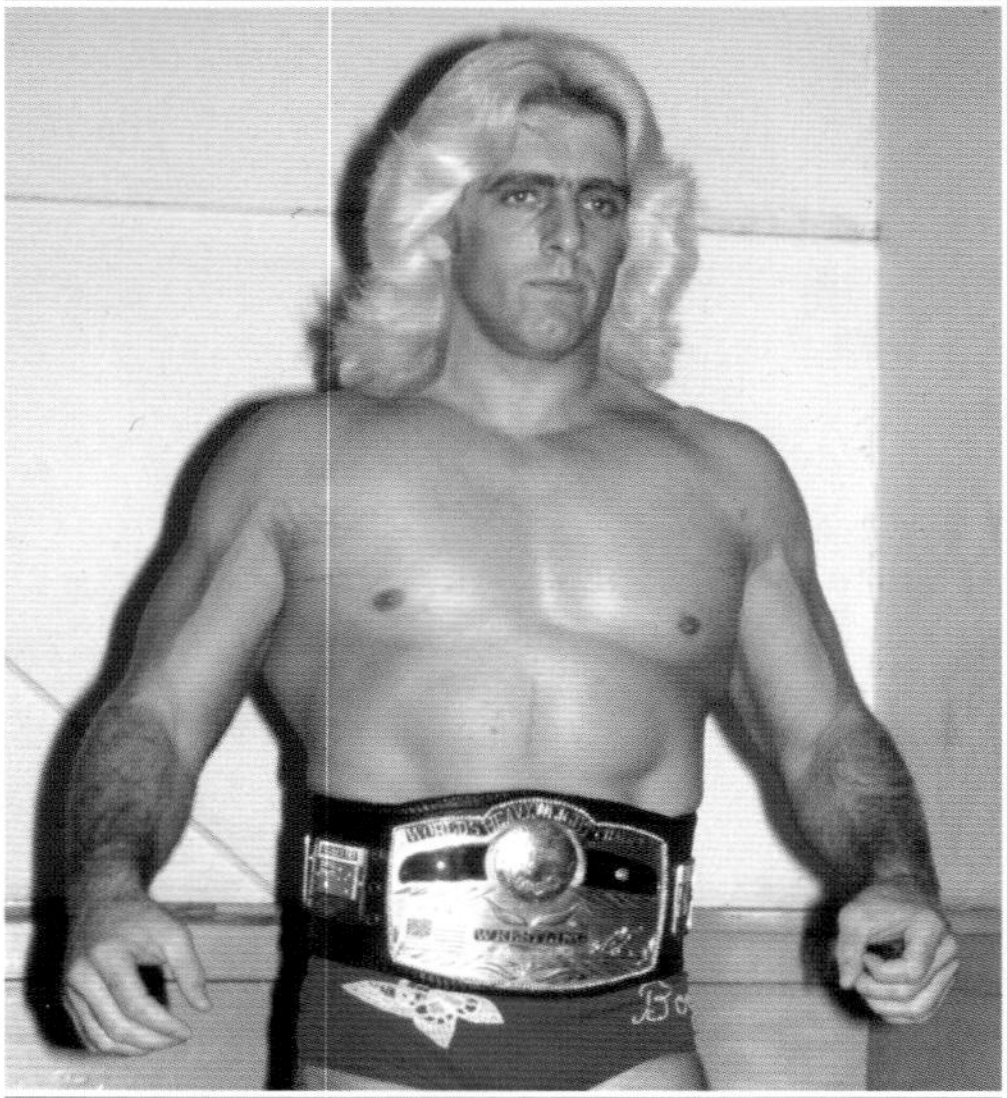

在位期間 1981年9月17日～1983年6月10日

ベルト戴冠 1981年9月17日（現地時間）＝アメリカ・カンザス州カンザスシティ、カンザスシティ・メモリアルホール／NWA世界ヘビー級選手権試合（60分1本勝負）／リック・フレアー（23分54秒 体固め）ダスティ・ローデス ※ローデスが防衛に失敗。フレアーが第25代王者となる

日本での防衛戦の相手 ①天龍源一郎②テリー・ファンク③ジャンボ鶴田④リッキー・スティムボート⑤ジャンボ鶴田⑥ジャンボ鶴田

長く「次期NWA世界王者の本命」と言われてきた32歳のフレアーが、1981年9月17日にカンザスシティでローデスから堂々のピンフォール勝ち、初の王座に就いた。王座獲得から2週間後に全日本に招聘され、天龍（勝ち）、テリー・ファンク（引き分け）、鶴田（勝ち）を相手に3度の防衛に成功。翌82年6月にも来日してリッキー・スティムボート（勝ち）、鶴田（引き分け）と防衛戦を行った。7月4日の独立記念日にはアトランタでWWF王者ボブ・バックランドとNWA世界&WWFヘビーのダブルタイトルマッチを行い引き分け（両者リングアウト）。83年6月にも全日本のリングで鶴田を相手に防衛に成功し、安定した試合内容で高い評価を得た。

▼ローデスのブレーンバスターを崩してカバーにいったフレアーがフォール勝ち。NWA王座にたどりついた（81年9・17米カンザスシティ）

◀天龍の挑戦を受け、1本目をブレーンバスター、3本目を足4の字固めで料理して王座防衛（81年10・9仙台）

◀82年7・4米アトランタでWWF王者バックランドとダブルタイトル戦を行い、両者リングアウトでともに王座防衛

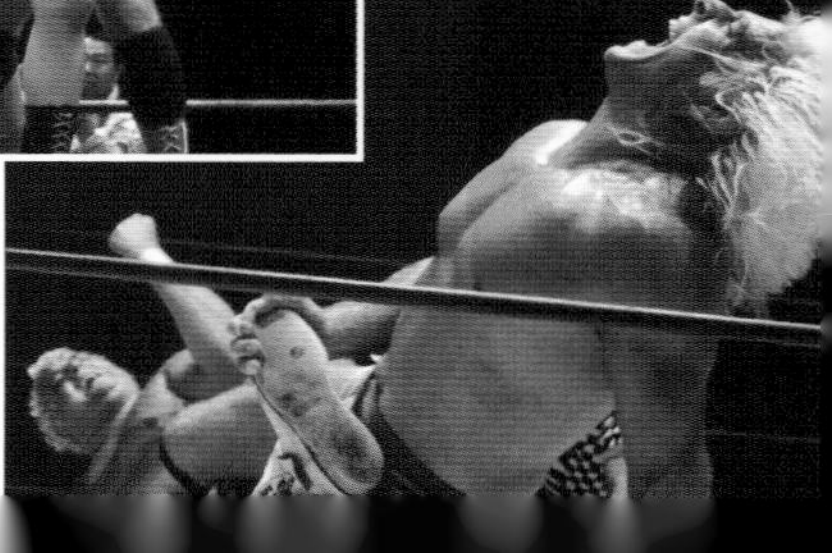

◀82年6・8蔵前で鶴田のジャーマン・スープレックスを浴びたが、とっさにロープを掴んで体勢を崩し、ダブルフォールで王座死守

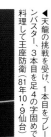

第26代 NWAの危機に"ミスターNWA"が最後の奮闘

1983年5月、NWAの総本山セントルイスに新団体（「グレイター・セントルイス・レスリング・エンタープライズ」＝ラリー・マティシック主宰）が結成されたことで、NWA内部は大混乱。このピンチに直面したレイスが6月10日、セントルイスのキール・オーデトリアムでフレアーを破り2年ぶりに40歳で王座奪還に成功。10月には全日本に招聘されて鶴田、テッド・デビアスを相手に2度の防衛に成功したが、11月24日にグリーンズボロでフレアーに敗れ5カ月間死守した王座から転落した。王座期間中の8月、NWA総会においてビンス・マクマホン・シニアとジム・バーネットがNWAを脱退することが判明し、WWFの全米侵略作戦が明るみに出た。

▼"ミスター・プロレス""ミスターNWA"の異名をほしいままにした大王者が通算7度戴冠の記録更新（写真は83年10·31会津、デビアス戦）

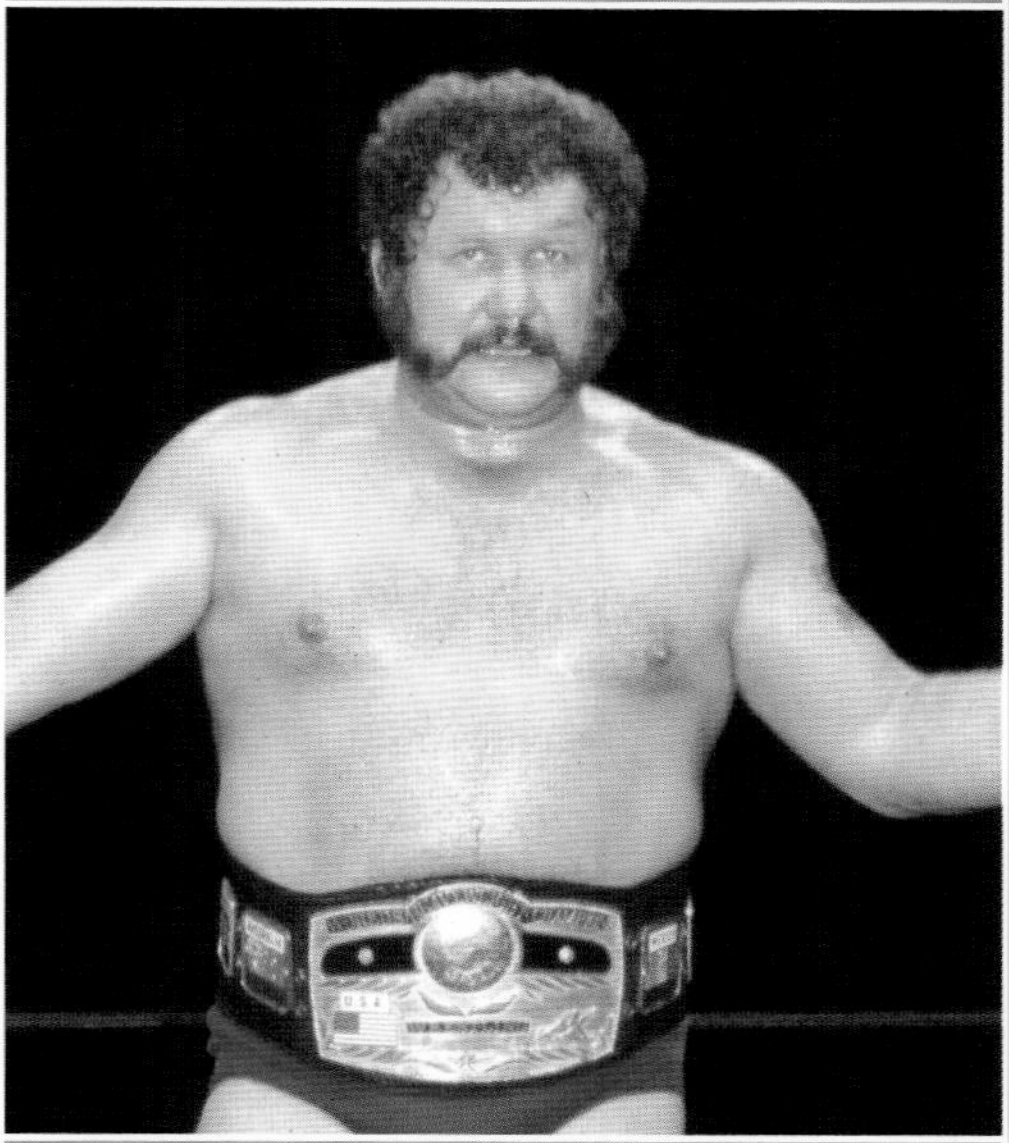

在位期間 1983年6月10日～11月24日

ベルト戴冠 1983年6月10日（現地時間）＝アメリカ・ミズーリ州セントルイス、キール・オーデトリアム／NWA世界ヘビー級選手権試合（60分3本勝負）／ハーリー・レイス（2ー1）リック・フレアー　①レイス（11分10秒　体固め）フレアー　②フレアー（10分23秒　足4の字固め）レイス　③レイス（6分17秒　体固め）フレアー　※フレアーが防衛に失敗。レイスが第26代王者となる

日本での防衛戦の相手 ①ジャンボ鶴田②テッド・デビアス

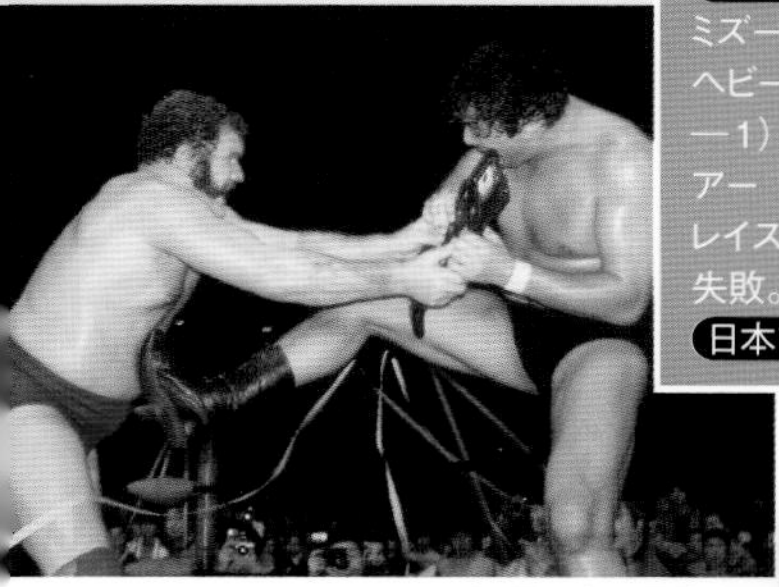

▲インターナショナルヘビー級王者に君臨する鶴田はNWA獲りを狙ったが、両者反則でチャンスを逸した（83年10・26岩手）

▲デビアスと大技合戦の末、一瞬の首固めで王座防衛。日本におけるレイスのベルト姿はこれが最後となった（83年10・31会津）

▼83年6月17日、鉄の爪王国ダラスでケビン・フォン・エリックの追撃を退けた

▲83年6·10キ
アムでフレアーに
バックドロップで
執念の王座返り

第27代 WWF全米侵略に対峙するNWAの砦となる

▼WWFの全米侵攻を阻止するためアメリカで精力的に活動していたため、日本での防衛戦は1試合のみ（83年12・12蔵前、カブキ戦）

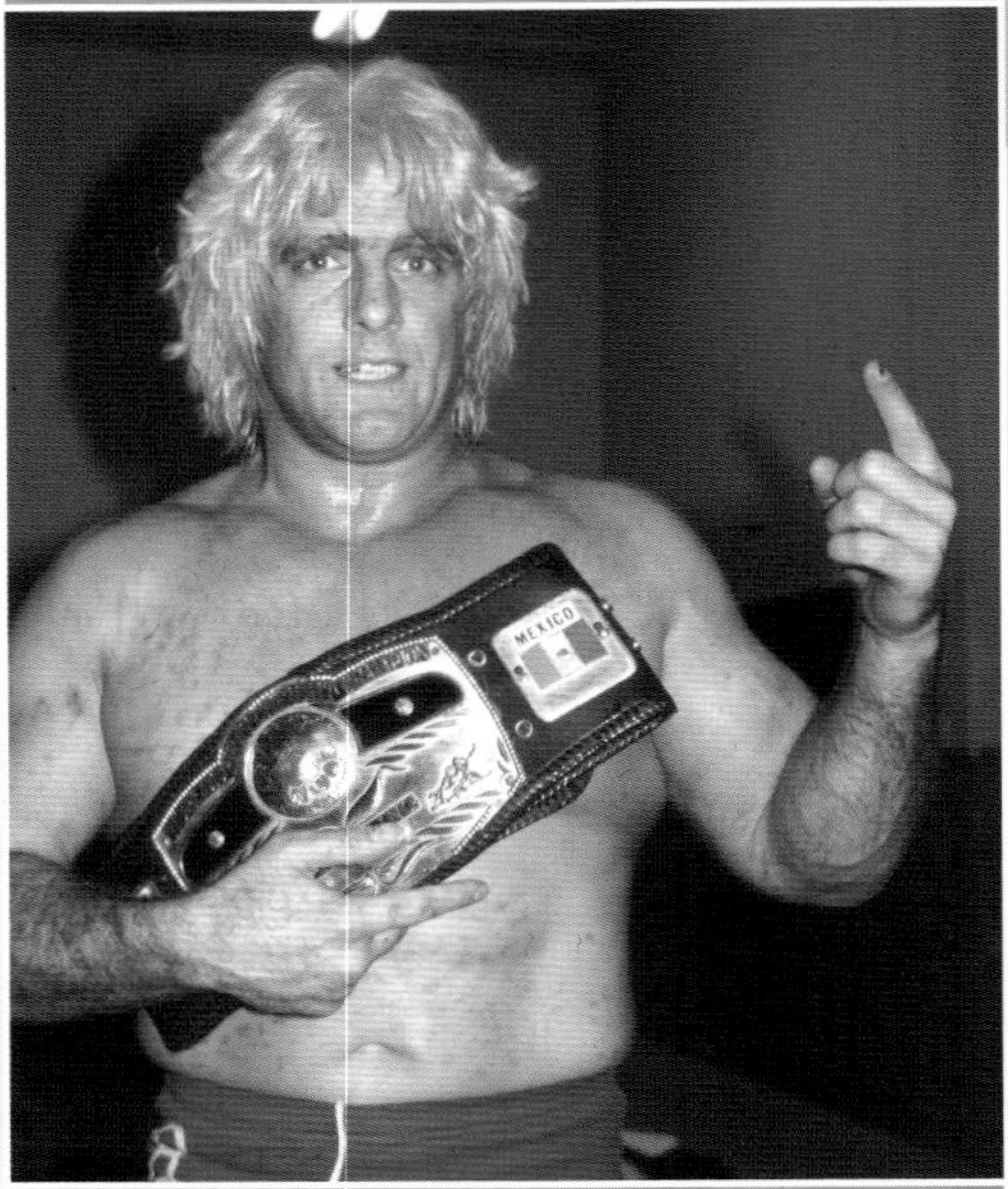

在位期間 1983年11月24日～1984年5月6日

ベルト戴冠 1983年11月24日（現地時間）＝アメリカ・ノースカロライナ州グリーンズボロ、グリーンズボロ・コロシアム／NWA世界ヘビー級選手権試合＝金網デスマッチ（時間無制限1本勝負）／リック・フレアー（23分46秒 体固め）ハーリー・レイス ※レイスが防衛に失敗。フレアーが第27代王者となる

日本での防衛戦の相手 ①ザ・グレート・カブキ

フレアーは、レイスから王座奪還した翌月の1983年12月12日、蔵前国技館でグレート・カブキに反則負けで王座防衛。翌84年3月にはNWAメンバー（スティーブ・リッカード）の要請に応じてレイスと共に大洋州&東南アジア遠征を行い、ニュージーランドのウェリントンとシンガポールで「3日間の王座キャッチボール（3月21日&23日）」を行ったが、公式記録としては残されていない。この時期には全米各地のNWAテリトリーにWWFが興行戦争をスタートさせて大混乱状態となっており、NWAの顔であるフレアーは、1月にWWF新王者となったハルク・ホーガンに対抗するため精力的に飛びまわり、全米各地で防衛戦を繰り返した。

◀84年1・6キール・オーデトリアムでブルーザー・ブロディの猛攻に遭い、乱闘による両者反則で王座防衛

▶日本中で大ブームを巻き起こしていたカブキに攻め立てられ、苦し紛れにレフェリーに暴行を加えたため反則負けに。ルールにより王座移動はなし（83年12・12蔵前）

◀王座返り咲きに執念を燃やすローデスの執拗な挑戦をフレアーは退け続けた（写真は84年1・22サラソタ）

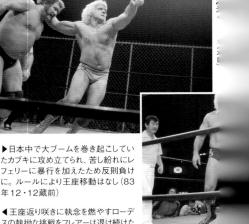

ケリー・フォン・エリック

第28代

鉄の爪一家に念願の世界最高峰王座をもたらす

1984年2月9日、全日本の「エキサイト・シリーズ」に参戦するためデビッド・フォン・エリックが3度目の来日を果たしたが、開幕戦（10日）当日、ホテルで内臓疾患のため急死した（享年25）。この悲劇に哀悼の意を表明したNWAは5月6日、王者フレアーを〝鉄の爪王国〟ダラスに派遣（デビッド追悼興行）。デビッドの実弟であるケリー・フォン・エリックがフレアーを逆さ押さえ込みでフォールし、新王者に君臨した。テキサス・スタジアムを埋めた3万人の大観衆は狂喜したが、5月22日から全日本に招聘されたケリーは、鶴田と引き分けて初防衛に成功したものの（22日、田園コロシアム）、24日に横須賀でフレアーに敗れ、わずか18日で王座を転落した。

▼日本で急死した兄デビッドの追悼興行で、鉄の爪エリック一家に初めてNWA世界王座をもたらした（84年5・6米ダラス）

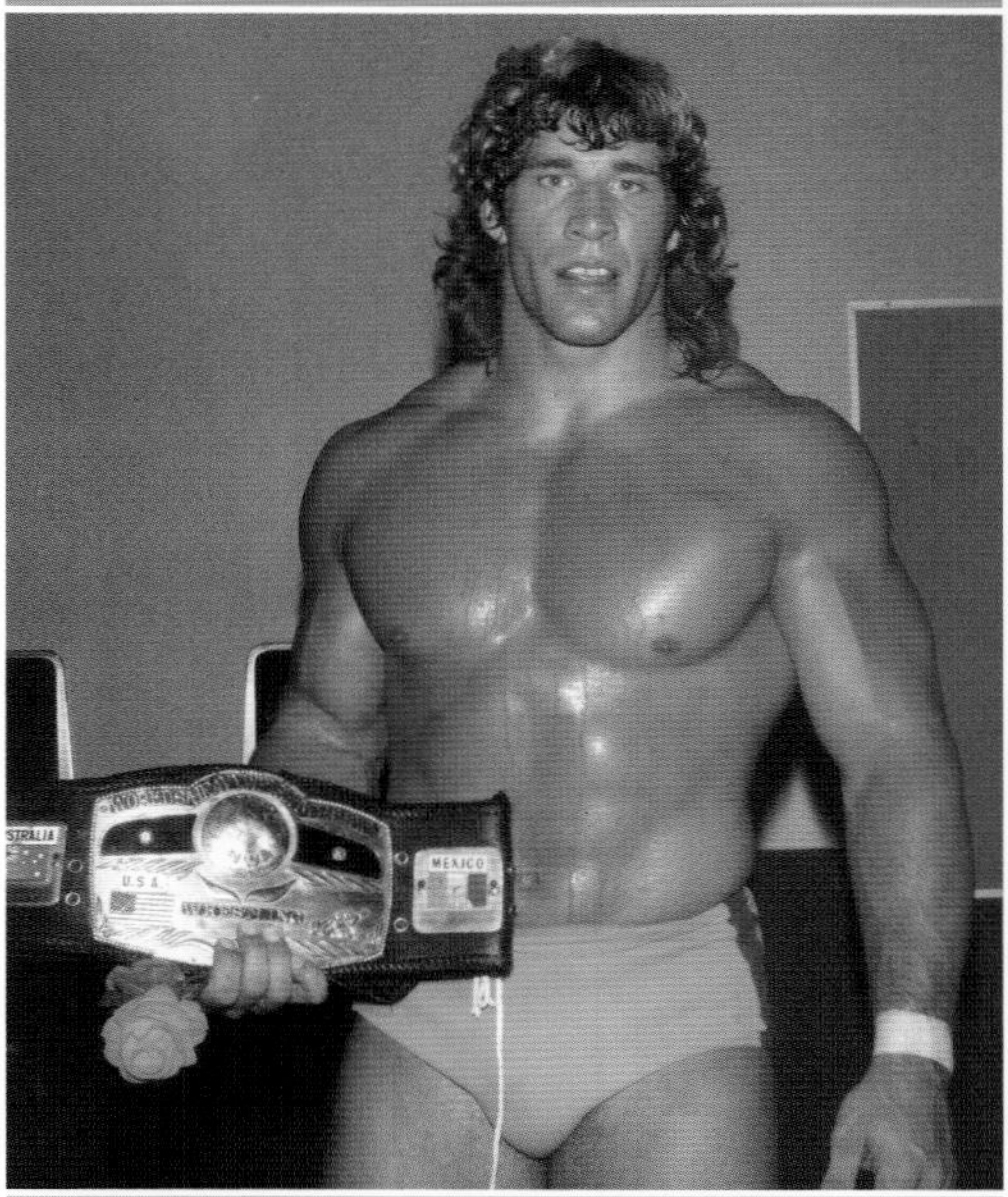

在位期間 1984年5月6日～5月24日

ベルト戴冠 1984年5月6日（現地時間）＝アメリカ・テキサス州ダラス、テキサス・スタジアム／NWA世界ヘビー級選手権試合（60分1本勝負）／ケリー・フォン・エリック（18分35秒　逆さ押さえ込み）リック・フレアー　※フレアーが防衛に失敗。ケリーが第28代王者となる

日本での防衛戦の相手 ①ジャンボ鶴田

▲84年5・22田園コロシアムで鶴田の挑戦を受け、3本目、場外バックドロップを食らいながらも両者リングアウトに持ち込んだ

▲父フリッツ・フォン・エリックも、自分がなしえなかったNWA獲りの快挙を祝福（84年5・6米ダラス）

◀84年5・24横須賀でフレアーと対決。3本目、後方回転エビ固めを切り返されてフォール負けし王座転落。わずか18日の天下だった

▼地元（ダラス）の熱狂的声援を背に、一瞬の逆さ押さえ込みでフレアーから王座奪取。写真は得意のタイガークロー（84年5・6米ダラス）

第29代 AWAと急接近し、ダブルタイトルマッチも実現

▼84年5・24横須賀でケリーを破り王座奪回に成功。日本において外国人同士のNWA王座移動はこれが初だった

在位期間 1984年5月24日〜1986年7月26日

ベルト戴冠 1984年5月24日＝神奈川・横須賀市総合体育館／NWA世界ヘビー級選手権試合（60分3本勝負）／リック・フレアー（2-1）ケリー・フォン・エリック ①ケリー（15分51秒 体固め）フレアー ②フレアー（3分24秒 足4の字固め）ケリー ③フレアー（7分19秒 エビ固め）ケリー ※ケリーが防衛に失敗。フレアーが第29代王者となる

日本での防衛戦の相手 ①ハーリー・レイス②天龍源一郎③長州力④ジャンボ鶴田⑤リック・マーテル

WWFの侵略に対抗したNWAは、それまで競争関係にあったAWAと提携して「プロレスリングUSA」なる横断組織を発足した（1984年5月）。東部のWWFテリトリーでNWA世界王者（フレアー）、AWA世界王者（リック・マーテル）が二大タイトル戦を行うという豪華なラインアップで、一時はWWFを震撼させる勢いも見せたが、最終的にはNWAとAWAの足並みが整わず空中分解。フレアーは84年9月、全日本で天龍の挑戦（12日、水戸）を退けたあと85年4月にも長州力、鶴田の挑戦を受けNWA王座を防衛したが、6月に大組織NWAが事実上崩壊したため、以降は「ジム・クロケット・プロモーション専属のレスラー」として防衛活動を継続した。

◀長州に対抗意識を燃やす鶴田はフレアーを追い込んだが、両者リングアウトでまたもやNWA奪取ならず（85年4・24横浜）

▲ジャパン・プロレスの長州が全日本マットでNWAに初挑戦するも、フレアーの老獪戦術に手こずり両者リングアウトに（85年4・23相模原）

◀馬場の肝いりでAWA王者マーテルとのダブル選手権が実現。マーテルが果敢に攻め、フレアーは防戦一方に。最後は両者リングアウトでともに王座防衛（85年10・21両国）

▼天龍は84
で、3年ぶり
挑戦。1本目
バーで先制
の字で屈し、
勝ちのため王

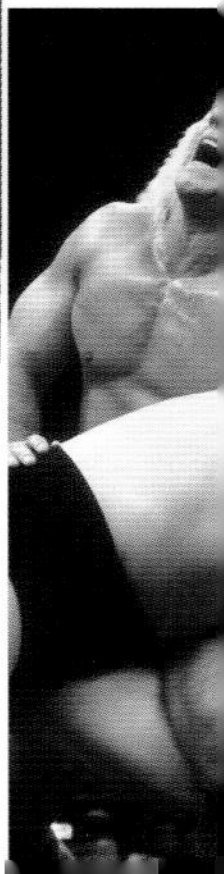

NWA王座はジム・クロケット・プロの所有物に

サム・マソニック会長の引退、メンバー間の協力関係の希薄化、ジム・バーネット第一副会長の独断専行ひいてはWWF側への寝返りなどを経て、1949年から全米最大組織としての威勢を誇ったNWAは1983年頃には一気に弱体化。1984年2月から始まったWWF（ビンス・マクマホン・ジュニア）による全米侵略作戦によって、NWAの主要マーケットはことごとく衰退、撤退を余儀なくされた。ハルク・ホーガンとアンドレ・ザ・ジャイアントの二大スターを抱えるWWFは、ケーブルテレビを巧妙に使った戦術で、1985年3月31日の「レッスルマニア」開催&大成功により〝絶対優勢〟の構図を掌中にした。

「最後のNWA総会」は、1985年8月18日から20日にかけてラスベガスの「デューンズ・ホテル」で行われた。メンバーとしての出席者はジム・クロケット・ジュニア（会長）、ジャイアント馬場（第一副会長＝1984年8月就任）、フレッド・ワード（第二副会長）、ボブ・ガイゲル、リア・メイビア、ロン・フラー、マイク・グラハム（父のエディ・グラハムが1月にピストル自殺したために代理）、ドン・オーエン、ビクター・ジョビカのわずか9人。総会2カ月前の6月15日、(ボブ・ガイゲルに代わって）新会長に就任していたジム・クロケット・ジュニアより、次の電文が全メンバー宛に送られていた。

「今後NWA世界チャンピオンのリック・フレアーに関するブッキング、および挑戦者の選抜については、全て私の承認を受けなければならない。フレアーが世界戦をやる興行のセミファイナルについても、私の運営するクロケット・プロが指定するレスラーを使用しなければならない」

NWA第一副会長・ジャイアント馬場の政治力により、1985年10月21日、NWA世界王者リック・フレアーvsAWA世界王者リック・マーテルのダブル選手権が全日本マットで実現（写真は10月17日の調印式）

この厳格な規定は、6月21日のセントルイス大会（キール・オーデトリアム）から施行された。この段階で、ＮＷＡ世界ヘビー級王座は「ジム・クロケット・プロモーションの所有物」となり、ここに１９４９年11月に発足した「プロモーター横断組織・カルテル」としてのＮＷＡは完全に瓦解することになった。

馬場が第一副会長の要職にいたことから、日本では「ＮＷＡが実質的に崩壊した」ことを取り上げたマスコミは皆無だった。これは「馬場への忖度（そんたく）」という理由も大きかったが、馬場自身の胸中に「まだＮＷＡは完全に潰れたわけではない。盛り返すことはできる」との強い気持ちが存在したことも事実だった。馬場はクロケットと交渉の末、10月にＮＷＡ世界王者フレアーを来日させ、「史上初のＮＷＡ世界ヘビー級＆ＡＷＡ世界ヘビー級、ダブルタイトル戦」を実現させた（10月21日、両国国技館のリック・フレアー対リック・マーテル）。

これは『全日本プロレス中継』が6年ぶりにゴールデン・タイムに復帰（毎週土曜夜7〜8時）したことを記念し、日本テレビから資金バックアップを得て実現に漕ぎつけたもので、馬場が持っていた「プロモーターとしての影響力」を改めて誇示した形となった。結果は34分3秒、両者リングアウトの引き分けで双方が世界王座を死守したが、フレアーが日本で行った多くのＮＷＡ世界戦の中で「ベストワン」の声が高い名勝負として、高い評価を得た。

NWA世界戦のカード変更に馬場が憤激

翌1986年のNWA総会は、5月にジム・クロケット会長からメンバー宛に「8月にラスベガスで開催予定」と通知が行ったものの、開催には至っていない。前年の総会で「NWA＝クロケット」になってしまった以上、メンバーシップを持つ会員は皆「もはや総会に出ても意味がない」との共通認識ができていたからだ。「最後のメンバーシップ保持者」として記録されているのは以下の8人である（1986年4月28日の日付。馬場は同年3月31日付で脱退）。ジム・クロケット・ジュニア（カロライナ）、ロン・フラー（アラバマ）、マイク・グラハム（フロリダ）、ゲーリー・ジャスター（ニュージャージー）、リア・メイビア（ハワイ）、ロン・ミラー（オーストラリア）、ドン・オーエン（オレゴン）、スチーブ・リッカード（ニュージーランド）。

ジム・クロケット・プロ管轄下のNWA世界王者フレアーは、1986年2月14日からベルトを新調。以後、この大判の〝フレアー・ベルト〟がNWAベルトの定番となった

フレアーは1986年7月26日、ノースカロライナ州グリーンズボロでダスティ・ローデスに敗れて王座を転落したが、2週間後の8月9日、セントルイスで王座奪還に成功。

その後も馬場とクロケットは提携関係を維持し、フレアーは1987年3月にも来日して谷津嘉章（引き分け）、ジャンボ鶴田（反則勝ち）、輪島大士（フォール勝ち）を相手に3連続防衛を果たして健在ぶりを発揮したが、NWA世界王者としての全日本プロレス登場は、これで見納めとなった。

このあとフレアーは１９８７年9月25日、ミシガン州デトロイトでロニー・ガービンに敗れて王座を転落したが、２カ月後の11月26日にシカゴで奪還に成功し、そのあともジム・クロケット・プロモーションの専属レスラーとして防衛戦を継続。しかし、クロケット・プロモーションは度重なる過剰投資、特に１９８７年春にビル・ワットが主宰するルイジアナ、ミシシッピ地区の興行権を高価で買収したことで経営不振が慢性化した結果、１９８８年10月に会社丸ごとの「身売り」を余儀なくされた。買収に応じたのはジョージア州アトランタに本社を置く大手ケーブルテレビ会社ＴＢＳ（ターナー・ブロードキャスティング・システム）のオーナー、億万長者のテッド・ターナーで、ここから「ジム・クロケット・プロモーション」の名称は消滅し、「ワールド・チャンピオンシップ・レスリング（ＷＣＷ）」に改名した上で、「ＴＢＳの子会社」として位置付けされた。

第34代王者リッキー・スティムボートは1989年3・8日本武道館に参戦し、タイガーマスク（三沢光晴）と防衛戦を行ったが、好評価は得られなかった

ＮＷＡ世界ヘビー級王座はＴＢＳによる買収後も存続し、年明けの１９８９年も、馬場は引き続きフレアーの招聘を継続した。だがフレアー対タイガーマスク（三沢光晴）のＮＷＡ世界戦（3月8日、日本武道館）が発表されていながら、フレアーが来日する2週間前の2月20日、シカゴでリッキー・スティムボートに敗れたため、武道館のカードは急遽スティ

WCWの新スター、スティングはフレアーとベルトをめぐる抗争を展開。1990年7月7日、第36代王者となった

ムボート対タイガーマスクというカードに変更された（スティムボートが回転エビ固めでフォール勝ち）。馬場は試合後、武道館の控室で「ＷＣＷによる直前の王者変更」に不快感を表明し、以降、二度とＮＷＡ世界ヘビー級王者を招聘することはなかった。自ら３度も王座に就き、誰よりもＮＷＡ世界タイトルに愛着を持ってきた馬場の撤退は、往年のＮＷＡが完全に形骸化していたことの証明でもあった。

スティムボートは帰国後の５月７日、ナッシュビルでフレアーに敗れ、２カ月半保持した王座から転落。翌１９９０年７月７日、フレアーはスティングに敗れて１年２カ月死守した王座を失った。

WCWとの提携により新日本でNWA王座が復活

ＷＣＷは１９９１年１月１日に「ＷＣＷ世界ヘビー級王座」なる新しい看板タイトルの認定に踏み切り、１月11日、ニュージャージー州イースト・ルザフォードで行われる王者スティング対挑戦者フレアーのＮＷＡ世界戦の勝者が「初代ＷＣＷ王者となる」ことも併せて決定した。この試合に勝ったフレアーはＮＷＡ世界の奪回と併せ２冠王となり、そのあと（３月21日、東京ドーム）初めて新日本プロレスのリングに上がる

1992年8月、新日本の第2回G1クライマックスでNWA世界ヘビー級王座決定トーナメントが開催され、蝶野正洋が優勝。第38代王者として約半年間、王座に君臨した（写真は9・23横浜アリーナ、スティーブ・オースチンとの防衛戦）

ことも電撃発表となる。だが東京ドームでは「ＮＷＡ世界だけ」を懸けて藤波辰爾（ＩＷＧＰヘビー級王者）とのダブルタイトルマッチを行うという発表がなされた。これは、日本においてまだ「ＷＣＷ世界ヘビー級」の認知度が全くなかったことも理由の一つであったが、最も大きな理由は「かつて全日本プロレスの独占開催だったＮＷＡ世界選手権が、史上初めて新日本プロレスで開催される」ことを、日本のファンに強くアピールすることにあった。馬場を支持する全日本のファンからは「実体がなくなった名前だけのＮＷＡ世界戦には、過去の権威も、開催の意味もない」と強烈に批判が起こったが、新日本にとっては、最大会場の東京ドームを満員にするための「目玉商品」であり、「ＮＷＡ世界戦の開催そのもの」を重視してフレアー対藤波を強行した。

「スターケードＩＮ闘強導夢」と銘打って開催された新日本とＷＣＷの合同興行は東京ドームに6万4500人の満員観衆を集めて大成功し、藤波はメインでフレアーを破り（23分6秒、グラウンド式コブラツイスト）、馬場以外の日本人レスラーとして、初めてＮＷＡ世界ベルトを腰に巻いた。だが藤波はフォールする前の段階でフレアーをトップロープ越しに場外に落としており（レフェリーが転倒中で、オーバー・ザ・トップロープを見逃し）、これに対してＷＣＷ側（ダスティ・ローデス、ヒロ・マツダ）が「反則行為があったため無効試合にすべし」とのクレームをつけたため、翌日に新日本側と会議が持たれた結果、再戦が決定する（ベルトはフレアーが持参したまま離日）。

5月19日、フロリダ州セントピータースバーグのWCW興行で再戦が行われ、18分36秒にフレアーがエビ固めで藤波からフォールを奪い、晴れてベルトを巻いた。

このあたりの時期から、ギャラを含む待遇をめぐってフレアーはWCW首脳陣と衝突。7月1日にWCWを離脱し、ビンス・マクマホン・ジュニアの勧誘に応じてWWFに衝撃的な移籍を果たす。このため、保持していたNWA世界ヘビー級選手権は剥奪処分となり、WCWは「NWA世界ヘビー級王座をサスペンド（棚上げ）する」とアナウンス。もう一つの看板である「WCW世界ヘビー級選手権」についても、フレアーが7月1日に予定されていたバリー・ウインダムとの防衛戦を欠場したために剥奪され、7月14日にウインダムとの王座決定戦に勝ったレックス・ルーガーが新王者となった（ここからNWA王座とWCW王座は完全に二つに分かれた）。

このあとWCWはNWA王座については静観を貫いたが、1992年にヒロ・マツダとビル・ワットがWCWの経営側幹部として加わったことで、新日本に対し「NWA世界ヘビー級王座復活」のディールを持ち掛けた。新日本プロレス

1993年1・4東京ドームでグレート・ムタが蝶野を破りNWA王座奪取。アメリカマットでフレアーやスティングと抗争を繰り広げた時に手が届かなかったベルトをついに手に入れた

NWA崩壊からWCW時代までのNWA世界王者

代	王者	獲得年月日	場所
第30代	ダスティ・ローデス	1986年7月26日	ノースカロライナ州グリーンズボロ
第31代	リック・フレアー	1986年8月9日	ミズーリ州セントルイス
第32代	ロニー・ガービン	1987年9月25日	ミシガン州デトロイト
第33代	リック・フレアー	1987年11月26日	イリノイ州シカゴ
第34代	リッキー・スティムボート	1989年2月20日	イリノイ州シカゴ
第35代	リック・フレアー	1989年5月7日	テネシー州ナッシュビル
第36代	スティング	1990年7月7日	メリーランド州ボルティモア
第37代	リック・フレアー	1991年1月11日	ニュージャージー州イースト・ルザフォード
第38代	蝶野正洋	1992年8月12日	両国国技館
第39代	グレート・ムタ	1993年1月4日	東京ドーム
第40代	バリー・ウインダム	1993年2月21日	ノースカロライナ州アッシュビル
第41代	リック・フレアー	1993年7月18日	ミシシッピ州ビロクシ

の坂口征二社長とマサ斎藤取締役は既存のIWGPヘビー級王座とのバランスを考慮して、当初は復活に慎重な姿勢を見せたが、最終的には賛同。8月に開催される「'92G1クライマックス」を「NWA世界ヘビー級王者決定トーナメント」の形式で行った結果、決勝（8月12日、両国国技館）でリック・ルードを破った蝶野正洋が「復活NWA世界ヘビー級」の王者となった。蝶野は9月23日の横浜アリーナでスティーブ・オースチンを破り初防衛に成功し、このあとも日本とWCW地区を往復して通算4度の王座防衛に成功したが、1993年1月4日、東京ドームで武藤敬司の化身グレート・ムタに敗れて王座から転落した。ムタは2月21日、ノースカロライナ州アッシュビルでバリー・ウインダムに敗れて初防衛に失敗。ウインダムは7月18日にミシシッピ州ビロクシでWWFから戻ったリック・フレアーに敗れて王座を失ったが、WCWはこのあとNWA世界ヘビー級王座の廃止を決定。「看板タイトルをWCW世界ヘビー級王座に一本化する」との方針に転換したことで、「新日本とWCWの協調による、NWA王座の復活プラン」はわずか1年で消滅した。

1994年以降も、時折「NWA世界ヘビー級王座」を懸けた選手権が行われることがあるが、それは〝世界最高峰〟と呼ばれたNWAとは系統を異にするものである。

世界ヘビー級王者
（新日本プロレス時代）

1972年10月から使用された
新日本プロレス製のベルト

ベルトを携えてドイツからアメリカに渡る

アントニオ猪木がＮＷＦヘビー級王者として輝きを放つ前、１９７２年の新日本プロレス黎明期に師匠カール・ゴッチと争奪戦を繰り広げたのがゴッチ持参の「世界ヘビー級王座」だ。

カール・ゴッチは１９５９年夏、エレナ夫人を伴ってドイツのハンブルグ港を出発。客船でカナダのモントリオールに渡り、ルー・テーズとアル・ハフトに保証人になってもらって「米国内居住ビザ」を獲得後、オハイオ州コロンバス地区（郊外のレイノルズバーグ）に10月に住居を構え、アメリカにおける本格的プロレスラー活動（地区内における連日サーキット）を開始している（ゴッチが住んでいたアパートはアル・ハフトの手配で、ビル・ミラーの住居の近隣。歩いてもすぐの距離だった）。次ページに掲載したゴッチの有名なポーズ写真は、ゴッチがモントリオールに到着後間もなくの１９５９年８～９月頃、有名な写真家であるトニー・ランザ氏のスタジオで撮影されたものだが（当時のリングネームはカール・クラウザー）、このベルトはゴッチの個人所有物としてハンブルグから持参されたもので、モントリオール地区で防衛戦が行われた記録は残っていない。

ゴッチの身元引受人になったアル・ハフト（１８８６～１９７６年）は自らがアマチュア、プロのレスラーとして長年活躍し、1920年代から自宅のあるオハイオ州コロンバスでプロモーターに転身した「人生をレスリング一本に捧げた人」だった。サム・マソニックが中心になった統一NWA結成（1949年）の際も、最初に賛同の意を表した7人の一人で、巨大連合組織NWAの中で一目置かれた大物、〝重鎮〟扱いを受けていた。

ゴッチが移住してきた1959年10月時点で、オハイオ地区は「オハイオ・ヘビー級選手権」を看板タイトルとしていた。NWA加盟により「世界」を冠する王座を自粛したハフトが1950年に新設した王座で、バディ・ロジャース、ディック・ハットン、ビル・ミラーらの強豪が「州をデザインした独特のベルト」を巡って好勝負を展開し、NWA勢力圏の中でも指折りのビッグ・マーケットとして名声を馳せていた。ゴッチが初めて同ベルトを獲得したのは1960年10月15日、シンシナティのマグニフィセント・モーリス戦で、

1959年にモントリオールで撮影されたゴッチのベルト姿（35歳）

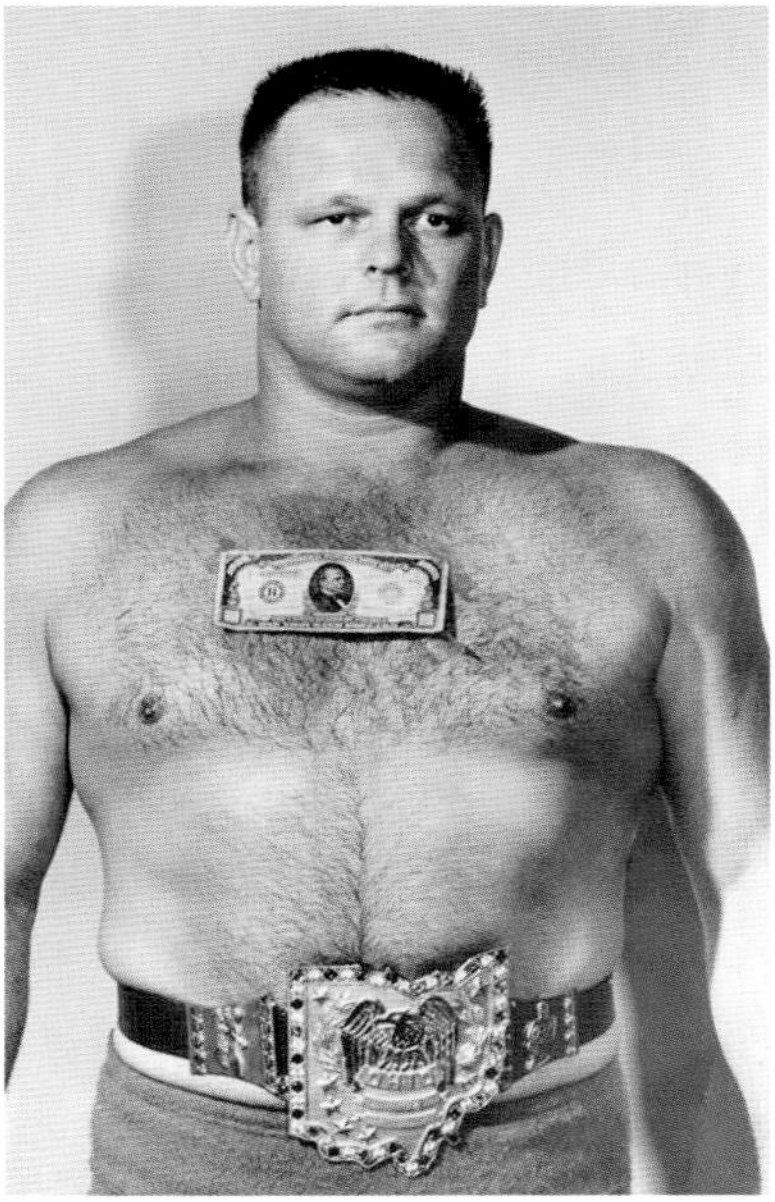
オハイオ・ヘビー級ベルトを締めたディック・ハットン（1954年）

このページに掲載したのは翌11月19日のビル・ミラー戦のプログラムだが（この試合でミラーが王座奪取）、ともにアマチュアでトップを取ってからプロ入りしたゴッチとミラーは既に「大親友の関係」になっており（翌1961年4月から7月まで日本プロレスの「第3回ワールドリーグ戦」に揃って初来日）、ハフトは二人のシングル戦を何度も「ドル箱カード」としてメインイベントにラインアップした。

ビル・ミラー（1927〜1997年）は1950年にオハイオ州立大学医学部（獣医学科）を卒業してアル・ハフトの薦めによりプロレスラーとなっており、ゴッチがコロンバス地区に入ってきた1959年秋には、同地区トップスターとして活躍中だった。「アル・ハフトの子飼い」という観点から見るとゴッチよりも（ハフトとの）関係が濃密で、ミラーはオハイオ州だけでなく、ネブラスカ州、ミネソタ州でもマスクマンの「ドクターX」あるいは「ミスターM」としてトップを取るようになり（日本では「ミスターX」）、

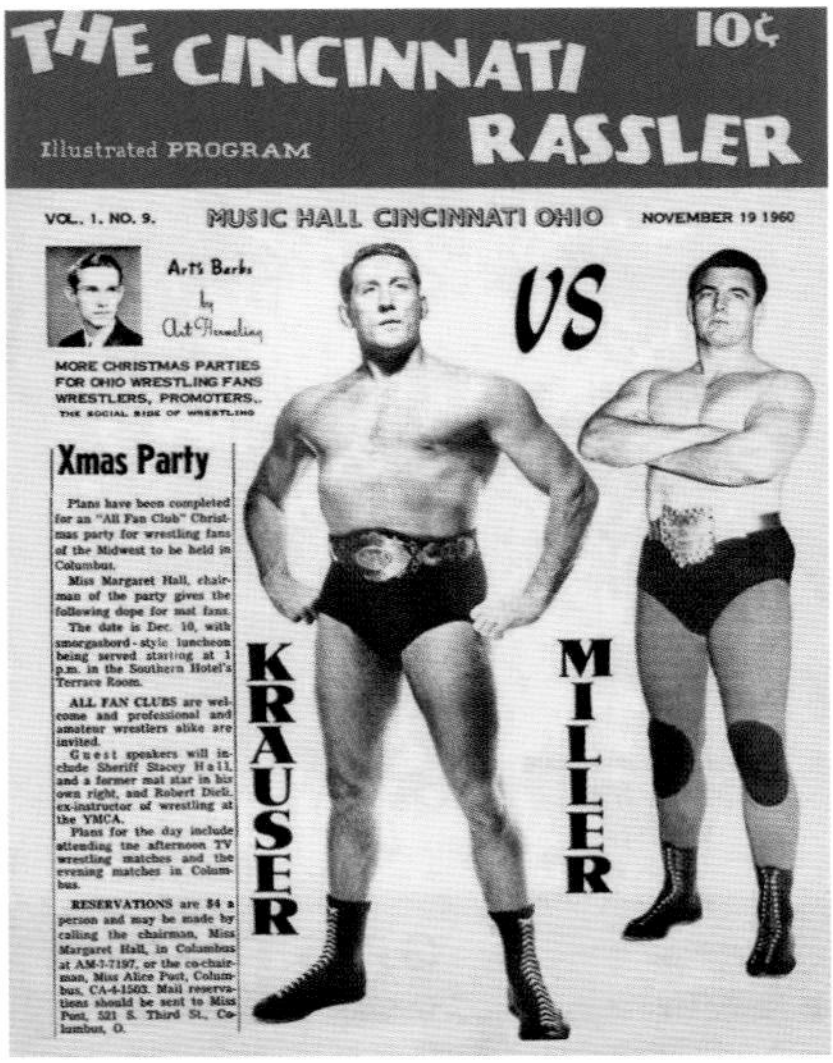
THE CINCINNATI RASSLER 10¢
Illustrated PROGRAM
VOL. 1. NO. 9. MUSIC HALL CINCINNATI OHIO NOVEMBER 19 1960
Art's Barbs by Art Flenneling
MORE CHRISTMAS PARTIES FOR OHIO WRESTLING FANS WRESTLERS, PROMOTERS..
THE SOCIAL SIDE OF WRESTLING

Xmas Party

Plans have been completed for an "All Fan Club" Christmas party for wrestling fans of the Midwest to be held in Columbus.

Miss Margaret Hall, chairman of the party gives the following dope for mat fans.

The date is Dec. 10, with smorgasbord-style luncheon being served starting at 1 p.m. in the Southern Hotel's Terrace Room.

ALL FAN CLUBS are welcome and professional and amateur wrestlers alike are invited.

Guest speakers will include Sheriff Stacey Hall, and a former mat star in his own right, and Robert Diehl, ex-instructor of wrestling at the YMCA.

Plans for the day include attending the afternoon TV wrestling matches and the evening matches in Columbus.

RESERVATIONS are $4 a person and may be made by calling the chairman, Miss Margaret Hall, in Columbus at AM-1-7197, or the co-chairman, Miss Alice Post, Columbus, CA-4-1503. Mail reservations should be sent to Miss Post, 521 S. Third St., Columbus, O.

KRAUSER VS MILLER

オハイオ・ヘビー級王座をめぐってコロンバス地区を盛り上げていたビル・ミラーとゴッチ（1960年11月19日）

ゴッチの個人所有だったベルトを借用してピッツバーグのリングに上がったビル・ミラー（1961年）

素顔で他州にスポット参戦したときには、「箔（はく）」を着けるため、時折親友ゴッチ所有のチャンピオン・ベルトを「レンタル」して腰に巻き、リングに登場している。

〝はじめのAWA〟で王者時代を謳歌

ゴッチの個人所有物だったベルトが「AWAチャンピオンベルト」として「生命を宿した」のは1962年9月のドン・レオ・ジョナサン戦以降だったが、そもそも、AWAとはどんな団体だったのか？

このAWAは1959年2月にジョニー・ドイルとジム・バーネットの二人が共同で立ち上げた「アメリカン・レスリング・アライアンス」という団体（本部事務所はミシガン州デトロイトに置き、1959年4月11日にデトロイトのオリンピア・スタジアムで旗揚げ。観衆1万6226人。他の加盟プロモーターはインディアナポリスのバーク・エステス。1961年3月からサンフランシスコのロイ・シャイアも加盟）で、1年後（1960年）の8月にバーン・ガニアとウォーリー・カルボがミネアポリスで設立した「アメリカン・レスリング・アソシエーション（AWA）」とは全く異なる団体だった。アブリベーション（略称）が同じAWAであることで、しばしば混同されてきたが、設立そのものは「アライアンス」のほうが早い。

この「アライアンス派」は1962年6月、アル・ハフトの中心エリアであるオハイオ州コロンバスに進出を発表。ドン・レオ・ジョナサン、ディック・ザ・ブルーザー、ザ・シークら大物を大挙出場させてマーケット侵略を図った。長年にわたり毎週土曜日に興行を打っていたハフトは、ブッカー（選手招聘係）も兼ねていたNWA世界ヘビー級王者のバディ・ロジャース、日本から武者修行の長期遠征中だったショーヘイ・ババ（ジャイアント馬場）を軸に必死の防戦。殴りこんできた「アライアンス派」（会場はジェット・スタジアム）と7月から壮絶な興行合戦を繰り広げた。「アライアンス派」はヘビー級王者としてジョナサンを認定しており、ジョナサンに対しては「3月にコロラド州デンバーでキラー・コワルスキーとの王座決定戦

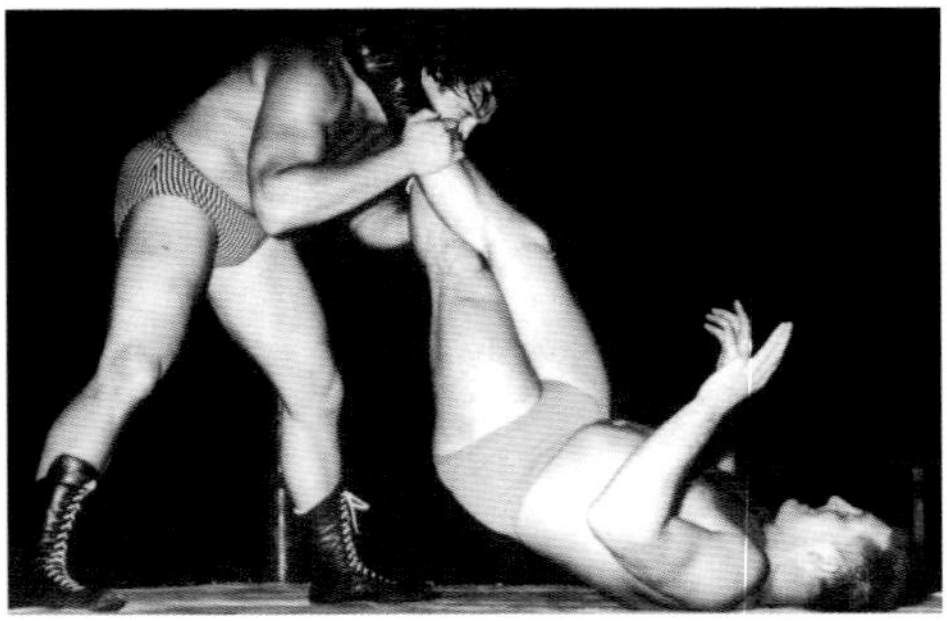

1962年9月11日（オハイオ州コロンバス、ジェット・スタジアム）、ゴッチがドン・レオ・ジョナサンを破り「AWAヘビーウェイト・チャンピオンシップ」を奪取。10年後の新日本に繋がった歴史的に重要な一戦だった

に勝ってチャンピオンになった」という宣伝がなされていたが、デンバーで当該試合が行われたという記録はないので、いわゆる「フィクション王者」としてコロンバスに登場していたことになる。

さて、権力を持つブッカーのロジャースに嫌われ、長年馴れ親しんだハフト派の興行から閉め出されていたミラーとゴッチは、「仕方なく」7月からアライアンス派の試合に出場していたのだが、何とかして古巣・ハフト派の側に戻って、ギャラの良い契約での試合を欲していた。そして、そんな二人の意向を察したハフトが8月31日、二人に入場券を送り、巧妙に試合会場の「フェアグラウンズ・コロシアム」の控室に呼び寄せた。NWA世界王者になって以来、ロジャースはハフト支配下のオハイオ州には、以前ほどは姿を見せなくなっていた。家庭内にトラブルも抱えていたハフトに対して、ロジャースは、ハフトが独占するコロンバスの興行権（株）を自分にも分担させるように要求すると同時に「もし、要求が呑めないのなら、主要なレスラーを引き抜いて、新団体を作る」と迫っていた。追い詰められたハフトの胸の内に「暴君ロジャースに対して意趣返し（仕返し）をして懲罰してやる」との気持ちが起きた結果勃発したのが、プロレス事件史にその名を遺す「8・31のロジャース襲撃事件」（控室でゴッチとミラーがロジャースに暴行）である。ハフトからすれば、「お灸をすえる」程度の軽い気持ちで仕組んだはずのシナリオが、ゴッチとミラーによって負傷したロジャースがメインイベントを欠場するという思いもよらぬ結果を招き、主催者（ハフト）からのお詫びとして、観客に対して当日の売り上げ８０００ドルのうち、２５００ドルを払い戻す羽目になってしまったのは誤算だったが、この事件でロジャースとハフトの仲は完全に決裂した。

ハフトは「アライアンス派」と手を組む方向に舵を切り、事件のほとぼりも冷めやらぬ9月11日、ジェット・スタジアムで王者ジョナサン対挑戦者ゴッチによる「AWAヘビー級選手権（正確にはアメリカン・レスリング・アライアンス・ヘビーウェイト・チャンピオンシップ）」を組んだ。ハフトは「8・31事件」を成功させた直後に、「ロジャースが（NWA世界王者として）自分の興行に出場することは、二度とない。ブッカー職も辞任する」ことを、早々と確信していたことになる。極めて異常な状況下で起きた突発的な事件ではあったが、この事件を機にゴッチが「チャンピオンとしてビッグ・ブレイクを果たした」ことも間違いない。

1962年9月11日（コロンバス・ジェット・スタジアム、観衆4670人。地元プロモーターはバーク・エステス、主催はAWA）

カール・ゴッチがドン・レオ・ジョナサンを2対1で破り、AWAヘビー級王座を奪取（2本目のジャーマン・スープレックスでジョナサンがKOされ、3本目は試合放棄）。ビル・ミラーがザ・シークに勝ち(9分42秒)、ディック・ザ・ブルーザーはリッキー・コーテッツに快勝（11分0秒）。

AWAヘビー級選手権、ゴッチ対ディック・ザ・ブルーザー（1963年11月23日、ゴッチの反則勝ち）

1964年7月18日、フェアグラウンズ・コロシアム大会のプログラム。ゴッチがAWAヘビー級選手権でジョニー・バレンタインと対戦（反則負け）

この興行以降、ハフトはAWA王者カール・ゴッチを看板にして、再び地元コロンバスを再構築。ゴッチは「恩人」であるハフトの期待に応えてオハイオ州内を精力的にサーキットし、「ハフト王国」に最後の繁栄期を到来させた。前ページ掲載のプログラムからも明らかなように、ゴッチの王座戦は「ＡＷＡヘビーウェイト・チャンピオンシップ」として開催されており、「ワールド（世界）」の2文字は冠せられていない。このあたりは、義理堅いハフトが旧友であるサム・マソニック（ＮＷＡ）に敬意を表して「自粛」していたことが理解できる。ＡＷＡヘビー級選手権の防衛戦において、ゴッチは個人所有のベルトを使っていたものと推測される。

ＡＷＡベルトから実力世界一ベルトに変身

１９６４年5月、「アライアンス派」を主宰していたジョニー・ドイルとジム・バーネットが、オーストラリアに移住して新たなプロモーション（ＩＷＡ）を旗揚げすることを決定し、ＡＷＡ（アライアンス派）の解散を発表した。１９６４年9月7日、ハフトはＮＷＡ世界ヘビー級王者ルー・テーズをコロンバスに招聘してカール・ゴッチに挑戦させたが、この試合ではテーズが2フォールを奪い、２対１で王座防衛に成功している。「この試合にはゴッチのＡＷＡ王座も懸けられており、勝ったテーズによってＡＷＡ王座は統合された」と書かれている文献が多いが、実際はＮＷＡ王座のみが懸けられた試合であり、ＡＷＡ王座が消滅したというのは事実ではない。前述したように、ＡＷＡという組織そのものは5月に解散されていたが、アル・ハフトは「テーズ対ゴッチ」以降の興行においても「ＡＷＡヘビーウェイト・チャンピオンシップ」と銘打った興行を何度か開催している（ＡＷＡの称号は、まだ興行的に十分使えると判断したため）。

１９６５年1月以降はレイノルズバーグ在住の興行師ジョン・キローニスとの合同プロモーションを設立し、まだまだ往年の意欲を継続。ゴッチが「ＡＷＡ王者」としてラインアップされ、紙のプログラムとして現存しているのは１９６５年6月19日のザ・ビースト戦が最後だが、既に78歳になっていたハフトもこの時期に潮時を悟った感があり、ゴッチが9月に同地を去ると同時にプロレスリング・ビジネスに別れを告げている（1976年に90歳で死去）。ちなみにハフト引退後、コロンバスはまもなくプロレス興行そのものがなくなってしまったが、1967年にデトロイトのザ・シークが月に一回のサーキットを開始し、以降は1970年代後半まで「シーク王国」の一部として興行が再開されている。

ゴッチは1967年11月から日本プロレスの要請により来日したあと、1969年5月まで日本に長期滞在して専任コーチとして活躍。その後はハワイに行って一時プロレスラーを引退したが、1971年3月に国際プロレスのリングでカムバックを果たした。1972年1月には、前年末に日本プロレスを除名された猪木の要請で、新団体である新日本プロレスのブッカー職に就任。旗揚げ戦の3月6日、大田区体育館の猪木戦（ノンタイトル）には久しぶりに個人所有のベルトを巻いてリングに登場し、猪木をリバース・スープレックスで叩きつけて完勝した。控室でベルトについて聞かれたゴッチは「10年前、ドン・レオ・ジョナサンに勝って獲得したベルトだが、以来、一人も挑戦者があらわれなかったので、いまだに私がチャンピオンだ」と説明。マスコミ各誌（紙）が「旧AWAと呼ばれていた組織のベルト」あるいは「ゴッチが守ってきた実力世界一ベルト」と書いたことで徐々に「王座復活」の機運が高まり、旗揚げから5つ目の「ニュー・ゴールデン・シリーズ」で新日本初のタイトルマッチ（シンプルに「世界ヘビー級選手権試合」と命名）として開催される運びとなった（10月4日、蔵前国技館。挑戦者は猪木）。ゴッチが旗揚げ戦で腰に巻いたオリジナルのベルトは使用されず、蔵前のリングでゴッチは「日本で新しく作られたベルト」を巻いて登場した。蔵前で猪木がリングアウトで勝利し、初防衛（10月9日の広島県立体育館、相手はレッド・ピンパネール）に成功したあと、ゴッチのリターンマッチに敗れて王座を転落（10月10日の大阪府立体育会館）したが、そのあとは一切タイトル戦が開催されなかったため、結局「世界ヘビー級王座」は3試合のみの復活に終わり、以降は完全封印されている。

カール・ゴッチ

“実力世界一”のシンボルとして君臨

▼72年3・6大田区の新日本旗揚げ戦に参加。猪木と一騎打ちを行ったが、この試合にベルトを巻いて登場（試合はノンタイトル戦）。このベルトはゴッチ自身が所有していたオリジナルだった

ベルト戴冠 世界ヘビー級王座のルーツであるAWAヘビー級王座を獲得したのは1962年9月11日、ドン・レオ・ジョナサン戦

ゴッチは1972年3月の新日本プロレス旗揚げシリーズ（最初の3大会のみ）に出場して以来、ブッカーとしての業務が多忙で、9月まで来日していない。タイトルを懸けて猪木の挑戦を受けたのが10月4日の蔵前国技館で、当日は1万人の大観衆が集まった。新日本が初めてテレビ中継（東京12チャンネル）されたのもこの試合で、当日夜10時30分からの1時間枠でノーカットのディレイ中継が行われた。ゴッチのジャーマン・スープレックスで場外マットの上に叩きつけられた猪木だったが、空中で体を捻ってバランスを崩し、投げたゴッチも後頭部を強打。カウント19でリングに戻った猪木がリングアウト勝ちを拾い、ゴッチは「実力世界一のベルト」を奪われた。

▲日本で新造された世界ヘビー級ベルトを巻いてリングに立つ王者ゴッチ（72年10・4蔵前）

▲72年10・4蔵前の猪木戦は世界ヘビー級選手権として行われることに。写真は10月2日、特別レフェリーのルー・テーズ立ち合いのもと開催された調印式

▼72年10・4蔵前の王座戦に臨むゴッチ。この時のベルトはオリジナルではなく、日本で新しく作られたものだった。以後、すべてこのベルトを使用

◀初開催の世界ヘビー級選手権で王者ゴッチは猪木に敗れて王座転落（72年10・4蔵前）

アントニオ猪木

「誰の挑戦でも受ける」姿勢を打ち出す

1972年10月4日、ゴッチに勝って王座に就いた猪木は試合後の控室でマスコミに対し、「これは特定の団体に認定されている王座ではないが、実力世界一と言われているゴッチから奪ったベルトであり、その価値、評価はファンに委ねる。国内には日本プロレス、国際プロレス、全日本プロレスもあるが、どの団体の誰が挑戦してきても受けて立つ」とコメントを残した。特別レフェリーとして4年ぶりに来日したルー・テーズも同席し、猪木の意気込みを絶賛（自らも現役復帰を発表）。当初予定は入っていなかったが、シリーズ中盤の10月9日、レッド・ピンパネール（アベ・ヤコブ）の挑戦を受けてのタイトルマッチが急遽実現し、猪木が卍固めで王座初防衛に成功した。

▼猪木が新日本旗揚げ後に初めて巻いたベルトが世界ヘビー級王座だった（写真は72年10・9広島、ピンパネールとの初防衛戦）

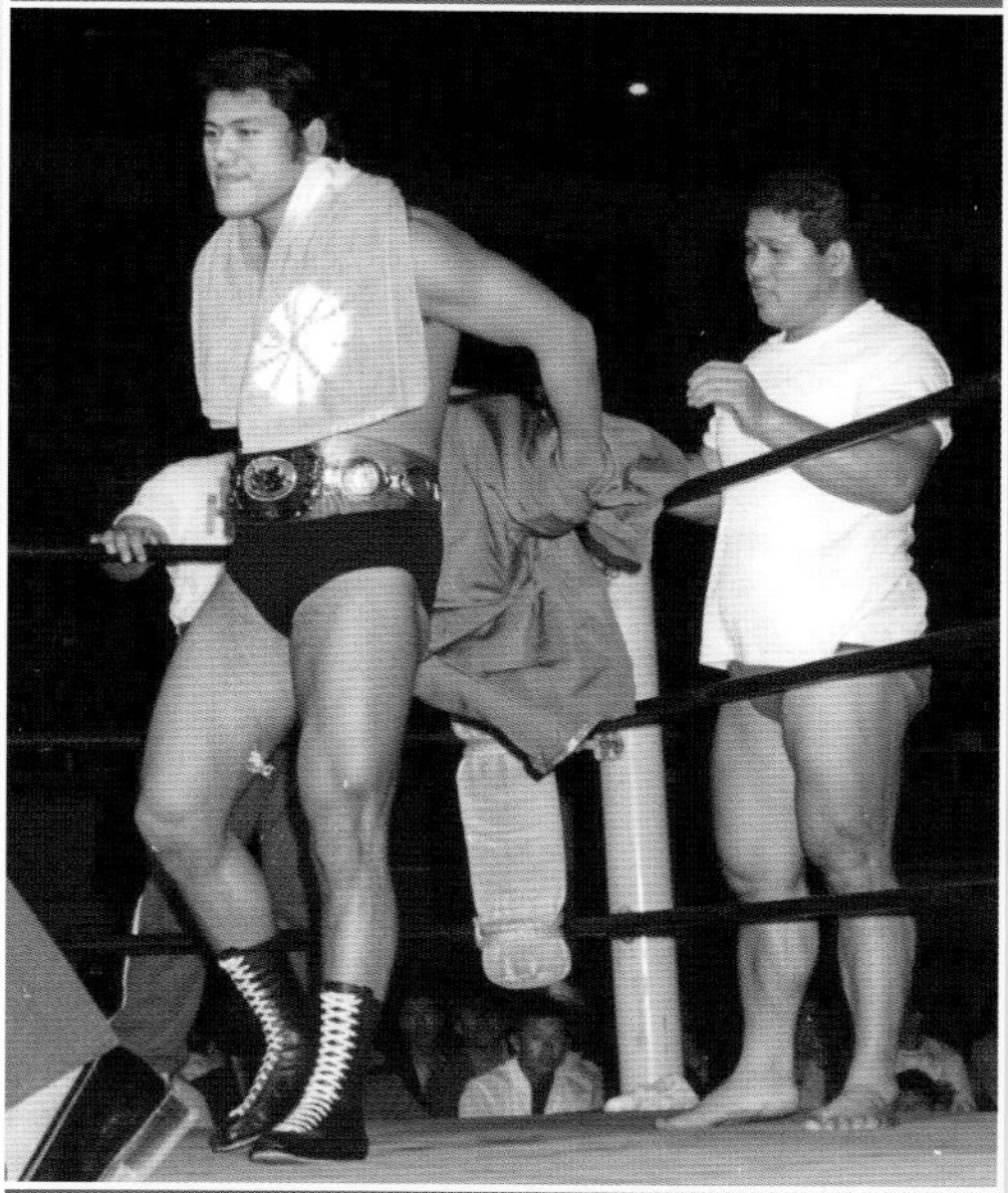

在位期間 1972年10月4日～10月10日

ベルト戴冠 1972年10月4日＝東京・蔵前国技館／世界ヘビー級選手権試合（60分1本勝負）／アントニオ猪木（27分16秒 リングアウト勝ち）カール・ゴッチ　※ゴッチが防衛に失敗。猪木が王者となる

防衛戦の相手 ①レッド・ピンパネール

▼72年10・9広島で怪覆面ピンパネールに卍固めで快勝し、王座初防衛に成功

▲◀72年10・4蔵前でゴッチに挑み、白熱のストロングスタイル好勝負の末、リングアウト勝ちで王座奪取。レフェリーはテーズが務めた

カール・ゴッチ

愛弟子・猪木との王座戦・名勝負数え唄に終止符

▼72年10・10大阪で猪木から王座を奪回。猪木vsゴッチの一連の王座戦が新日本ストロングスタイルの基盤となった

在位期間　1972年10月10日～
ベルト戴冠　1972年10月10日＝大阪府立体育会館／世界ヘビー級選手権試合（60分1本勝負）／カール・ゴッチ（23分12秒　エビ固め）アントニオ猪木　※猪木が2度目の防衛に失敗。ゴッチが王者となる

猪木はピンパネールとの初防衛戦の翌日、1972年10月10日の大阪府立体育会館でゴッチのリターンマッチを受けて2度目の防衛戦に臨んだ。序盤からキーロック攻撃でペースを掴み、ギブアップ寸前まで追い込んだが、23分過ぎに回転したところを上から押し潰され、無念の3カウントを聞いた。この一戦も11月6日、東京12チャンネルの夜8時からの1時間枠で録画中継され、猪木の雄姿が10カ月ぶりにゴールデンタイムに復活。このあと両者によるシングル戦は、2年後（74年）の8月にも2回実現したが（1勝1敗）ノンタイトル戦であり、「世界ヘビー級選手権」と銘打って開催されたのは72年の蔵前、広島、大阪の3度のみで終わった。

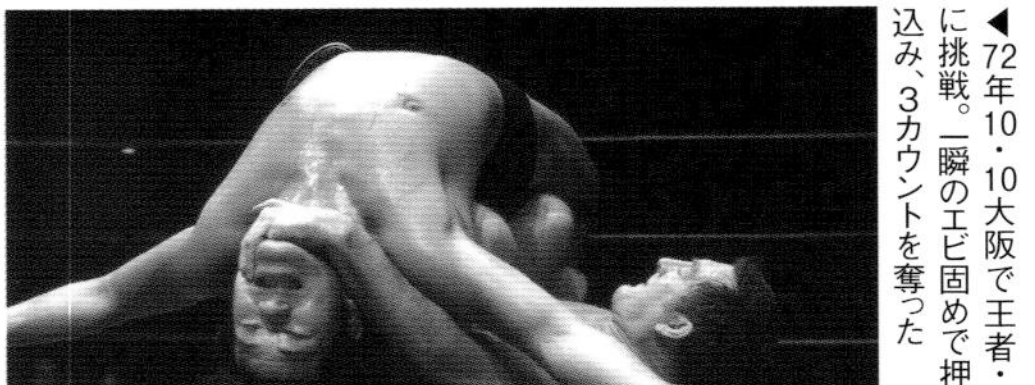
◀72年10・10大阪で王者・猪木に挑戦。一瞬のエビ固めで押さえ込み、3カウントを奪った

◀74年8・1大阪と8・8日大で猪木との「実力世界一決定戦」2連戦を敢行。ともにノンタイトル戦だったが、やはりゴッチはベルトを巻いて登場（写真は日大）。試合は1勝1敗

▶王者に返り咲いたゴッチは愛弟子・猪木の健闘を称えた。特別レフェリーのテーズもこの様子を見守る（72年10・10大阪）

▶世界ヘビー級ベルトは新日本の強さの象徴とみなされ、猪木vsビル・ロビンソン（75年12・11蔵前＝写真）、猪木vs藤波辰巳（85年9・19東京）など、歴史的試合で掲げられた

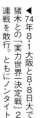

IWA世界ヘビー級王者

初代ベルト

2代目ベルト

3代目ベルト

日本プロレスに対抗する国際プロレスの威信

TBSテレビ主導のTWWA王座は頓挫

IWA世界ヘビー級王座は、国際プロレスが1981年8月に崩壊するまで、12年以上も看板タイトルとして団体の屋台骨を支えた。旗揚げ時から一貫して存在したような錯覚に陥りやすい王座だが、実際は「ハプニングと意外な遭遇」が繰り返された末の産物だった。その誕生経緯は北米マットと欧州マットを包み込んだスケールの大きなものであり、歴代日本マット王者史に詳しく記述される必要がある。

国際プロレス（正式な登記はインターナショナル・レスリング・エンタープライズ＝IWE）は1966年9月30日（登記日）、8月に日本プロレスの重役職を辞した吉原功（よしはら・いさお、当時36歳）がアメリカ在住だったヒロ・マツダ（元NWA世界ジュニアヘビー級王者、当時29歳）とともに設立した団体で、その時点では日本プロレス（1953年7月設立）、東京プロレス（1966年4月設立）に続く「第三団体」だった（東京プロレスは同年10月12日に旗揚げ）。傘下のレスラー人数が少なかったために東京プロレスのアントニオ猪木に声をかけて、1967年1月、「東京プロレスとの合同興行」という形で旗揚げ興行（「パイオニア・シリーズ」）を開催したが、そのシリーズではNWA世界ジュニアヘビー級選手権（マツダの宿敵だったダニー・ホッジが王者）、猪木の保持していたUSヘビー級選手権、猪木&マツダ組が保持していたNWA世界タッグ選手権の3大タイトルをフル回転させて老舗の日本プロレスに対抗した。しかし、東京プロレスとの提携が1シリーズで終わったため（猪木が日本プロレス復帰）、国際は次期シリーズ（「パイオニア・サマー・シリーズ」）にタイトルマッチを打てない状況に追い込まれた。

このあと9月にはTBSテレビとの交渉がまとまり、翌1968年1月3日からの中継（毎週水曜夜の7〜8時）が決まったが、アメリカから招聘する外国人のブッキング権限（ブッカー職）を巡ってTBSとマツダが激しく対立したため、マツダは10月に団体から手を引くことを決意。代わってTBSが白羽の矢を立てたのは、力道山時代にブッカー職を引き受けていたグレート東郷で、東郷はTBSの依頼を即座に快諾し、現役時代に最も懇意にしていたカナダ・トロントの大物プロモーター、フランク・タニーと提携に成功した。

1968年1月3日、国際プロレスを母体にテレビ中継を前提としたTBSプロレスがスタート。その目玉としてTWWA世界ヘビー級王座が用意され、1・24東京・台東体育館では初代王者ルー・テーズからダニー・ホッジに王座が移動した（写真）。しかし2月13日をもってTBSプロレスは活動停止。TWWA王座も自然消滅したが、このTWWAベルト自体は国際の2代目IWAベルトとして70年のサンダー杉山王者時代から再使用された

東郷はタニーにTWWA（トランス・ワールド・レスリング・アソシエーション）という新団体を設立させ、その初代世界ヘビー級王者として〝鉄人〟ルー・テーズ（当時51歳）を認定した。こうして国際プロレスはTWWA世界ヘビー級選手権を看板として再スタートを切ったが、東郷が要求してくる巨額のブッキング料を巡って紛糾、2シリーズで提携関係が空中分解した。肝心のTWWA世界王座は、1968年1月24日に初代王者テーズを破ったダ

ニー・ホッジの腰へと移っていたが、あえなく「2カ月で封印、消滅」という憂き目に遭った。

ヨーロッパに活路を見出し、IWA王座が誕生

このため国際プロレスは外国人ルートをヨーロッパに求め、2月下旬にイギリスのジョージ・レリスコウ(ルヴィスコウ)との提携に成功。4月には欧州最強といわれていた〝人間風車〟ビル・ロビンソンの初来日を実現させて、そこからはロビンソンが保持していたヨーロッパ・ヘビー級選手権を中心にシリーズを繋いでいった。ロビンソンが日本に常駐していたわけではないので、ロビンソン不在時用に英国西部ヘビー級選手権、英国南部ヘビー級選手権を誕生させて所属選手のグレート草津にベルトを巻かせたが、観客動員アップへのカンフル剤には成り得ず、吉原は１９６８年９月、「日本プロレスのインターナショナル王座に対抗できる、権威あるシングル王座」の新設を決意。それがＩＷＡ世界ヘビー級王座誕生の契機となった。

1968年末に行われたIWA初代王者決定リーグ戦でビル・ロビンソンが優勝。12・21大阪府立体育会館で表彰式が開かれ、初代王者に認定された

吉原の依頼を受けたロンドンのジョージ・レリスコウは、直ちにパリの大物プロモーターであるロジャー・デラポルテ、ドイツのハンブルグを本拠とするガストル・カイザー(ドイツ国内では最大勢力を誇るプロモーション)にコンタクトを取り、ＩＷＡ(インターナショナル・レスリング・アライアンス)設立の趣旨を説明。その結果、3人は全面的に吉原草案に賛成の意思を表明した。この朗報を受けた吉原は11月4日から「ワールド・チャンピオン・シリーズ」の開催を決定し、イギリス、フランス、ドイツから超大物選手を集結させ、優勝者を「初代ＩＷＡ世界ヘビー級王者」に認定することも併せて発

ロビンソンが初代王者に就いた当初はまだIWAベルトが完成していなかったので、ロビンソンが保持するヨーロッパ・ヘビー級のベルト（写真）が代用された。オリジナルのIWAベルトが使用開始されたのは69年1月28日の2度目の防衛戦から

表した。当時のマスコミは「国際プロレスの大バクチ」と書いたが、このシリーズの開催は団体の浮沈を賭けた、吉原にとって一世一代のギャンブルだった。

参加レスラーは11名。ビル・ロビンソン（欧州ヘビー級王者＝イギリス代表）、ジョージ・ゴーディエンコ（カナダ代表）、ジルベール・ボワニー（フランス代表）、マイケル・ネイダー（ハンガリー代表）、ジョン・ダ・シルバー（ニュージーランド代表）、レイ・ハンター（オーストラリア代表）、ピーター・メイビア（南太平洋代表）、レイ・ゴールデン・アポロン（南米代表）の超豪華8人が招聘され、国際プロレス所属の豊登、サンダー杉山、グレート草津の3人を加えた11人がリーグ戦（アマレス方式のバッドマーク・システムが採用され、持ち点がなくなった時点で失格）を行った。開幕戦（1968年11月4日、札幌中島スポーツセンター）でロビンソン対ゴーディエンコという黄金カードが早くも組まれ、激闘の末に30分時間切れ引き分け。その後も各会場で好カードが続出し、TBSテレビ視聴率も常時20％前後をキープするなど（11月13日放送分は27・2％）、ファンの関心も高いイベントとして成功した。予選の最終ポイントはロビンソン、ゴーディエンコ、豊登の三者が同点で並んだため、3人が優勝を懸けて三つ巴戦。ゴーディエンコに勝ち、豊登と引き分けたロビンソンが、2引き分けの豊登、1引き分け1敗のゴーディエンコを凌駕して優勝を果たし（12月19日、岡山県営体育館）、栄光の初代・IWA世界ヘビー級王者として認定された。

初代 ビル・ロビンソン

史上初の外国人エースとして国際の頂点に君臨

▼68年4月の初来日以降、日本の団体初の外国人エースとして君臨。初代IWA王者に就くことでその地位を盤石のものとした

1968年末の「第1回ワールド・シリーズ」に優勝して初代IWA世界王者に認定されたロビンソンは、イギリスから妻子を呼び寄せて赤坂の賃貸マンションで越年。69年元日のグレート草津戦（TBSで生中継）を皮切りに5月までに4連続防衛を果たし、無敗のまま帰国した。翌70年3月の「第2回ワールド・シリーズ」に再来日し、決勝（5月14日、台東体育館）でストロング小林を破って連続優勝したが、シリーズ後の追撃戦として組まれたタイトル防衛戦で落とし穴が待っていた。5月18日の館山では草津に快勝したが、翌19日に仙台でサンダー杉山の挑戦を受けた試合で、3本目に自らロープに足を絡ませて不運なカウントアウト負け。無念の王座転落となった。

在位期間 1968年12月19日～1970年5月19日

ベルト載冠 1968年12月19日＝岡山県営体育館／ワールドシリーズ・トーナメント決勝戦（45分3本勝負）／ビル・ロビンソン（1-1）豊登 ①豊登（22分3秒 逆エビ固め）ロビンソン ②ロビンソン（10分6秒 体固め）豊登 ③ロビンソン（時間切れ引き分け）豊登 ※決勝リーグにはロビンソン、豊登、ジョージ・ゴーディエンコの3人が残り、0.5点差でロビンソンが優勝し、初代IWA世界ヘビー級王者に認定される

防衛戦の相手 ①グレート草津②チーフ・ホワイト・ウルフ③スタン・スタージャック④ラッシャー木村⑤グレート草津

◀69年5・5新潟で木村にダブルアーム・スープレックスを決めてフォール勝ち

◀69年1・28東京・足立区でウルフを2対1で撃破。この試合から新しく作られたIWAベルトが使用開始

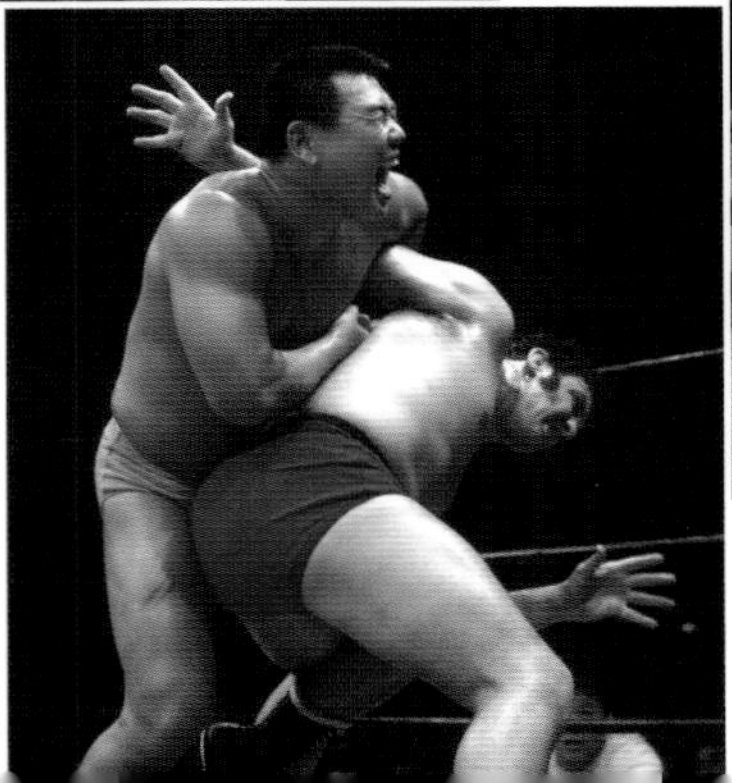

◀草津を1対1から3本目に首固めで仕留め、5度目の防衛に成功（70年5・18千葉・館山）

▼69年1・1宮崎で草津の挑戦を受け、2対1で初防衛に成功（3本目の決め技はダブルアーム・スープレックス）。元日初のプロレス中継（TBS）を通じて世間に強さをアピール

第2代 サンダー杉山

日プロの馬場&猪木に対して意地を見せる

▼レスリング東京五輪出場の実力とユーモラスさを持ち合わせる国際旗揚げメンバーの杉山が頂点に。初代ベルトはロビンソン個人に寄贈されたため、杉山時代から2代目ベルトに代わった

在位期間 1970年5月19日～1971年3月4日

ベルト載冠 1970年5月19日＝宮城・仙台市レジャーセンター／IWA世界ヘビー級選手権試合（61分3本勝負）／サンダー杉山（2-1）ビル・ロビンソン ①杉山（15分22秒 体固め）ロビンソン ②ロビンソン（2分2秒 逆さ押さえ込み）杉山 ③杉山（4分53秒 カウントアウト）ロビンソン ※ロビンソンが6度目の防衛に失敗。杉山が第2代王者となる

防衛戦の相手 ①ドクター・デス②エドワード・カーペンティア③ジャック・ザ・ラサルテーズ④ブルー・デモン⑤メッサーシュミット⑥ラリー・ヘニング⑦イワン・プレストン⑧イワン・プレストン⑨マッドドッグ・バション

1970年5月に国際プロレスの看板タイトル保持者となった杉山は、提携を開始したAWAからの強豪を迎撃して、翌71年まで通算9度の防衛に成功。中でも、初来日だった空中殺法の元祖エドワード・カーペンティアを2対1で下した金星（8月3日、盛岡）が光る。9度目の防衛戦（71年2月27日、川崎）では、マッドドッグ・バションを1本目にジャーマン・スープレックスでフォールして防衛に成功し（2本目は両者反則）、長期政権を期待されたが、5日後に突然組まれた防衛戦（3月4日、小倉）でビル・ミラーに完敗、王座から転落した。日本プロレスの大エース、馬場、猪木に対抗して獅子奮迅の活躍を見せた、杉山の全盛時代と言える10カ月間だった。

◀70年5・19仙台でロビンソンに挑戦。3本目、ロビンソンの脚がロープに絡まって宙吊りとなり、カウントアウト勝ちで王座奪取

◀巨漢のプレストンに得意の雷電ドロップ（ヒッププレス）を見舞う。71年1・10鹿児島・鹿屋（写真）、1・24千葉・市原の2戦共に王座防衛

▶魔術師カーペンティアのアクロバティックな空中攻撃に悩まされながらも、2対1で王座防衛（70年8・3盛岡）

◀狂犬バションからジャーマン・スープレックス・ホールドで1本目先取。2本目は両者反則となり9度目の防衛に成功（71年2・27川崎）

第3代 力道山のライバルが素顔で国際の頂点に立つ

▼ミラーが王座を獲ったとされる71年3・4福岡・三萩野大会はマスコミ不在。そのため試合写真、ミラーのベルト姿の写真はない。写真はシリーズ中の3・1仙台大会、大磯武とのシングルマッチ

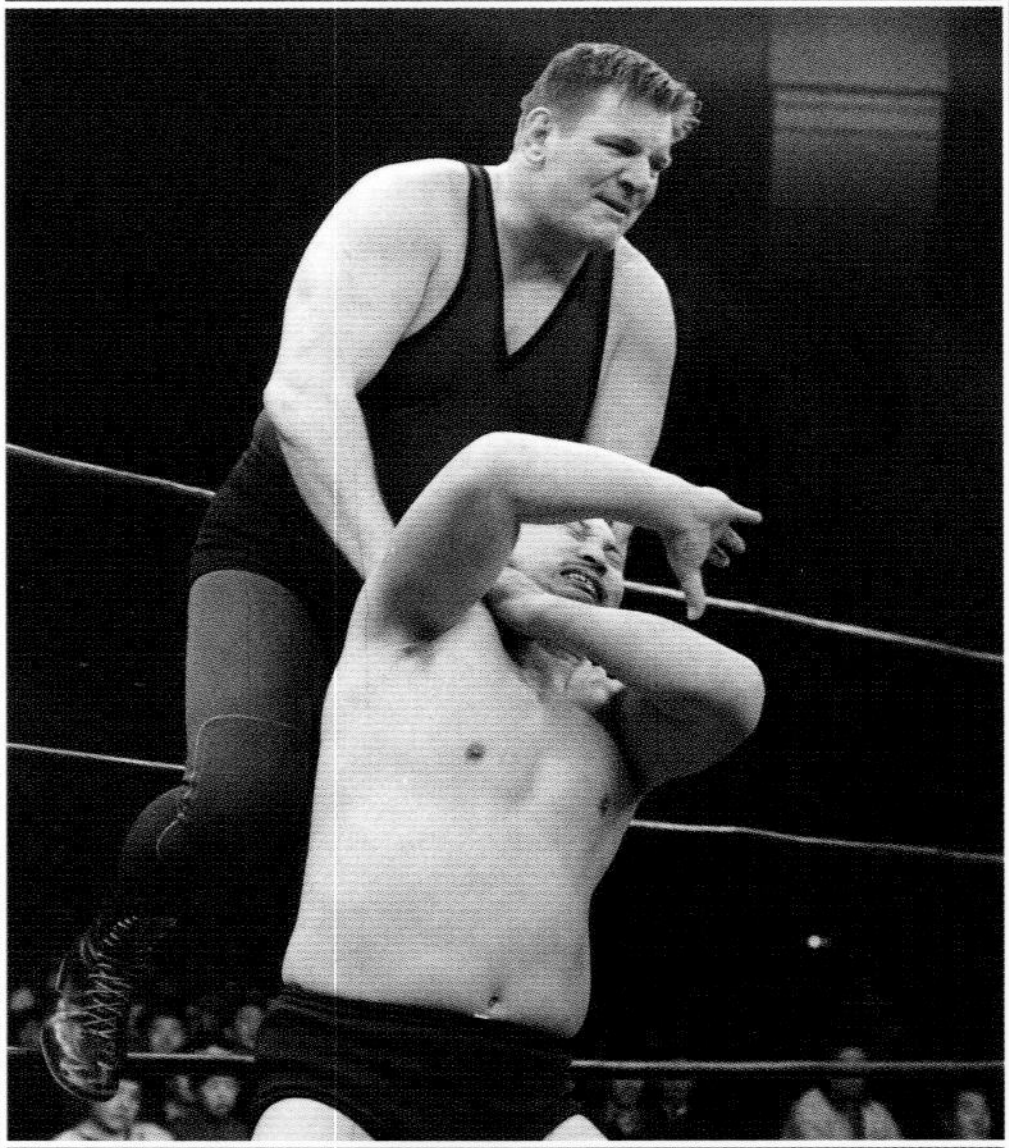

在位期間 1971年3月4日〜6月か7月頃

ベルト戴冠 1971年3月4日＝福岡・小倉区三萩野体育館／IWA世界ヘビー級選手権試合（61分1本勝負）／ビル・ミラー（25分25秒 体固め）サンダー杉山　※杉山が10度目の防衛に失敗。ミラーが第3代王者となる

アメリカでは主としてAWA地区をサーキットしていたミラーは、バーン・ガニアのブッキングで1971年2月、国際プロレスに初参加（3度目の来日）。44歳と年齢的には下り坂にいたが、力道山、馬場、猪木を相手にパワーで圧倒した60年代の実力はいささかの衰えもみせず、小倉（3月4日）ではネックハンギングからのニードロップ連発で文句ないフォール勝ち。シリーズが残り2興行だったことで、杉山との再戦は組まれずに、ミラーは王者としてアメリカに帰国。「6月19日、ミネソタ州ダルーズでストロング小林に敗れ、王座転落」との報道がされたが、両者ともに同日は別の会場で試合をしており、このIWA世界戦は実際には行われていない（架空試合）。

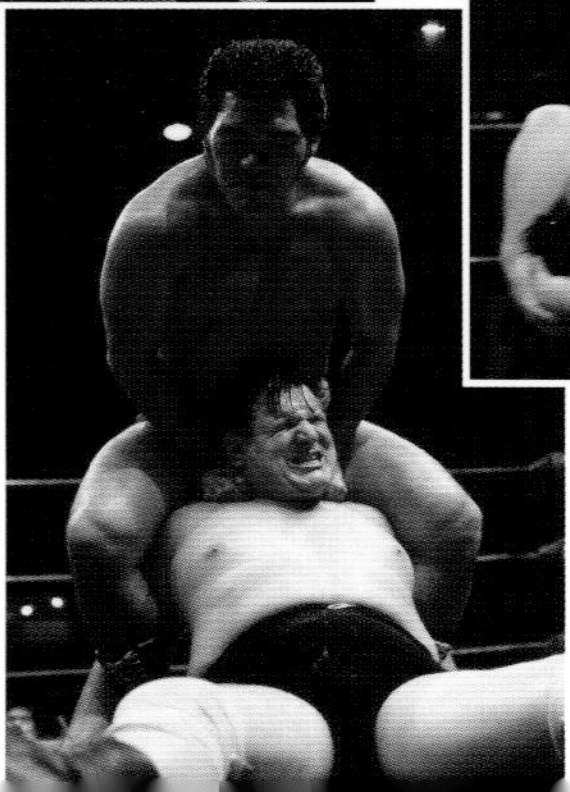

▲井上にネックハンギング・ツリーを見舞う。シングル対決で快勝（71年3・2東京体育館）

▲ミラーの怪力ぶりは健在。大磯をジャイアント・スイングで振り回す（71年3・1仙台）

◀72年に国際に2度目の参戦。7・19東京・板橋ではIWA王者・ストロング小林に挑戦し、1対2で敗れた

▼かつて覆面のミスタ
山を苦しめた〝獣医〟ミ
月、国際に素顔で初参
リーズ開幕戦の2・27
スクマンはザ・クエッシ

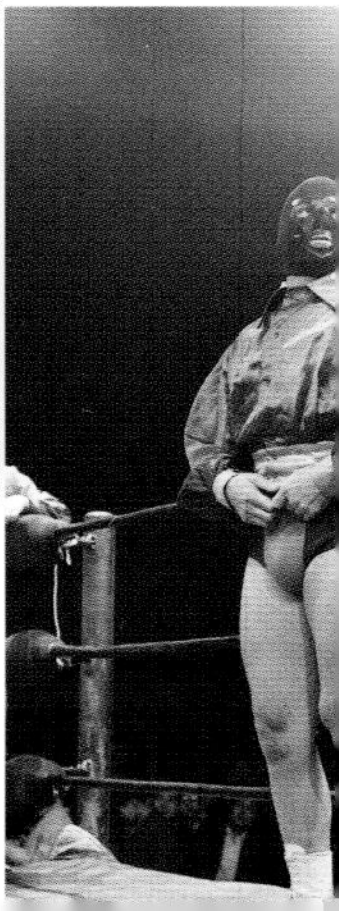

第4代

AWAの大物たちと大激闘。25回の防衛記録を樹立

▼国際生え抜きの小林はIWA王者にのぼりつめ、日本人エース、TBS中継の顔として大活躍

在位期間 1971年7月頃～1973年11月9日

ベルト載冠 ヨーロッパ&アメリカ遠征を終えたストロング小林がIWA世界ヘビー級王者として1971年7月2日に凱旋帰国

防衛戦の相手 ①チャック・カルボ②ブラックジャック・ランザ③レッド・バスチェン④レッド・バスチェン⑤バロン・フォン・ラシク⑥ジェリー・ブラウン⑦ダスティ・ローデス⑧ダン・ミラー⑨キング・イヤウケア⑩キング・イヤウケア⑪ローム・マスク⑫バロン・フォン・ラシク⑬ビル・ミラー⑭ビル・ロビンソン⑮レッド・バスチェン⑯クラッシャー・リソワスキー⑰ザ・プロフェッショナル⑱ホースト・ホフマン⑲マッドドッグ・バション⑳エドワード・カーペンティア㉑イワン・コロフ㉒ダスティ・ローデス㉓ディック・マードック㉔ラッシャー木村㉕レッド・バスチェン

新王者として1971年7月2日に凱旋帰国した小林は、4日後の6日、東京体育館でチャック・カルボを高角度バックドロップで失神させ初防衛に成功。以降2年4カ月の期間に25回連続防衛に成功したが、これは当時の日本記録であった馬場のインターナショナル王座防衛記録（21回）を凌ぐ新記録となった。挑戦者はビル・ロビンソン、イワン・コロフ、レッド・バスチェン、マッドドッグ・バション、ディック・マードック、ダスティ・ローデスなど軒並みAWAのトップクラスばかりで、TBS中継のエースとしても重責を果たした。歴史的名勝負として後世の評価が高いのは73年7月9日、大阪におけるラッシャー木村戦。大物日本人対決の先駆けとなった。

◀名タッグ屋「ブロンド・ボンバーズ」のリーダー格、ブラウンを2対1で撃破（71年12・2千葉）

▲71年8・2東京・足立区でAWAからの刺客ランザを2対1で撃退し、2度目の防衛に成功

◀71年11・12千葉・銚子でラシクを迎撃。2本目にブレーンクローを食らい不覚をとるも、3本目が両者リングアウトで引き分け防衛

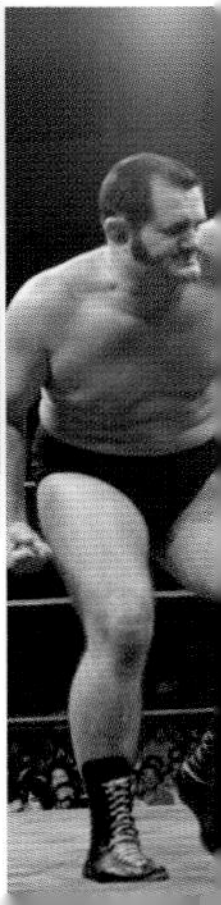

▼71年7月
して凱旋帰国
京体育館で
ルボを3本目
プで沈めた

▲73年1・16福岡・九電でプロフェッショナルと金網デスマッチ。ブレーンバスターで豪快KO勝ち

▼初代王者ロビンソンにダブルアーム・スープレックスで1本目先取されるも、2本目に逆エビ固めで逆襲。3本目、両者リングアウトで王座防衛（72年9・28福岡・三萩野）

▲72年1・27横浜でイヤウケアと金網デスマッチで激突。流血戦の末、KO勝ちで王座を守った

▲71年12・12埼玉・飯能に続いて73年6・19茨城・笠間（写真）でローデスに王座戦で2連勝。試合後、同門の木村から対戦を迫られた

◀元WWWF王者コロフのバックブリーカーで1本目を失うも、2本目にブレーンバスター、3本目にバックドロップで連取（73年5・15埼玉・大宮）

▲狂犬バションを金網デスマッチで迎え撃ち、ブレーンバスターでKO勝利（73年3・16東京・町田）

◀73年11・2仙台でバスチェンを3本目にアトミックドロップ葬。連続防衛記録を25回に伸ばした

▲力道山vs木村政彦以来19年ぶりの大物日本人対決が実現。小林が木村を3本目にバックドロップで下し、24度目の王座防衛（73年7・9大阪）

▶73年6・29愛知・半田でマードックに1対1から3本目に逆エビ固めを決めて勝利

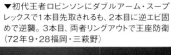

第5代 ワフー・マクダニエル

AWAの大物が小林の連続防衛をストップ

▼インディアン・レスラーのワフーは73年11月の初来日でいきなり国際のエース・小林から王座奪取（写真は11・14長野、小林戦）

在位期間 1973年11月9日～11月30日

ベルト戴冠 1973年11月9日＝千葉・勝浦町観光会館／IWA世界ヘビー級選手権試合（61分3本勝負）／ワフー・マクダニエル（2-1）ストロング小林　①小林（11分16秒 体固め）マクダニエル　②マクダニエル（2分4秒 体固め）小林　③マクダニエル（2分45秒　片エビ固め）小林　※小林が26度目の防衛に失敗。マクダニエルが第5代王者となる

防衛戦の相手 ①ストロング小林

"狼酋長"の異名を取ってAWAのトップスターとして君臨、長く来日が待たれていたワフー・マクダニエルが、1973年11月、国際プロレスのリングに初登場。力道山を彷彿とさせるトマホーク・チョップで小林の連続防衛記録を25でストップさせ、再戦も1対1から両者カウントアウトの引き分けで逃げ切った。ワフーは当時キャリア10年、35歳と絶頂期にあり、秋の「第4回ワールド・シリーズ」の優勝を逃してスランプ時期にあった小林にとっては、極めて荷が重い相手となった。国際はワフー登場の直前からTBSの放送時間が日曜夜6時台から土曜午後2時へ変更。ビデオ録画のない時代ゆえ、このワフー初来日の中継を見られたファンは非常に少ない。

◀73年11・14長野で小林のリターンマッチを受けて立った。ラフファイトで小林を翻弄

◀流血をものともせずベルトを巻いて歓喜のポーズを決めるワフー（73年11・9勝浦）

◀初防衛戦では1対1から3本目、小林のバックドロップで2人ともに後頭部を強打しダウン。そのまま両者カウントアウトでワフーが防衛に成功（73年11・14長野）

▼73年11・9勝浦で小林に挑戦。2本目を得意のトマホーク・チョップで奪い、3本目はロープに足をかけたままの反則気味のフォールでベルト強奪

第6代

王者に復帰するも、国際離脱で猪木と対戦へ

▼王座奪回するも、新天地・新日本マットを目指したため、国際の小林時代は終焉を迎えた（写真は74年1・19川崎、ワット戦）

在位期間	1973年11月30日〜1974年2月13日
ベルト戴冠	1973年11月30日＝東京・後楽園ホール／IWA世界ヘビー級選手権試合（61分3本勝負）／ストロング小林（2-1）ワフー・マクダニエル　①マクダニエル（12分56秒 体固め）小林　②小林（2分51秒 反則勝ち）マクダニエル　③小林（3分15秒 逆エビ固め）マクダニエル　※マクダニエルが2度目の防衛に失敗。小林が第6代王者となる
防衛戦の相手	①ビル・ワット②ビル・ワット

1973年11月、2度目の挑戦でワフーから王座を奪回した小林は、翌74年の1月シリーズでビル・ワットの挑戦（2回）を退けたが、シリーズ終了後の2月13日に東京・早稲田の喫茶店で記者会見を行い、国際プロレスからの離脱を表明。同時にIWA世界王座の返上、フリー転向を宣言し、馬場（全日本）と猪木（新日本）への挑戦も併せて表明した。これによってIWA王座は空位となり、TBSのテレビ中継も3月一杯で打ち切りとなったことで団体存続の危機に直面したが、間に立った東京スポーツ新聞社が国際に1000万円を支払うことで、小林と国際の和解が成立。小林は晴れてフリーとなり、猪木のNWF世界王座に挑戦することができた。

▲74年2月13日、小林は早稲田の喫茶店で国際離脱、フリー転向、IWA王座返上を表明した

▼74年1・19川崎でワットに3本目、豪快なアトミックドロップを見舞って勝利。この試合が国際時代の最後のIWA戦となった

▲シリーズ最終戦でワフーから王座を取り戻し、海外流出を寸前で防いだ（73年11・30後楽園）

▼73年11・30
に2度目の挑戦。
ンバスターから逆
全勝利を収めた

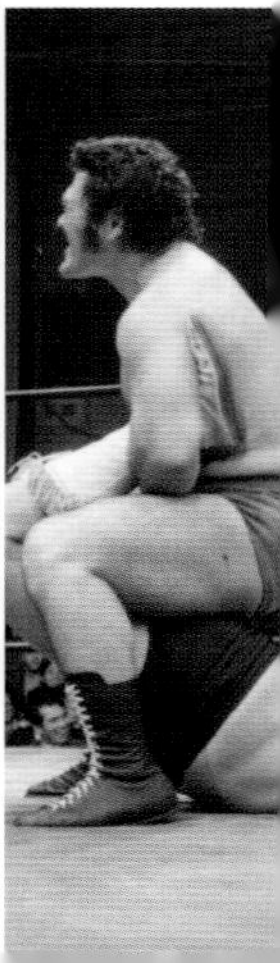

ビル・ロビンソン

第7代

4年ぶり戴冠で、テレビ中継のレギュラー化に貢献

▼初代王者ロビンソンは4年ぶりに王座に返り咲いたが、2度目の王者時代は短期間だった（74年6・3後楽園、木村戦）

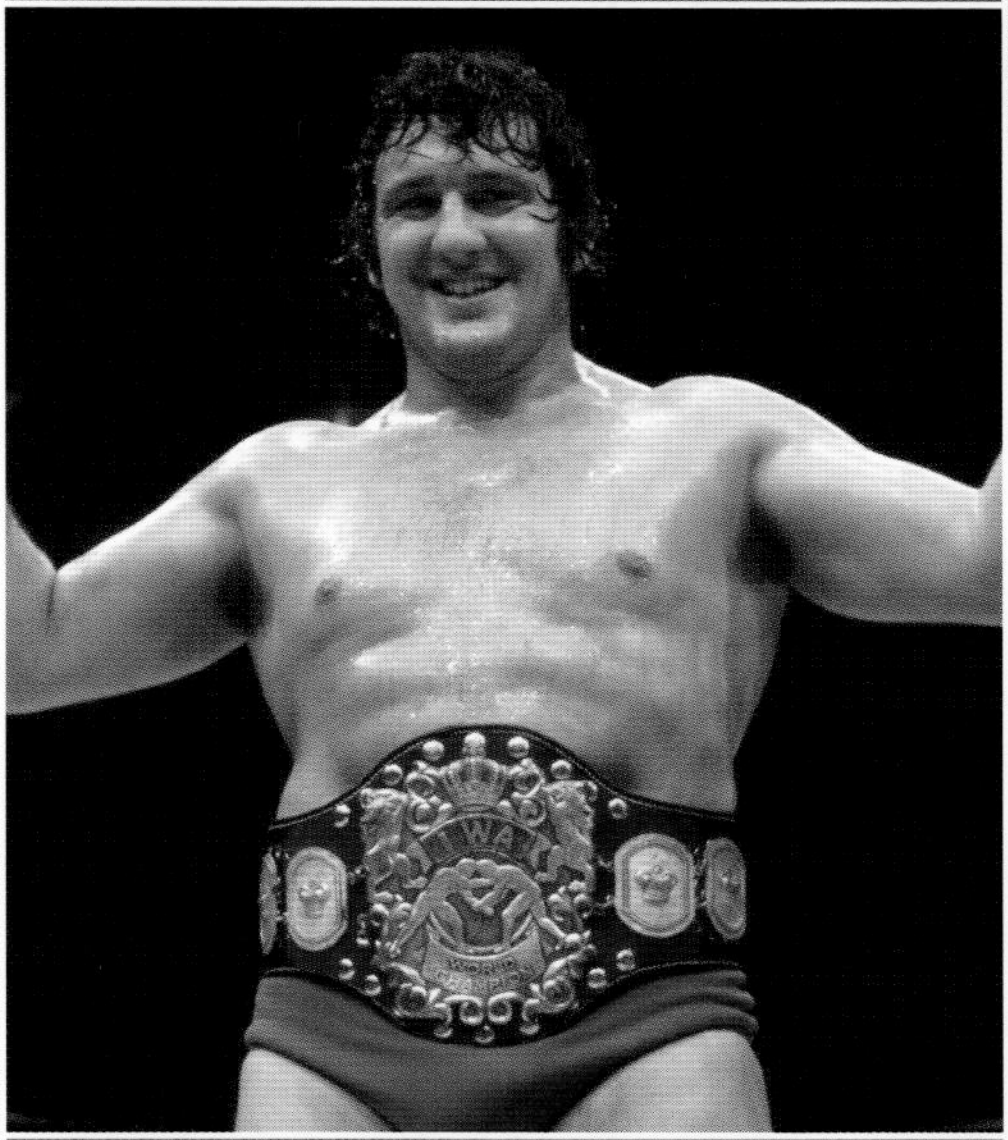

在位期間 1974年6月3日〜8月か9月頃

ベルト戴冠 1974年6月3日＝東京・後楽園ホール／IWA世界ヘビー級王座決定戦（61分3本勝負）／ビル・ロビンソン（2―1）ラッシャー木村　①木村（11分43秒 逆エビ固め）ロビンソン　②ロビンソン（15分8秒 体固め）木村　③ロビンソン（5分33秒 体固め）木村　※ロビンソンが第7代王者となる

小林の返上により空位となった王座を巡り、まずラッシャー木村とグレート草津が対戦（1974年5月26日、豊田）。勝利した木村は6月3日の後楽園ホールで元王者のロビンソンと対戦したが、ロビンソンが快勝し、4年ぶりにIWA王座に返り咲いた。この試合は東京12チャンネル（テレビ東京）から特別番組として生中継され、6・4％の視聴率を獲得。これを合格点と判断した同局は、9月から毎週1時間枠でレギュラー化を決定。テレビ中継復活は、国際プロレスにとって最高の朗報となった。このあとロビンソンはアメリカに戻り、ビリー・グラハムに敗れて（8月16日、デンバー）王座転落したとされているが、この試合は実際には存在していない（架空試合）。

◀ロビンソンは獲得したベルトをアメリカに持ち帰った（74年6・3後楽園）

◀ロビンソンは1対1からの3本目、必殺ダブルアーム・スープレックスで木村を葬り、王座決定戦を制した（74年6・3後楽園）

◀日本代表となった木村とロビンソンが74年6・3後楽園の王座決定戦で激突。木村は1本目、逆エビ固めで先制したが…

▼小林が返上した王座の争奪戦が開催。74年5・26愛知・豊田でまずは日本代表決定戦が行われ、木村が逆エビ固めで草津に勝利

第8代 スーパースター・ビリー・グラハム

待望の初来日で〝鉄腕〟を振るう

▼獲得の経緯は不明ながら、グラハムは新たに作られた3代目ベルトを携えて国際に初来日（写真は74年10・1大分、井上戦）

長く来日が待たれていた〝鉄腕〟グラハムが、1974年9月、IWA世界王者として遂に国際プロレスに初来日。東京12チャンネルは9月15日の後楽園ホールで、グラハムの入場時に「ジーザス・クライスト・スーパースター」を流したが、これが記念すべき最初の「プロレスラーの入場テーマ曲」となり、現在ほぼ全選手向けの定番アレンジである「入場テーマ曲」の先駆けとなった。グラハムはシリーズ中、マイティ井上を相手に2度の防衛に成功したが、3度目（10月7日、越谷）で井上の逆さ押さえ込みに敗れ、無念の王座転落。56センチという驚異の上腕から繰り出すカナディアン・バックブリーカーは圧巻の必殺技で、この3年後にWWWF王者となり大ブレイク。

在位期間 1974年9月頃～10月7日

ベルト戴冠 IWA世界ヘビー級王者として1974年9月15日開幕の「スーパー・ワイド・シリーズ」に参戦

防衛戦の相手 ①マイティ井上②マイティ井上

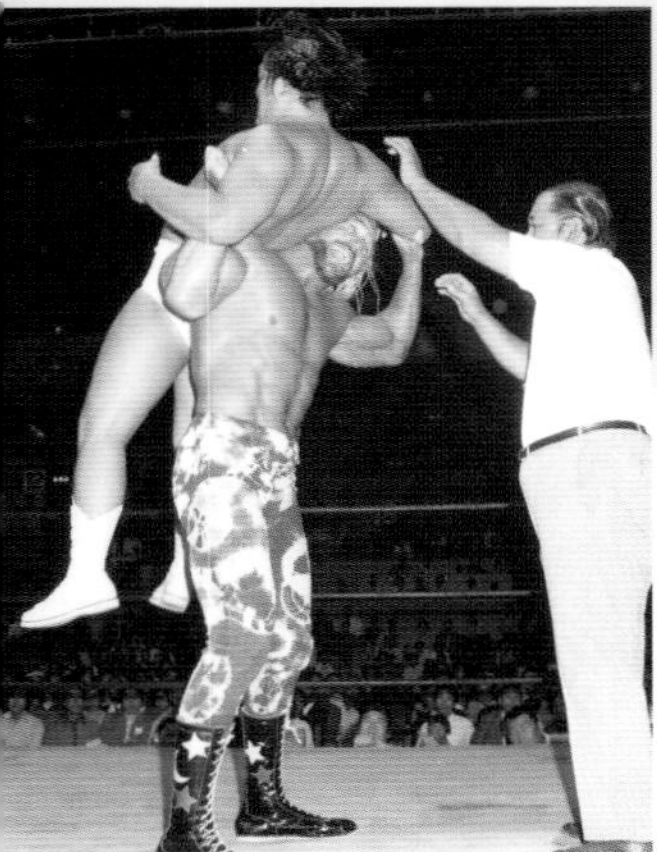

◀74年10・5名古屋で再び井上と対決。カナディアン・バックブリーカーで井上の体を軽々と担ぎ上げる

◀ベルトを巻いて自慢の筋肉を誇示するグラハム（74年10・5名古屋、井上戦）

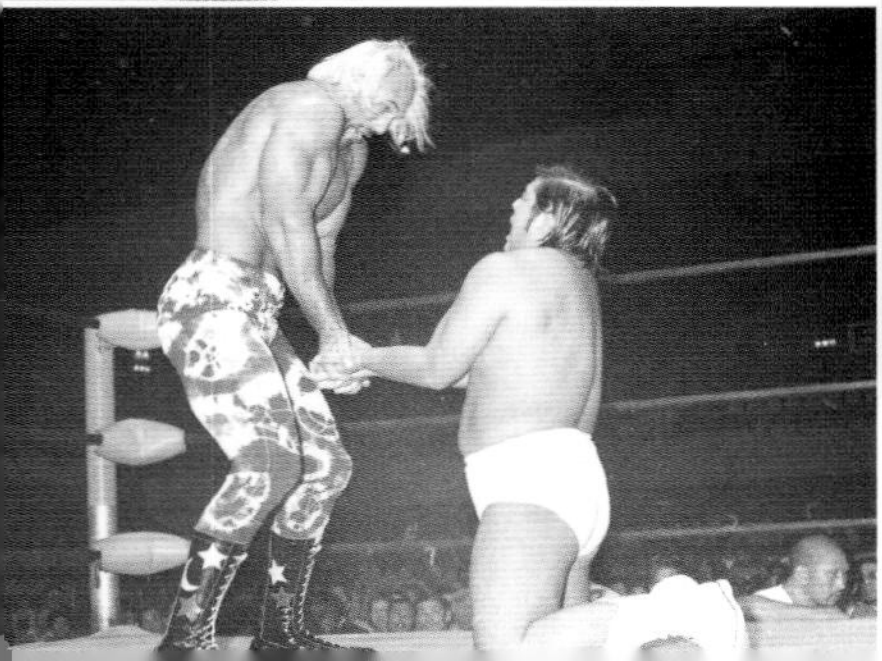

◀74年10・5名古屋の井上戦は1対1の引き分けで2度目の王座防衛。ケタ外れの怪力ぶりを見せつけた

▼74年10・1大分で井上と闘い、3本目にダイビング・ニードロップを突き刺して王座初防衛に成功

第9代 変幻自在のテクニックで魅せた

▼井上は小兵のヘビー級王者。華麗かつ変幻自在のテクニックで独自色を発揮した（写真は74年10・7埼玉・越谷、グラハム戦）

175センチの小兵である井上が、IWA世界王者として新日本の猪木、全日本の馬場に対抗し獅子奮迅の大活躍。1974年10月から半年間の王座期間に3度の防衛に成功したが、中でも同年11月21日、大阪でAWA世界王者バーン・ガニアとダブルタイトルマッチで引き分けた試合は「国際に井上あり」を満天下のファンにアピールした。変幻自在の動きで相手を幻惑し、必殺のショルダー・アタック、サンセット・フリップ、バックドロップに繋ぐ鮮やかなコンビネーションで、馬場、猪木とは異なる独自のヘビー級王者として一時代を築いた。井上はこの年から制定された「プロレス大賞」の特別賞を獲得し、75年1月4日、馬場、猪木と同列の壇上で表彰を受けた。

在位期間 1974年10月7日～1975年4月10日
ベルト戴冠 1974年10月7日＝埼玉・越谷市体育館／IWA世界ヘビー級選手権試合（61分3本勝負）／マイティ井上（2-1）スーパースター・ビリー・グラハム　①井上（12分4秒　逆片エビ固め）グラハム　②グラハム（6分15秒　バックブリーカー）井上　③井上（3分48秒　逆さ押さえ込み）グラハム
※グラハムが3度目の防衛に失敗。井上が第9代王者となる
防衛戦の相手 ①レイ・スティーブンス②バーン・ガニア③ダニー・リンチ

◀流血王リンチと大流血戦を展開。3本目にフライング・ボディーシザースドロップで勝利（75年2・2後楽園）

▶ニック・ボックウインクルとのコンビでAWA世界タッグ王者に君臨するスティーブンスを3本目に回転足折り固めで仕留めた（74年11・4後楽園）

◀74年11・21大阪でガニアとIWA& AWAダブルタイトルマッチ。1対1から3本目は両者リングアウトで痛み分け。ロビンソンが特別レフェリーを務めた

第10代 マッドドッグ・バション

常連ヒールが4年越しのトップ獲り

▼"狂犬"バションは71年2月の初参戦後、国際の常連に。4年越しでトップの座を奪い取った（写真は75年4・10足立区、井上戦）

在位期間	1975年4月10日～4月19日
ベルト戴冠	1975年4月10日＝東京・足立区体育館

／IWA世界ヘビー級選手権試合（61分3本勝負）／マッドドッグ・バション（2-1）マイティ井上　①バション（9分30秒 コブラクラッチ）井上　②バション（3分18秒 両者リングアウト）井上　※井上が4度目の防衛に失敗。バションが第10代王者となる

元AWA世界ヘビー級王者だったキャリア23年、45歳のバションは1975年春、1年ぶり4回目の国際プロレス登場。かつて井上が武者修行時代、モントリオール地区を転戦していたときのボス的存在でもあり、井上が最も苦手意識を持つ難敵でもあった。4月10日の選手権でバションは完全に試合ペースを握り、井上の虚をつく狡猾なラフプレーでワンサイドに翻弄。1本目は切り札の裸絞め（コブラクラッチ）で井上をギブアップさせ先制し、2本目を両者リングアウトで逃げ切って王座を奪取した。4度目の防衛に失敗した井上は再戦を要求したが、吉原功社長はバション初防衛戦の挑戦者としてラッシャー木村を選抜。以降、井上は王座返り咲きを果たせなかった。

◀4度目の国際参戦でIWA王座を勝ち取ったバションは喜びを露にした（75年4・10足立区）

◀75年4・19札幌の初防衛戦（金網デスマッチ）で木村に逆エビ固めで敗北を喫して王座転落。9日天下に終わった

◀バションが1本目を先取したのち、2本目は両者リングアウトとなり、2対1で井上から王座をせしめた（75年4・10足立区）

▼75年4・10足立区で王者・井上に挑み、1本目、コブラクラッチで先制した

第11代

"金網デスマッチの鬼"として国際のエースに君臨

▼国際マットで木村時代がスタート。この後、木村は国際の顔として定着（写真は75年5・26後楽園、カマタ戦）

在位期間 1975年4月19日～1976年4月13日
ベルト載冠 1975年4月19日＝北海道・札幌中島スポーツセンター／IWA世界ヘビー級選手権試合＝金網デスマッチ（時間無制限1本勝負）／ラッシャー木村（7分25秒 逆エビ固め）マッドドッグ・バション　※バションが初防衛に失敗。木村が第11代王者となる
防衛戦の相手 ①キラー・トーア・カマタ②キラー・トーア・カマタ③マイティ井上④ビッグ・ジョン・クイン⑤ジプシー・ジョー⑥ジプシー・ジョー⑦ピエール・マーチン⑧セーラー・ホワイト⑨キラー・トーア・カマタ⑩キラー・トーア・カマタ⑪ジ・アンダーテーカー

マッドドッグ・バションを得意の金網デスマッチで破り（フィニッシュは逆エビ固め）、キャリア11年で悲願のＩＷＡ王座を獲得した木村は、翌１９７６年４月までの間に11回の防衛に成功した。この時期から、国際プロレスは外国人ブッカーをカルガリー在住の大剛鉄之介に変更し、流血戦を得意とする木村に合ったラフファイターの挑戦者が続々来日した。キラー・トーア・カマタ、ジプシー・ジョー、セーラー・ホワイトとはいずれも金網デスマッチで決着をつけており、この時期に「金網デスマッチの鬼」というニックネームが定着している。同門からは井上の挑戦を受けて2フォールを奪い貫禄勝ち。75年6月には新日本の猪木への挑戦も表明したが、実現していない。

◀荒熊クインとの試合中に右肩負傷の痛手を負うも、豪快なブレーンバスターで辛勝（75年7・28東京・大田区）

▶75年6・29後楽園で井上と好勝負を展開し、3本目にブレーンバスターで元王者を撃破

◀75年10・8茨城・古河でジョーと激突。2日前の後楽園大会は不本意な勝利だったが、この日は金網デスマッチでジョーをKOして完全決着

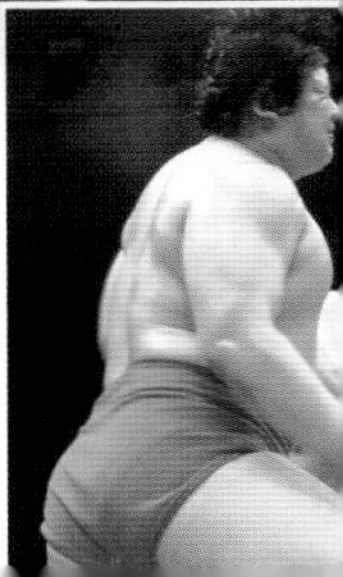

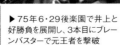

第12代

試合内容に不満で王座返上し、すぐに取り戻す

1976年4月13日、岩瀬でジ・アンダーテーカー（正体は日本プロレスと全日本プロレスに来日経験のあったハンス・シュローダー）の挑戦を受けて11回目の防衛に成功した木村だったが、1本目を逆エビ固めで先制したものの2本目が両者リングアウトだったことを不服とし、試合後にタイトルを返上。改めて4月22日、仙台における金網デスマッチで決着をつけて王座カムバックを果たした。5月23日に開幕した次期シリーズでは、開幕戦（後楽園）のタッグマッチで木村からフォールを奪ったリップ・タイラーの挑戦が有力視されていたが、シリーズ中に挑戦を表明した上田馬之助が強引に割り込んでIWA挑戦に漕ぎつけ、木村の初防衛を阻止した。

▼自ら返上した虎の子のベルトを金網デスマッチで取り戻した（76年4・22仙台、アンダーテーカー戦）

在位期間 1976年4月22日～6月11日

ベルト戴冠 1976年4月22日＝仙台・宮城県スポーツセンター／IWA世界ヘビー級王座決定戦＝金網デスマッチ（時間無制限1本勝負）／ラッシャー木村（12分47秒 逆エビ固め）ジ・アンダーテーカー　※木村が第12代王者となる

◀勝利した木村はアンダーテーカーのマスクを剥ぎ取り、その素顔を観客にさらした（76年4・22仙台）

▲76年4・22仙台で仕切り直しの王座決定戦を開催。金網デスマッチでアンダーテーカーとの決着戦に臨んだ

◀76年4・22仙台の王座決定戦は渾身の逆エビ固めでアンダーテーカーに完全勝利

▼第11代王者
13茨城・岩瀬で
テーカーから1本
が場外乱闘とな
ウトに。不本意
め試合後に王座

第13代 上田馬之助

国際を急襲した〝まだら狼〟が王座強奪

▼日本プロレス、全日本、アメリカマットと戦場を転々としていた上田が〝まだら狼〟と化して76年5月、国際に参戦。木村を王座から引きずり下ろした（写真は76年7・28千葉・銚子、木村戦）

在位期間 1976年6月11日〜7月28日

ベルト戴冠 1976年6月11日＝茨城・古河市体育館／IWA世界ヘビー級選手権試合（時間無制限1本勝負）／上田馬之助（16分35秒 体固め）ラッシャー木村　※木村が初防衛に失敗。上田が第13代王者となる

1976年6月11日、茨城・古河での試合は終盤にレフェリー（阿部修）を巻き込んで大荒れとなり、阿部が場外に転落して不在の隙に、上田が凶器を持ち出して木村をメッタ打ち。リングに戻った阿部が3カウントを入れて、上田に王座が移動した。これに不服を唱えた木村は、7月28日の千葉・銚子で金網デスマッチによるリターンマッチを挑んだが、レフェリー交代時に双方のセコンドが金網内に乱入して没収試合となる。3日後の7月31日、埼玉・越谷で再戦が決定したが、上田が前日（7月30日）に左腕を負傷したためドタキャンし、木村は急遽代役となったスーパー・アサシン（正体はロジャー・スミス）を逆エビ固めで下し、辛うじて王座奪還に成功した。

◀上田は76年6・11茨城・古河で木村に挑戦。木村を流血に追い込み、凶器でメッタ打ちにしてフォール勝ち

◀銚子の没収試合を受けて、76年7・31越谷で上田vs木村の王者決定戦が行われるはずが、上田が左腕負傷のため欠場。代打のスーパー・アサシンを破った木村が第14代王座に就いた

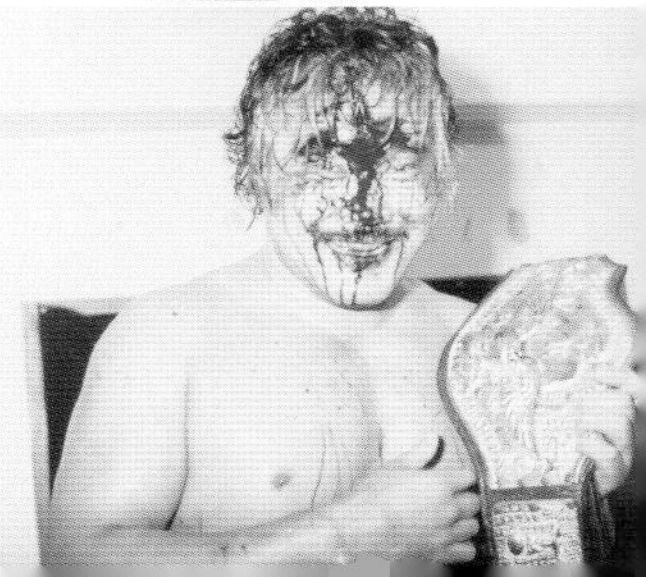

▶木村を下した上田はトレードマークの金髪を鮮血で真っ赤に染めながら、IWA王座奪取を喜んだ（76年6・11古河）

◀王者・上田は76年7・28千葉・銚子で木村のリターンマッチを受けた。金網デスマッチでセコンド陣も交えた乱戦となり、没収試合に。上田の王座も没収された

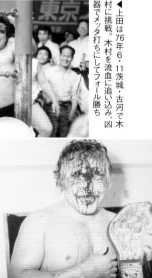

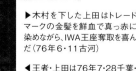

第14代 ラッシャー木村

3年間で王座史上最多の26回連続防衛

▼数々の強豪外国人を相手に3年にわたり凄絶な死闘を続けた（写真は78年9・25富山・高岡、ベーカー戦）

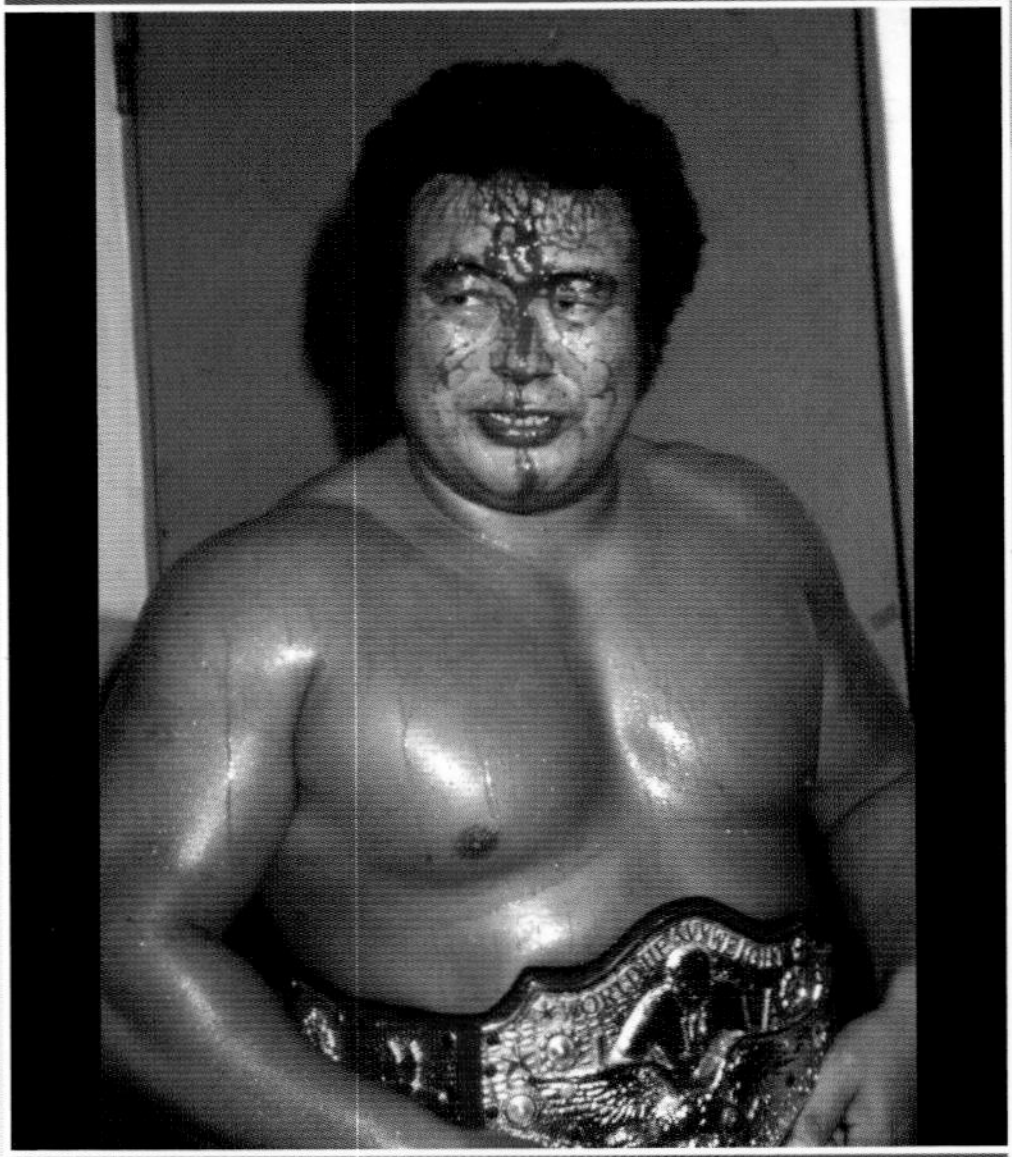

在位期間 1976年7月31日～1979年7月21日

ベルト載冠 1976年7月31日＝埼玉・越谷市体育館／IWA世界ヘビー級王座決定戦＝金網デスマッチ（時間無制限1本勝負）／ラッシャー木村（12分32秒 逆エビ固め）スーパー・アサシン　※木村が第14代王者となる

防衛戦の相手 ①ワイルド・アンガス②ジプシー・ジョー③ジプシー・ジョー④ギル・ヘイズ⑤ジプシー・ジョー⑥リップ・タイラー⑦ワイルド・アンガス⑧キラー・トーア・カマタ⑨ジプシー・ジョー⑩マイティ井上⑪ボブ・エリス⑫キラー・ブルックス⑬セーラー・ホワイト⑭キラー・ブルックス⑮マイティ井上⑯ザ・カサバブ⑰アレックス・スミルノフ⑱梁承揮⑲オックス・ベーカー⑳オックス・ベーカー㉑アレックス・スミルノフ㉒ジョン・トロス㉓上田馬之助㉔スーパースター・ビリー・グラハム㉕ジプシー・ジョー㉖キラー・ブルックス㉗アンドレ・ザ・ジャイアント

3度目のIWA王座返り咲きを果たした木村は、このあと3年の期間に26回連続防衛を果たしたが、これはIWA王座において小林の記録（25回）を抜く最多記録。挑戦者群の顔触れも素晴らしく、アンドレ・ザ・ジャイアント（両者リングアウト）、ビリー・グラハム（逆エビ固めによる完勝）などの超一流どころを含む強豪揃いで、東京12チャンネルのテレビ中継も、毎週10％前後の安定した視聴率を継続した。惜しむらくは全日本の総帥・馬場とノンタイトルの一騎打ち（三軍対抗戦初日）でリングアウト負けした試合（1978年2月18日・蔵前国技館）で、この敗戦からIWA世界王座の権威が決定的に「劣化」を始めてしまったことは否めない。

▼引き裂き魔タイラーが相棒のエディ・サリバンを試合に介入させたため、翻弄された木村は辛うじて王座を防衛（77年1・19栃木・佐野）

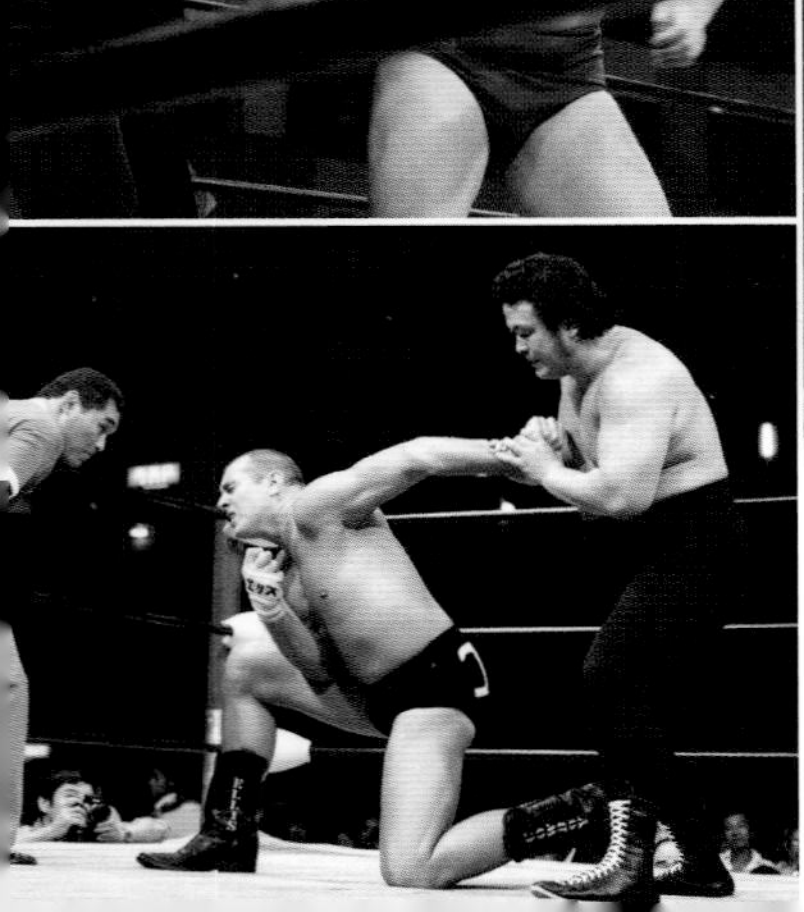

◀初防衛戦の相手は怪僧アンガス。1対1から3本目にバックドロップ3連発で快勝（76年10・2埼玉・熊谷）

▶76年12月3日、後楽園初の金網デスマッチを挙行。ジョーにダブルアーム・スープレックスでKO勝ち

◀国際初参戦の〝カウボーイ〟エリスを流血に追い込み、バックドロップ葬（77年9・29川崎）

▼78年夏、韓国に遠征。8・2ソウルで梁に圧勝

◀井上と2度対戦。77年9・7大阪は2対1で勝利するも、78年5・1静岡・富士（写真）では3本目にジョーが乱入したため無効試合に（王座は防衛）

▲海の喧嘩屋ホワイトと金網デスマッチで対決し、ブレーンバスターでマットに沈めた（78年1・19茨城・水戸）

▼黒鷲トロスに2本目、逆エビ固めでギブアップ勝ち目前に上田が乱入したため、反則勝ちで後味の悪い王座防衛（79年3・26福島・原ノ町）

▼流血怪人スミルノフ相手に3本目、逆上した木村がレフェリー無視の凶器攻撃を続けたため反則負け。ルールにより王座は移動せず（79年1・28神奈川・大和車体）

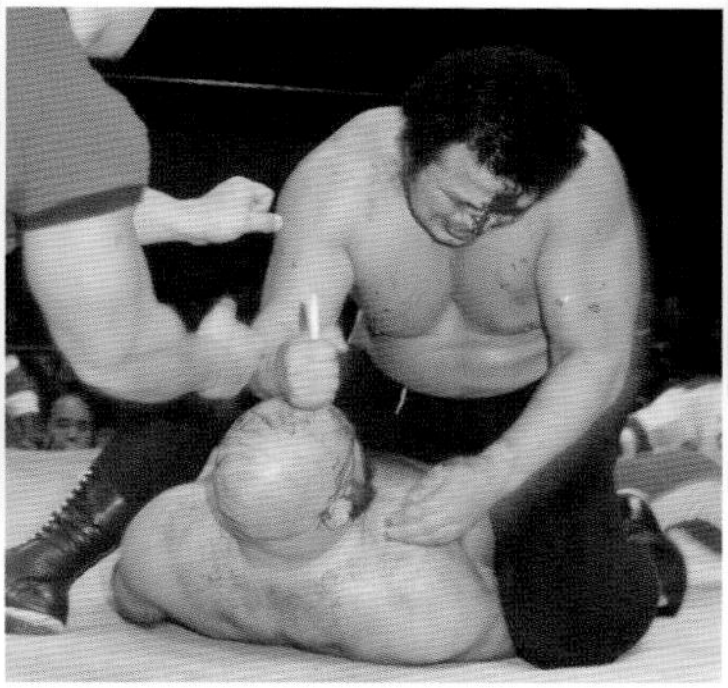

▲猛牛ベーカーと反則OKのテキサスデスマッチで対戦し、逆片エビ固めで完勝（78年10・13茨城・常陸太田）

▼IWA初挑戦となる大巨人アンドレに対して決定打を与えることができないまま、場外戦で両者リングアウトをとられ、王座は防衛（79年7・20秋田・大館）

▼元WWWF王者&元IWA王者グラハムとの金網デスマッチが実現。グラハムの怪力に苦しめられながらも、流血に追い込み、逆エビ固めで大勝利（79年4・21富山・高岡）

▶上田との2年9カ月ぶりの遺恨王座戦は、ジョーとキラー・ブルックスの乱入により不本意な反則勝ち（79年4・20富山）

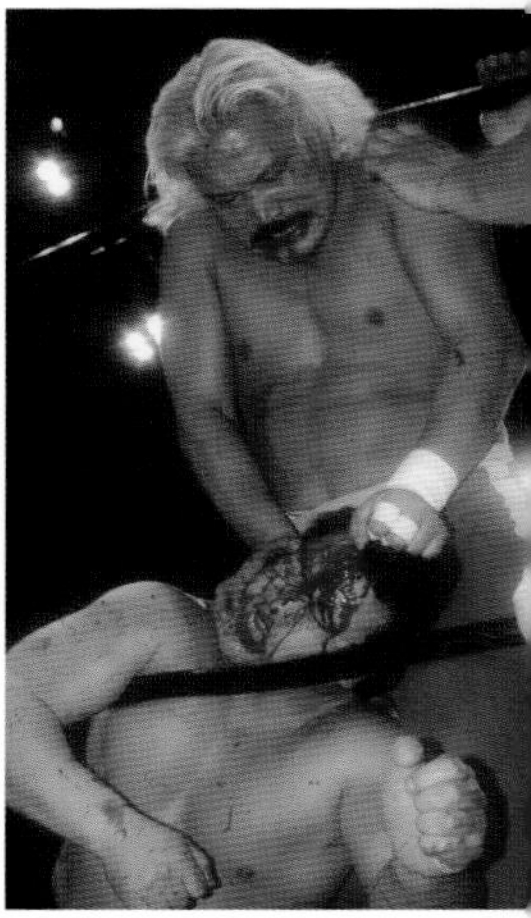

第15代 アレックス・スミルノフ

悲願のエース外国人の座を奪取

▼77年9月の初参戦以来、国際のトップ外国人、木村の宿敵として定着したスミルノフが頂点に（写真は79年7・25静岡・三島、木村戦）

在位期間 1979年7月21日～7月25日

ベルト戴冠 1979年7月21日＝新潟・村上市体育館／IWA世界ヘビー級選手権試合（61分3本勝負）／アレックス・スミルノフ（2−1）ラッシャー木村　①木村（8分48秒 片エビ固め）スミルノフ　②スミルノフ（2分50秒 体固め）木村　③スミルノフ（3分16秒 体固め）木村　※木村が27度目の防衛に失敗。スミルノフが第15代王者となる

同じシリーズに参加していたオックス・ベーカーとの間でIWA挑戦権をめぐり対立を繰り返していたスミルノフは、1979年7月11日（宮城県涌谷町）にチェーン・デスマッチによる挑戦者決定戦を敢行。チェーンには絶対の自信を持っていたベーカーを、逆に血ダルマにして完璧なKO勝ちを収めた。10日後の7月21日、新潟・村上で（国際に参戦以来）3度目のIWA王座挑戦を果たすや、木村からフォールを奪い悲願を達成した。7月25日、静岡・三島での初防衛戦には敗れて「4日天下」に終わったが、当時の国際プロレスにおいて、エース外国人の座を巡り強烈にライバル視していたジプシー・ジョーに明白な差をつけた形になった。

▼ベーカーとの挑戦者決定戦を勝ち上がった流血怪人は、王者・木村に3度目の挑戦を果たした（79年7・21新潟・村上）

◀打倒木村&王座奪取に燃えるスミルノフはブレーンバスターなど大技攻勢をかける（79年7・21新潟・村上）

◀木村に勝利するや、歓喜のあまりベルトにキスの雨を降らせた（79年7・21新潟・村上）

◀1対1から3本目、凶器を木村のノド元に突き立て、そのままピンフォール勝ち（79年7・21新潟・村上）

第16代

AWA世界王者を相手に意地を見せる

▼AWA世界王者ニックから反則勝ちをもぎとり、レフェリーのルー・テーズに手を上げられるIWA王者・木村（79年10・5後楽園）

在位期間　1979年7月25日〜11月13日
ベルト戴冠　1979年7月25日＝静岡・三島市民体育館／IWA世界ヘビー級選手権試合（61分1本勝負）／ラッシャー木村（15分19秒 片エビ固め）アレックス・スミルノフ
※スミルノフが初防衛に失敗。木村が第16代王者となる
防衛戦の相手　①上田馬之助②ジョー・ルダック③ニック・ボックウインクル

スミルノフから王座奪還した1カ月後の1979年8月26日、日本武道館における「夢のオールスター戦」でストロング小林（当時、新日本所属）と対戦（ノンタイトル）。6年前のIWA選手権で苦杯を舐めた仇敵だっただけに「完勝によるリベンジ」が必須とされたが、小林の気迫に押されて薄氷のリングアウト勝ちに終わり、観客から強烈な野次を浴びた。それでも10月5日には、後楽園でニック・ボックウインクルとAWA世界、IWA世界を懸けたダブルタイトル戦で反則勝ちし、名誉挽回には成功。しかし本来の調子を取り戻すには至らず、11月13日に新潟・三条でバーン・ガニアに場外でスリーパーホールドを仕掛けられてリングアウトで敗れ王座を失った。

◀79年10・5後楽園でAWA世界王者ニックとのダブル選手権が実現。木村はニックを追い込んだが、ニックが苦し紛れにレフェリーのテーズを場外に投げたため木村の反則勝ち。ルールにより王座移動はせず、双方が防衛

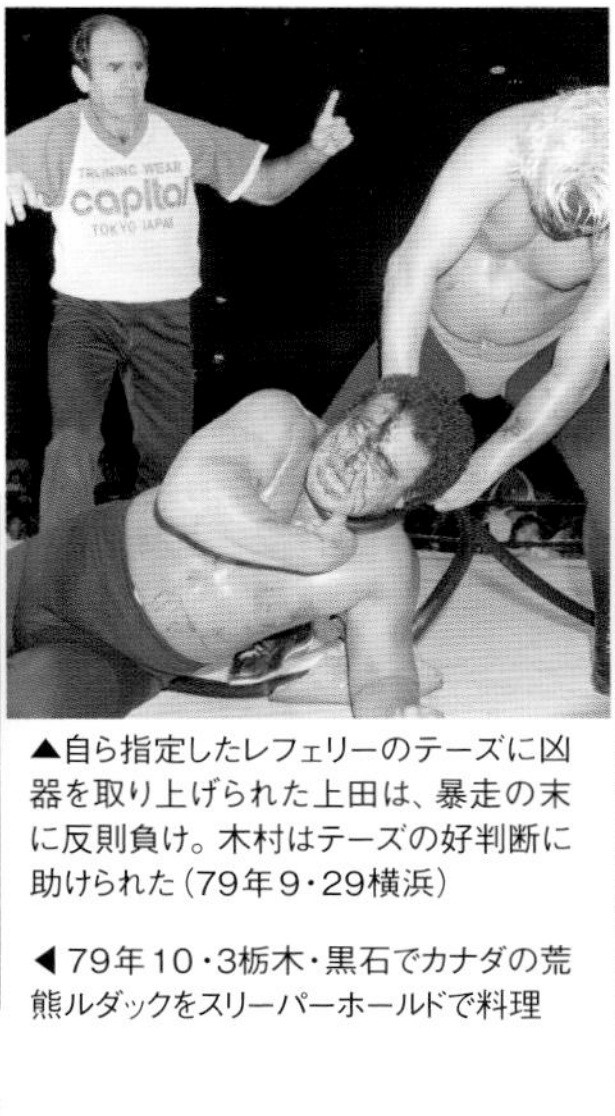

▲自ら指定したレフェリーのテーズに凶器を取り上げられた上田は、暴走の末に反則負け。木村はテーズの好判断に助けられた（79年9・29横浜）

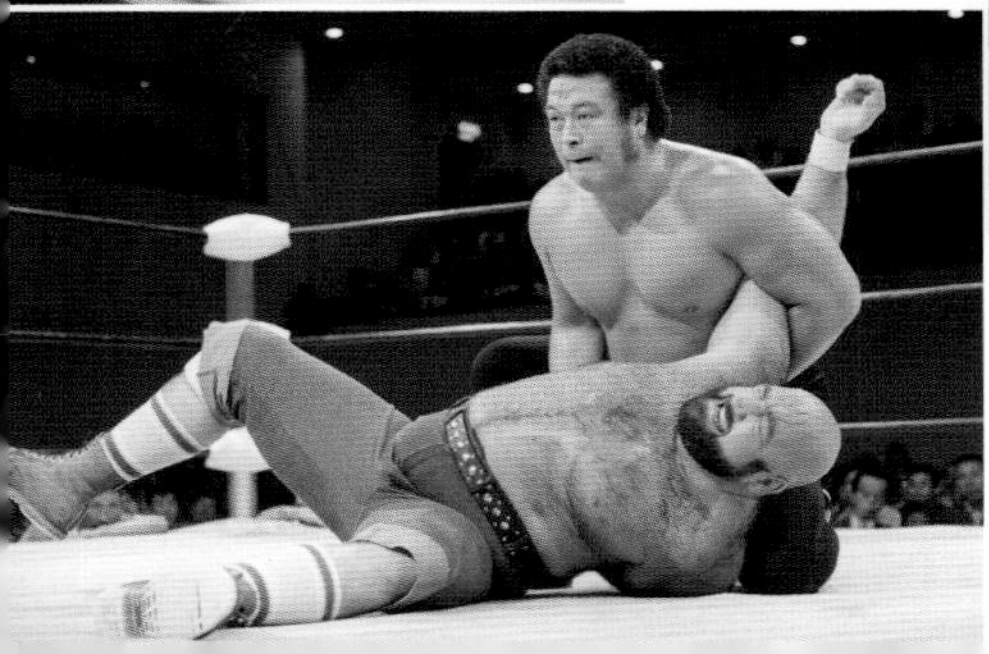

◀79年10・3栃木・黒石でカナダの荒熊ルダックをスリーパーホールドで料理

▼王座
後、79
三島で
臨み、起
クドロッ
から王座

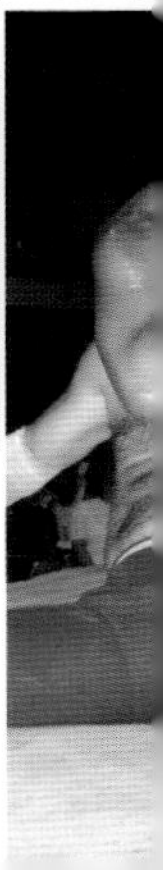

第17代 〝AWAの帝王〟が〝IWAの帝王〟となる

▼〝AWAの帝王〟が国際に4度目の参戦にして、IWAベルトを巻いた(写真は79年11・14長野・諏訪湖における特写)

ガニアは1975年にAWA世界王座を転落して以来鳴りを潜めていたが、79年11月13日の新潟・三条で木村のIWA世界王座に初挑戦。53歳とスタミナにはやや不安があったが、巧みに場外戦に持ち込んだあと切り札のスリーパーで絞めあげ、木村をリング内に戻れないようにする奇策を用いてリングアウト勝ちとなり、タイトル獲得に成功した。3日後、16日の和歌山での初防衛戦も同様の戦法で連勝を企んだが、場外乱闘の際、カウントアウト寸前で逆に木村のクロスチョップを食らってリングに戻れず、土壇場でリングアウト負け。3日天下に終わった。この王座奪取から8カ月後の80年7月、ガニアはAWA世界王座に54歳で最後のカムバックを果たした。

在位期間 1979年11月13日～11月16日

ベルト戴冠 1979年11月13日＝新潟・三条市厚生福祉会館／IWA世界ヘビー級選手権試合(61分1本勝負)／バーン・ガニア(17分41秒 リングアウト勝ち)ラッシャー木村 ※木村が4度目の防衛に失敗。ガニアが第17代王者となる

◀木村を下しIWAベルトを巻いたガニアは歓喜のガッツポーズ(79年11・13新潟・三条)

◀木村を必殺スリーパーホールドにとらえると、2人とも場外転落。しかしガニアが先にリングに生還しリングアウト勝ちをせしめた(79年11・13新潟・三条)

▶79年11・16和歌山でリターンマッチに臨んだが、今度は木村にリングアウト負けを喫してしまい3日で王座転落

第18代 ラッシャー木村

奮戦するも団体の失速を止められず

▼75年から体を張ってIWA戦線で奮闘し続けてきた木村だが第18代王者時代は38～40歳。以前のような好勝負は減った（写真は80年3・8鹿児島、ストンパー戦）

木村は国際プロレス崩壊までの1年9カ月間に17回の王座防衛を果たしたが、残念ながらこの期間には好勝負と呼べる試合がなく、団体の劣勢を挽回する役目を果たせずに終わった。最も注目されたのは1980年12月13日、東京体育館のストロング小林戦だったが、圧勝を要求される場面にもかかわらず押され気味の辛勝で、観客から厳しい声を浴びた。81年に入って防衛頻度が急増したが、これで興行成績が上向くことはなく、3月一杯でテレビ放送が打ち切り。その後は1000人前後の少数観客の前で防衛する苦境が続いたが、ついに国際プロレスは8月9日、北海道・羅臼大会をもって14年8カ月の団体ヒストリーに幕を閉じ、IWA王座も自然消滅となった。

在位期間 1979年11月16日～1981年8月9日

ベルト載冠 1979年11月16日＝和歌山県立体育館／IWA世界ヘビー級選手権試合（61分1本勝負）／ラッシャー木村（13分53秒 リングアウト勝ち）バーン・ガニア ※ガニアが初防衛に失敗。木村が第18代王者となる

防衛戦の相手 ①モンゴリアン・ストンパー②キラー・カール・クラップ③キラー・カール・クラップ④モンゴリアン・ストンパー⑤ジョニー・パワーズ⑥ジョー・ルダック⑦マイク・ジョージ⑧ランディ・タイラー⑨ビッグ・ジョン・クイン⑩ロン・バス⑪アレックス・スミルノフ⑫ストロング小林⑬マイク・ジョージ⑭レイ・キャンディ⑮スティーブ・オルソノスキー⑯ジプシー・ジョー⑰ジ・エンフォーサー

◀新日本マットに乗り込み、小林（新日本所属）と7年半ぶりに王座戦で激突。バックドロップでパワー対決を制し、猪木に対戦アピールした（80年12・13東京体育館）

▼青銅の爪クラップの執拗なクロー攻撃を凌ぎ、逆エビ固めでねじ伏せた（80年1・28愛知・蒲郡）

◀踏み潰し屋ストンパーの必殺ストンピングに耐えて、1対1から3本目に一瞬のエビ固めで押さえ込んだ（80年3・8鹿児島）

◀死神パワーズの8の字固めにつかまったまま場外転落するも、起死回生の場外パイルドライバーを見舞ってリングアウト勝ち（80年3・31後楽園）

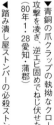

最後のIWA世界戦

▲第18代王者・木村は81年8・6北海道・室蘭において エンフォーサーと金網デスマッチで対決。エンフォーサーの火炎殺法をものともせず、逆エビ固めで完勝

▶81年8・6室蘭で17度目の防衛に成功した木村。しかし3日後の8・9北海道・羅臼大会を最後に国際は活動停止し、14年8カ月の歴史に終止符。8・6室蘭の防衛戦が最後のIWA世界戦となった

三冠ヘビー級王者

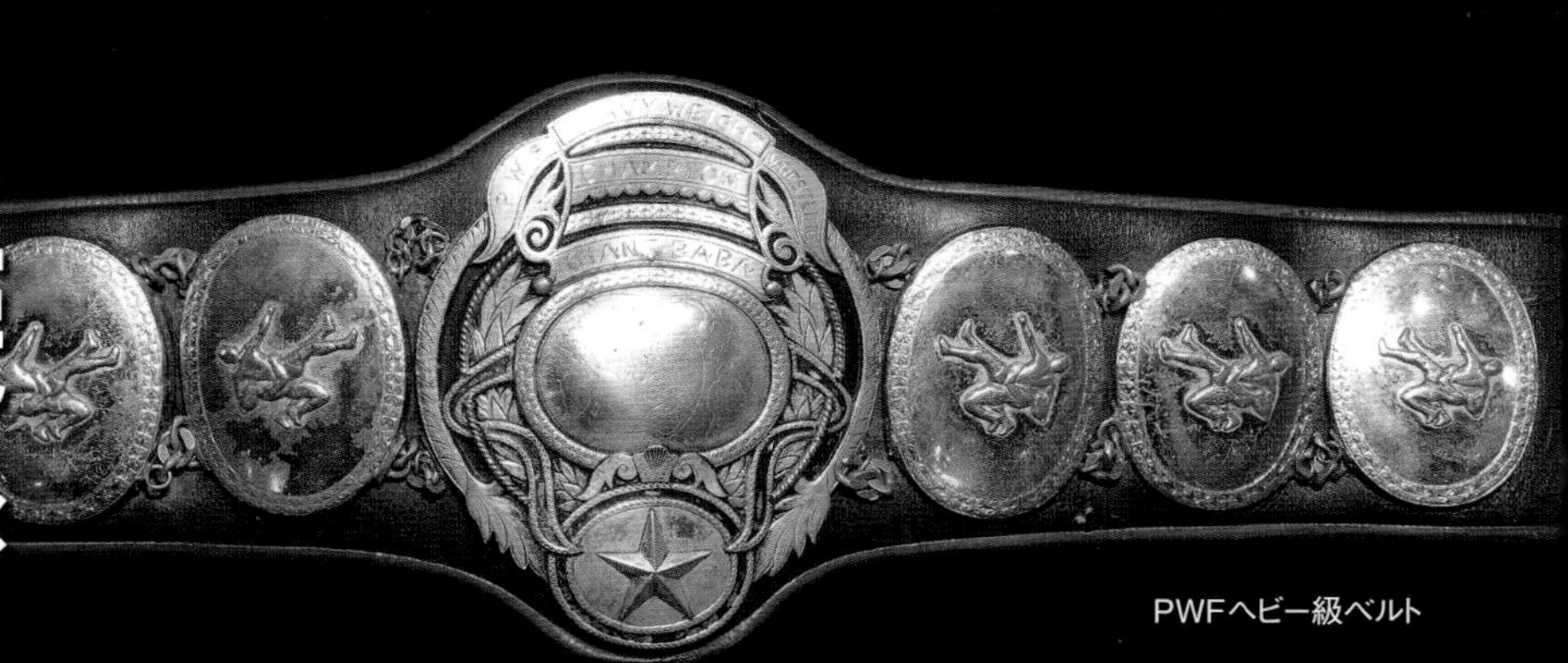

PWFヘビー級ベルト

UNヘビー級ベルト

インターナショナルヘビー級ベルト

三冠ヘビー級ベルト
(2013年10月27日～)

馬場がついにNWAとの決別を決意

「三冠ヘビー級王座の起源」と書くと、「インターナショナルヘビー級、PWFヘビー級、UNヘビー級の3つのタイトルを一つにしただけだから、特に〝三冠王座独自の起源〟などは存在しないのでは?」との疑問を呈する方もいるかと思う。確かに理屈的にはその通りなのだが、統一されるまでの間、「三つのタイトルが十分に〝全日本プロレスの看板〟として機能し、会場を満員にしていた」にもかかわらず、どうしてジャイアント馬場が「統一」という逆説的な決断を下すに至ったのか? そのポイントに絞って時系列的に解明しておきたい。

結論から先に書くと、それは「全日本プロレス旗揚げ以来、世界最高権威としてあがめ奉ってきたNWAが崩壊し、NWA世界ヘビー級王座の権威が暴落したため、それに代わる最高権威タイトルを創設する必要性が生じた」からだった。それが「三冠ヘビー級王座の起源」である。

インター、PWF、UNの3大タイトルの保持者のうち、2人がタイトルを懸けて対戦する「ダブルタイトルマッチ」が最初に行われたのは1987年9月11日の広島県立体育館で、このときはスタン・ハンセン(PWF王者)と天龍源一郎(UN王者)が引き分け。続く2回目は翌1988年3月9日の横浜文化体育館で同じカードによる再戦が行われ、ここで天龍が勝ったことにより、全日本史上初めて「三つのうち、二つ」を獲得した王者が誕生する。1カ月後の4月15日、大阪府立体育会館でPWF&UN2冠王の天龍がインター王者ブルーザー・ブロディと初の「三冠を懸けた闘い」に挑むが、これは激闘の末にドローとなり、ここで一旦、「やはり三冠の統一は、余りにも難しい」というムードが漂った。このあと半年間は一度も三冠統一試合が開催されることはなく、団体オーナー・馬場の中で「無理に統一することもない。それぞれの王座が満員の観客を集めていれば、現状維持がベターかもしれない」という判断が上向いてきたのも事実であったが、その流れを一気に変えたのが同年10月の「ジム・クロケット・プロモーション倒産、TBS（ターナー・ブロードキャスティング・システム＝アメリカの大手ケーブルテレビ会社）による買収」という動きだった。プロモーターの横断組織としてのNWAが1985年に崩壊したこと（馬場も1986年に脱退）については、本書「NWA世界ヘビー級王座」の稿に詳しく書いたが、そのあとも馬場はクロケットとの個人的なパイプを維持して（クロケットの）秘蔵っ子であるリック・フレアーを招聘し、全日本のリングでNWA世界ヘビー級選手権を開催してきた。

全日本が誇る3大王座（インターナショナル、PWF、UN）統一の気運が高まる中、初めて2冠統一がなされたのが1988年3・9横浜文化体育館。PWF王者・天龍源一郎がUN王者スタン・ハンセンに一瞬の首固めで勝利し、2本のベルトを手に入れた

初の三冠統一選手権が行われたのは1988年4・15大阪府立体育会館。PWF&UN王者・天龍とインター王者ブルーザー・ブロディが激突。30分におよぶ激闘の末に両者リングアウトとなり、王座統一はならず

だが、クロケットに実権がなくなった以上、NWA王者を継続招聘することは不確実となったため、「そろそろNWA世界王座と決別すべき時期が来た」との決断に迫られる。

「全日本のプロレスこそ世界最高」との馬場の自信

その背景には新日本のフロント、具体的にはマサ斎藤が早くからWCW(TBSのプロレス部門)の首脳陣と懇意になっていたという情報が馬場の耳に入っており、「長期的には、NWAタイトルマッチは新日本のリングで開催される」という予感があったことも間違いない。その結果、クロケット在籍中に契約を結んでいた1989年3月のNWAヘビー級王者招聘(3月8日・日本武道館、王者リッキー・スティムボート)だけは履行されたが、それを最後にNWA世界王座との決別にゴーサイン、「三冠統一による自前の最高権威タイトル」の実現に舵を切った。3月8日のNWA世界戦(王者スティムボート対挑戦者タイガーマスク)のあと、馬場は日本武道館の控室で「スティムボートはNWA王者としての試合をしていない。重厚さがない」と厳しい苦言を呈し、「もはや(ジャンボ)鶴田と天龍のほうが、あらゆる面で間違いなく上だ」とも発言したが、これもまた馬場の偽らざる本心であった。逆の言い方をすると、それは「鶴田と天龍を抱える全日本プロレスこそ、NWA世界ヘビー級王者に代わる本当のナンバーワン王者を認定すべきだ」という〝使命感の降臨〟でもあっ

三冠統一が実現したのは1989年4・18大田区体育館。インター王者・鶴田がPWF&UN王者ハンセンにピンフォール勝ちし、初代三冠王者に就いた

た。馬場は3月1日、「全日本プロレスリング代表取締役社長」の座に8年ぶりに復帰しており（それまでは会長。社長は日本テレビからの出向者）、リング内外の重要案件全般にわたり最終決定権限が戻っていたことも大きく作用した。

4月16日、後楽園ホールで鶴田（インター）とハンセン（PWF、UN）の三冠統一戦が行われたが、場外乱闘の繰り返しの末に無効試合。2日後（4月18日）の大田区体育館で再戦となり、ここでようやく鶴田がハンセンから3カウントを奪い、念願の「三冠統一」が達成されるとともに、「三冠ヘビー級選手権」という新しい歴史の1ページ目が開かれた。

統一後、三冠ヘビー級王座をめぐって鶴田、天龍、ハンセンらが熾烈な闘いを展開。1990年代に入ると、三沢光晴、川田利明、小橋健太（建太）、田上明ら「四天王」が超過激なプロレスによる選手権試合を連発。馬場の思惑どおり、三冠ヘビー級王座は平成全日本プロレスの象徴タイトル、平成プロレス史を代表する王座として名を馳せた。

1999年の馬場死去、2000年の三沢退団（NOAH設立）後も三冠ヘビー級王座は全日本の看板タイトルとして重用され続けているが、3本のベルトは2013年に馬場家に返還され、同年10月から新造のベルト（1本に集約）が使用されている。

ジャンボ鶴田

初代

統一構想のスタートから1年、悲願結実の初代王者!

▼87年以来の悲願であった三冠王座統一は、89年4月18日、鶴田によって成し遂げられた（大田区、ハンセン戦）

在位期間 1989年4月18日〜6月5日

ベルト戴冠 1989年4月18日＝東京・大田区体育館／インターナショナル&PWF&UN三冠ヘビー級王座統一戦（60分1本勝負）／ジャンボ鶴田（17分53秒 片エビ固め）スタン・ハンセン　※ハンセンがPWFヘビー級王座3度目の防衛、UNヘビー級王座3度目の防衛に失敗。鶴田がインターナショナルヘビー級王座3度目の防衛に成功するとともに、第15代PWFヘビー級王者、第28代UNヘビー級王者となる。三冠統一に成功した鶴田が初代三冠ヘビー級王者となる

防衛戦の相手 ①天龍源一郎

1988年4月から動き出した三冠統一に向けての闘いに終止符を打ったのは鶴田だった。89年4月16日の後楽園ホール大会での鶴田とスタン・ハンセンによる三冠統一戦は無効試合に終わり、観客はリングに物を投げ込むなど不満を爆発。しかし、2日後の大田区大会の再戦では、完全決着を望むファンの期待を一身に背負った鶴田が執念のフォール勝ちを挙げて、見事に初代三冠統一王者に輝いた。さらに2日後の大阪大会では、宿命のライバルの天龍との初防衛戦に臨み、鶴田が相手のお株を奪うパワーボムを決めて勝利。首から鋭角にマットに突き刺さった天龍はピクリとも動けず、そのアクシデント気味の結末に、勝利した鶴田も浮かぬ顔を浮かべた。

◀当時の全日本で最もホットなカード「鶴龍対決」が三冠戦を舞台に行われた（89年4・20大阪）

◀鶴田が高角度パワーボムで天龍を失神状態に追い込み、そのままフォール勝ち。三冠の初防衛戦は壮絶な幕切れとなった（89年4・20大阪）

◀三冠統一の2日後、鶴田は最大のライバル、天龍の挑戦を受けた（89年4・20大阪）

▼インター王者・鶴田は一瞬の片エビ固めでPWF& UN王者ハンセンを押さえ込み、三冠統一に成功（89年4・18大田区）

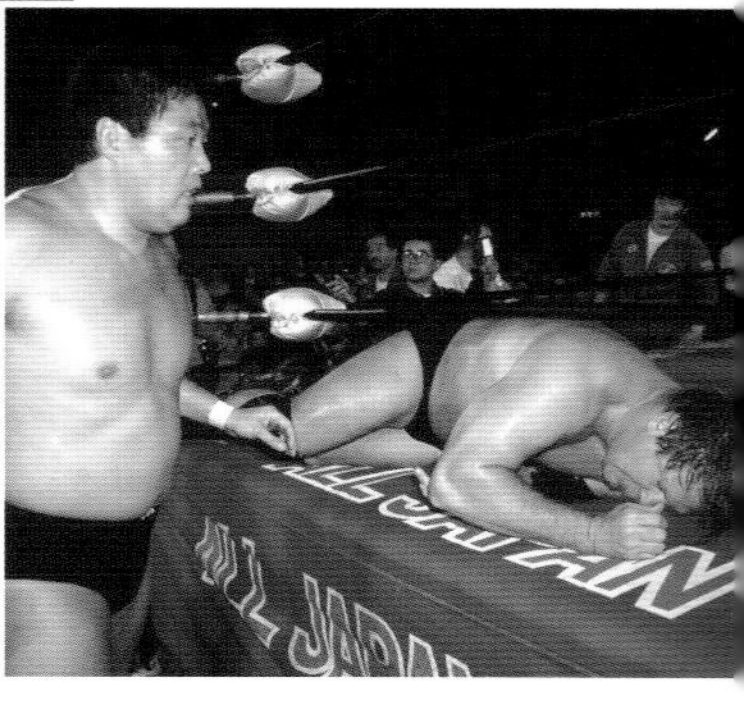

第2代 鶴田から悲願の初フォール勝ち！

▼史上初の三冠統一戦（88年4・15ブロディ戦）から1年後、ついに3本のベルトを手中に収めた（写真は89年10・11横浜、鶴田戦）

在位期間 1989年6月5日～10月11日

ベルト戴冠 1989年6月5日＝東京・日本武道館／三冠ヘビー級選手権試合（60分1本勝負）／天龍源一郎（24分5秒 エビ固め）ジャンボ鶴田　※鶴田が2度目の防衛に失敗。天龍が第2代王者となる

防衛戦の相手 ①谷津嘉章②テリー・ゴーディ

初代王者・鶴田の初防衛戦（1989年4月）でパワーボムを食らって敗北を喫した天龍が、天龍同盟結成2周年の総決算としてベルト奪取に臨む。天龍は鶴田戦でのパワーボムの影響で首を痛めて欠場もしたが、89年6月5日、迎えた王座戦では開始早々にジャーマン・スープレックスを放つなど、不安を払拭するようになりふり構わぬ攻めを展開。鶴田の猛攻も凌ぐと、パワーボム、延髄斬りと畳みかけ、パワーボム2連発で3カウント。タッグパートナーのハンセンが祝福に駆け寄り、さらに敗れた鶴田も潔く握手を求めて新王者を称えた。天龍は2カ月前に新日本が初開催した東京ドーム大会になぞらえて、「3本のベルトはドームよりも重い」と喜びを口にした。

◀天龍は5度目の鶴龍対決にして、鶴田から念願の初フォール勝ちを奪い、三冠王者に輝いた（89年6・5武道館）

▲89年7・18滋賀で三冠初挑戦となる谷津を迎撃し、パワーボムで返り討ちにした

◀89年9・2武道館でゴーディとパワーボム合戦を展開。最後は執念のパワーボムでベルトを守り抜いた

▼89年6・5
は再び鶴田に
戦の末、パワー

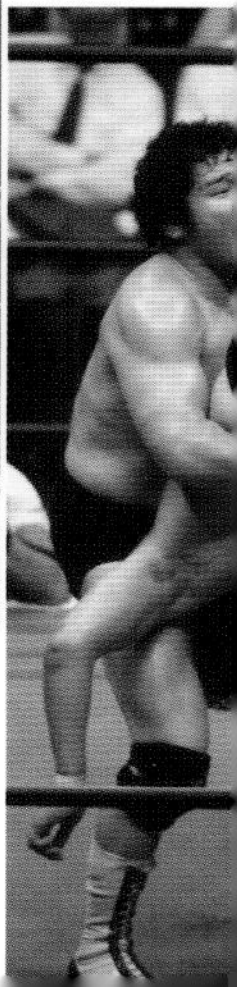

第3代 天龍から王座奪回し、"最後の鶴龍対決"も制する

▼鶴龍対決や外国勢との闘いで底なしの強さを発揮し続ける鶴田は、いつしか「最強王者」と評されるようになった（写真は90年3・6武道館、ウインダム戦）

在位期間 1989年10月11日～1990年6月5日

ベルト戴冠 1989年10月11日＝神奈川・横浜文化体育館／三冠ヘビー級選手権試合（60分1本勝負）／ジャンボ鶴田（22分38秒 エビ固め）天龍源一郎 ※天龍が3度目の防衛に失敗。鶴田が第3代王者となる

防衛戦の相手 ①バリー・ウインダム②天龍源一郎

1989年9月2日の日本武道館大会で谷津嘉章をシングルで下した鶴田が、6月の王座戦の借りを返すべく天龍との一戦に臨む。鶴田が天龍に挑戦する構図は初めてのこと。鶴田は天龍からノド元を狙った逆水平チョップを食らうと怒りのイス攻撃を見舞い、さらに顔面キックにも耐え、気迫を前面に試合を進める。その中でパワーボムを巡る攻防が勝敗を分け、天龍が仕掛けた一撃をウラカン・ラナの要領で丸め込んだ鶴田が逆転の3カウント。天龍への連敗は許さず、王座返り咲きを果たした。そして90年4月19日、通算9度目の天龍戦で2度目の防衛に成功。この試合を最後に天龍が全日本を退団（SWS移籍）したため、最後の"鶴龍対決"となった。

◀初防衛戦でウインダムにバックドロップ・ホールドで快勝（90年3・6武道館）

◀90年4・19横浜で鶴田が天龍にバックドロップ・ホールドで完勝。この試合を最後に天龍は全日本を退団、新団体SWSに移籍した

▼◀89年10・11
新型パワーボムを高
固めに切り返して技
勝ち。王座奪回を果

第4代 初の外国人王者として、世界タッグとの5冠に君臨

▼ゴーディはハンセンに先んじて外国人として初の三冠王者に君臨（写真は90年6・8武道館、ハンセン戦）

在位期間　1990年6月5日～6月8日
ベルト戴冠　1990年6月5日＝千葉公園体育館／三冠ヘビー級選手権試合（60分1本勝負）／テリー・ゴーディ（14分51秒 片エビ固め）ジャンボ鶴田　※鶴田が3度目の防衛に失敗。ゴーディが第4代王者となる

1990年4月の天龍退団後、タイガーマスクの覆面を脱ぎ捨て素顔に戻った三沢光晴が全日本マット活性化のため決起し、川田利明、小橋健太（建太）ら新世代を率いてベテラン勢に敢然と立ち向かう新しい流れが生まれた（のちに超世代軍と呼ばれた）。そんな中、全日本の大黒柱・鶴田に挑んできたのが、スティーブ・ウイリアムスとのコンビで世界タッグ王座を獲得して勢いに乗っていたテリー・ゴーディだった。ゴーディは鶴田のバックドロップ、空中胴締め落としを阻止すると、DDTで叩きつけてピンフォール。2度目の挑戦で三冠王座奪取を果たし、世界タッグと合わせて〝5冠〟に君臨。外国人新世代としてハンセンよりも先に三冠の頂に到達した。

◀鶴田から三冠を奪ったゴーディを盟友のスティーブ・ウイリアムスが称える（90年6・5千葉）

▲最後は得意のDDTで鶴田にピンフォール勝ち（90年6・5千葉）

◀ゴーディはウイリアムスとともに保持する世界タッグ王座と合わせて、5冠制覇の快挙を達成（90年6・5千葉）

▼90年6・5
挑戦。バックド
締め落とし、掟
ムなど鶴田の
ごとく凄いで反

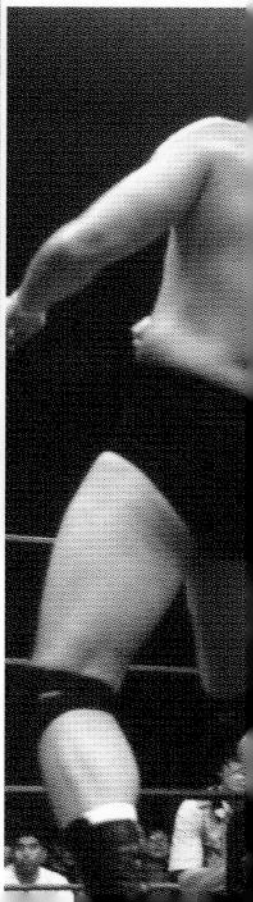

第5代

後輩の天下を3日で終焉させ、念願の初戴冠！

▼過去にNWF、PWF、インター、UNなど日本の主要王座に就いた実績のあるハンセンが三冠も制覇（90年6・8武道館）

在位期間　1990年6月8日〜7月17日
ベルト戴冠　1990年6月8日＝東京・日本武道館／三冠ヘビー級選手権試合（60分1本勝負）／スタン・ハンセン（21分33秒 片エビ固め）テリー・ゴーディ　※ゴーディが初防衛に失敗。ハンセンが第5代王者となる

ゴーディの三冠王座初戴冠から3日後、シリーズ最終戦の日本武道館大会でハンセンとの初防衛戦が組まれた。同大会では鶴田vs三沢の日本人頂上対決も組まれた（三沢勝利）一方、外国人エースを懸けた一戦も激しいものとなった。後輩に先を越されたハンセンは序盤から凄まじい勢いで攻め込む。しかし、ゴーディの痛烈なDDTを食らい、荒々しくナックルを叩き込まれるとグロッギー状態に。動きの落ちたハンセンだったが、ゴーディのパワーボムは必死に阻止。最後はコーナーに振られるのを切り返し、意表を突いたショートレンジ式ウエスタン・ラリアットを決めて勝利。初代三冠統一を鶴田と争ってから1年余り、苦しみながらも初めて3本のベルトを手にした。

◀ハンセンは背中越
体を預けたままピンフ
年6・8武道館）

▼ハンセンは満を持
に初挑戦するも、全
世代のゴーディの勢
味だった（90年6・8

▲苦戦の末、起死回生のラリアット一発でゴーディに逆転勝利（90年6・8武道館）

◀ハンセンは新王者となるも、起き上がることができないほど疲労困憊していた（90年6・8武道館）

第6代 3日天下の雪辱果たすも、セコンド介入の苦き戴冠

▼ゴーディはハンセンからベルトを奪い返すことに成功。タッグパートナーのスティーブ・ウイリアムスも祝福。今度こそ全日本マットで外国人新時代を築くかと思われたが…（90年7・17金沢）

在位期間 1990年7月17日～7月27日

ベルト戴冠 1990年7月17日＝金沢・石川県産業展示館／三冠ヘビー級選手権試合（60分1本勝負）／テリー・ゴーディ（21分4秒 片エビ固め）スタン・ハンセン　※ハンセンが初防衛に失敗。ゴーディが第6代王者となるが、7月26日に急病で倒れて救急搬送。7月27日に王座返上

前回の王者時にわずか3日天下に終わったゴーディがハンセンとの雪辱戦に臨む。序盤からゴーディが右腕を痛めつけられると、パートナーのスティーブ・ウイリアムスが控室から駆けつけて、右ヒジにテーピングを施す。一度は控室に戻ったウイリアムスだったが、今度はサポーターを手にしてリングサイドにやって来ると、ゴーディに手渡す。そのままセコンドに付いたウイリアムスは、ハンセンがラリアットを狙ってゴーディをロープに振ると、あろうことかパートナーの足をすくって転倒させる。ハンセンのラリアットは空を切り、命拾いのゴーディは逆に強烈なラリアットを叩き込んで勝利。王座奪還を果たしたものの、ウイリアムスの介入もあり後味は悪かった。

▲新王者となったゴーディは90年7月26日深夜、突然倒れて救急搬送。一時は心臓が止まる事態に。27日に王座返上を余儀なくされた（写真は7・17金沢）

▼ハンセンがラリアットを放った瞬間、ウイリアムスがリング下からゴーディの足をすくって転倒させる。空振りして空を泳いだハンセンにゴーディがすかさずラリアットを叩き込み、そのままフォール勝ち。王座奪取に成功した（90年7・17金沢）

▲王者ハン
が試合中に
を集中攻撃
金沢）

スタン・ハンセン

第7代

急きょの王座決定戦で初挑戦の三沢を下す

▼ゴーディが返上したベルトを再び掌中に収めたハンセン。三沢との王座決定戦後、控室で吠えまくった（90年7・27千葉・松戸）

在位期間 1990年7月27日～1991年1月19日

ベルト戴冠 1990年7月27日＝千葉・松戸市運動公園体育館／三冠ヘビー級王座決定戦（60分1本勝負）／スタン・ハンセン（16分16秒 体固め）三沢光晴 ※ハンセンが第7代王者となる

防衛戦の相手 ①スティーブ・ウイリアムス

当初、三沢がゴーディの持つ三冠王座に初挑戦する予定だったが、大会前日の深夜にゴーディが倒れて救急搬送。内臓疾患による欠場で王座は返上となり、急きょ三沢とハンセンによる王座決定戦に変更された。突然の対戦相手変更となった三沢だが、必死に気持ちを切り替えて、対ハンセンの常套手段であるラリアット封じの左腕殺しに出る。場外でカウベル、鉄柱なども利用して徹底的に左腕を攻め、館内からも初戴冠を期待して「三沢」コールが起こる。しかし終盤にかけて技をかわされる場面が目立ち、突進タックルを食らって立ち上がったところにウエスタン・ラリアットを叩き込まれて撃沈。スーパーヘビー級の壁にハネ返される結果となった。

▼90年7・27松戸で三沢が王者ゴーディに初挑戦する予定だったが、ゴーディが倒れて欠場したため、前王者ハンセンと三沢で王者決定戦を行うことに

◀ハンセンは果敢に攻め込む三沢を強烈なラリアットで沈め、王者返り咲きを果たした（90年7・27松戸）

◀ウイリアムスのパワースラムを切り返して丸め込んだハンセンがまんまと王座防衛に成功（90年9・1武道館）

◀初防衛戦の相手はスティーブ・ウイリアムス。ハンセンは老獪さを発揮してウイリアムスを翻弄（90年9・1武道館）

ジャンボ鶴田

第8代

三沢ら新世代の前に「怪物」として立ちはだかる

▼第8代王者に就いた鶴田は、三冠戦で圧倒的な強さを見せつけ、春のチャンピオン・カーニバルでも優勝。手がつけられない「怪物」ぶりを発揮した（写真は91年1・19松本、ハンセン戦）

在位期間 1991年1月19日〜1992年1月28日

ベルト戴冠 1991年1月19日＝長野・松本市総合体育館／三冠ヘビー級選手権試合（60分1本勝負）／ジャンボ鶴田（15分49秒 体固め）スタン・ハンセン　※ハンセンが2度目の防衛に失敗。鶴田が第8代王者となる

防衛戦の相手 ①三沢光晴②スティーブ・ウイリアムス③川田利明

三沢を筆頭に川田、小橋と新世代が頭角を現しつつあった全日本マットで、鶴田があらためて〝エース〟としての存在感を示すべく、王座奪還に臨む。初代王座も争ったハンセンとの一戦はがっぷり四つの闘いとなり、奇をてらうことなく真正面からぶつかり合う、ヘビー級らしい重厚感のある試合展開。終盤は互いに大技ラッシュとなり、カウント2の連続に観客は床を踏み鳴らす。最後はラリアットをかわした鶴田が、ジャイアント馬場の得意技でもあったジャンピング・ネックブリーカードロップで3カウント。「全日本のエースはもちろん俺だ」との言葉通り、初防衛戦では三沢の進撃を食い止め、川田も返り討ちにして、高き壁として立ちはだかった。

◀91年7・20横浜でウイリアムスをバックドロップ葬

◀90年6・8武道館のノンタイトルシングル戦ではフォール負けを喫した三沢を三冠防衛戦では圧倒。戦慄のバックドロップ3連発で粉砕した（91年4・18武道館）

▼91年1・19松本でハンセンに挑み、豪快なジャンピング・ネックブリーカードロップでベルト奪取に成功

▶三沢率いる超世代軍の一員として勢いに乗る川田を急角度バックドロップで黙らせた（91年10・24横浜）

第9代

1年越しの奪還で、新世代勢を次々に返り討ち！

▼鶴田と並ぶ3度目の三冠王座戴冠を果たしたハンセン。日本人最強・鶴田に対して外国人最強の意地を見せた（92年1・28千葉）

在位期間 1992年1月28日～8月22日

ベルト戴冠 1992年1月28日＝千葉公園体育館／三冠ヘビー級選手権試合（60分1本勝負）／スタン・ハンセン（16分41秒 片エビ固め）ジャンボ鶴田 ※鶴田が4度目の防衛に失敗。ハンセンが第9代王者となる

防衛戦の相手 ①三沢光晴②川田利明③田上明

1991年1月に鶴田にベルトを奪われたハンセンが1年越しで王座奪還に立ち上がる。鶴田が痛めていた左足に容赦ない攻撃を浴びせたハンセンは、場外戦でイスのパイプ部分にニークラッシャーを放つなどの徹底ぶり。最後はラリアットで鶴田を退けて3度目の王座戴冠を果たした。一方の鶴田は結果的にこの試合が最後の三冠戦となった。

鶴田を退けたハンセンは、台頭著しい新世代を次々に迎え撃った。初防衛戦では三沢を振り切り、2度目の防衛戦では川田の猛攻を受け止め、髪の毛を鷲づかみにしてのラリアットでトドメ。同一戦は92年の『プロレス大賞』でベストバウトを受賞するほどの激闘だった。その後、初挑戦の田上明も下して3度の防衛に成功した。

◀田上をラリアットで下したハンセンは「今日の勝利をフランクに捧げる」と4年前に刺殺されたブルーザー・ブロディの名を出し、目に涙を浮かべた（92年7・31松戸）

▲不屈のガッツで立ち向かってくる川田をラリアットで返り討ちに。試合後、川田と握手をかわし、その肩にベルトを掛けた（92年6・5武道館）

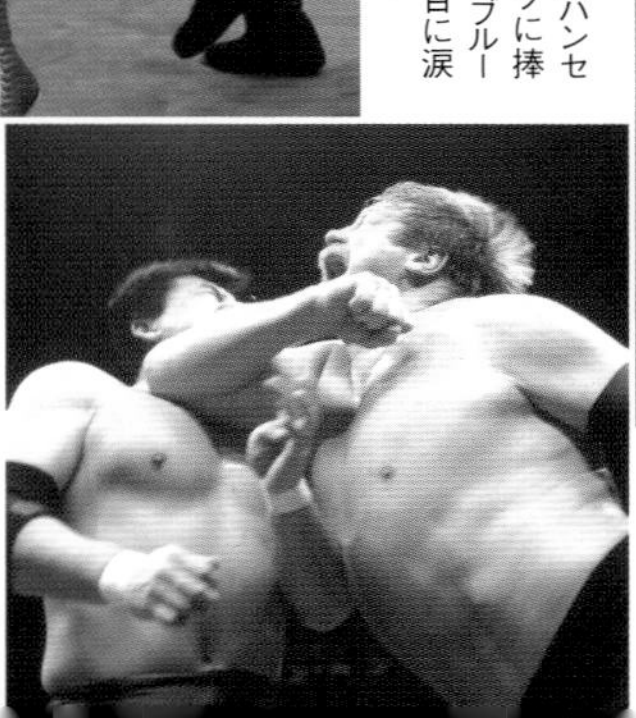

▶92年3・4武道館で三沢と熱戦を展開。最後は渾身のラリアットで三沢の夢を打ち砕いた

▼鶴田のジャ
を浴びながら
のラリアットを
冠強奪（92年

第10代 三沢時代、到来！ 2年間でV7を達成する

▼タイガーのマスクを脱ぎ捨ててから2年越しで三冠王座に到達。三沢時代が幕を開けた（写真は93年7・29武道館、川田戦）

在位期間 1992年8月22日～ 1994年7月28日
ベルト戴冠 1992年8月22日＝東京・日本武道館／三冠ヘビー級選手権試合（60分1本勝負）／三沢光晴（24分4秒 体固め）スタン・ハンセン　※ハンセンが4度目の防衛に失敗。三沢が第10代王者となる
防衛戦の相手 ①川田利明②田上明③スタン・ハンセン④川田利明⑤スティーブ・ウイリアムス⑥スタン・ハンセン⑦川田利明

初挑戦から2年余り、1992年8月22日に「今度勝てなかったら1年間は挑戦しない」という強い決意とともに三沢が三冠王座に4度目の挑戦。ハンセンに渾身の右のエルボーを叩き込み3カウント奪取。リングサイドの観客がフェンス際まで押し寄せ、涙を流すファンもいるなど、ニューヒーロー誕生の瞬間だった。同年10月の団体創立20周年記念大会で川田との超世代軍対決に勝利。93年7月には超世代軍から離脱し田上と聖鬼軍を結成した川田を再び迎撃し、この後に三沢、川田、小橋、田上の〝四天王〟を中心に全日本マットの主流となる過激な〝四天王プロレス〟を展開した。94年6月にも川田を三たび退けて、V7を達成。約2年間、ベルトを保持した。

▲危険すぎる技として封印していたタイガードライバー91を3年2カ月ぶりに解禁し、川田に勝利（94年6・3武道館）

▲初防衛戦は川田と超世代軍の同門対決。タイガー・スープレックス・ホールドで完勝（92年10・21武道館）

◀超世代軍を離脱し聖鬼軍として反目する川田を投げっぱなしジャーマン3連発、タイガー・スープレックスで完全粉砕。過激な「四天王プロレス」を見せつけた（93年7・29武道館）

▼難敵ハンセン
ボーで打ち負かし、
冠を果たした（92年

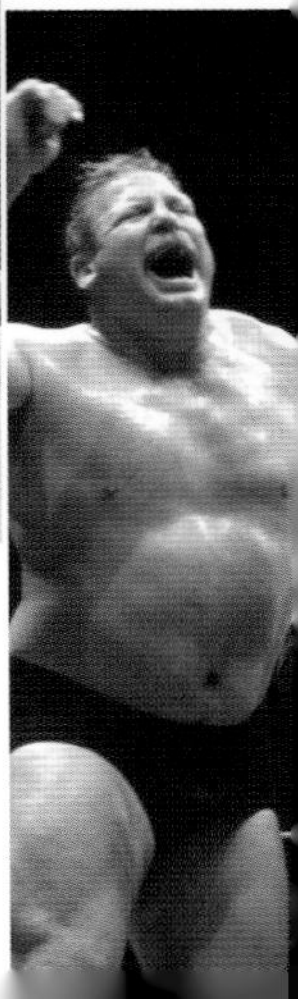

第11代 スティーブ・ウイリアムス

デンジャラスな技で三沢、小橋を破壊しまくる!

▼三沢を破り初めて三冠王者に輝いたウイリアムスは、巨大なトロフィーを片手で軽々と差し上げ、喜びを表した(94年7・28武道館)

在位期間 1994年7月28日～10月22日
ベルト戴冠 1994年7月28日＝東京・日本武道館／三冠ヘビー級選手権試合(60分1本勝負)／スティーブ・ウイリアムス(27分39秒 片エビ固め)三沢光晴 ※三沢が8度目の防衛に失敗。ウイリアムスが第11代王者となる
防衛戦の相手 ①小橋健太

約2年間ベルトを保持して、当時の最多防衛記録を樹立した三沢を止めたのは、意外な選手だった。これが4度目の三冠挑戦となったウイリアムスは、三沢の腰に狙いを定めて攻撃を集中。荒々しさだけではなく緻密な攻撃も見せるようになったウイリアムスに、三沢は大苦戦。ローリング・エルボーをかわされてデンジャラス・バックドロップで叩きつけられると場外に転落。リングに戻され、ダメ押しのバックドロップで力尽きた。新日本から全日本に主戦場を移して約4年半、伏兵のウイリアムスが三沢の防衛ロードを阻み、三冠初戴冠を果たした。初防衛戦では三冠初挑戦の小橋のなりふり構わぬ攻めを受け切ると、バックドロップの波状攻撃で振り切った。

▲粘る小橋をバックドロップ・ホールドで仕留め、王座初防衛に成功(94年9・3武道館)

▲バックドロップでグロッギー状態となった三沢をトドメのバックドロップで脳天からマットに突き刺し、王座奪取に成功(94年7・28武道館)

▼挑戦者のウイリアムスは破壊力抜群の技で王者・三沢を追い詰めていった。写真はバックドロップ(94年7・28武道館)

◀94年9・3武道館で三冠初挑戦となる小橋と41分に及ぶ真っ向勝負を展開(写真は雪崩式フロント・スープレックス)

第12代

阪神・淡路大震災直後、小橋と伝説の60分フルタイム

▼反骨の男・川田が念願の三冠王座獲得。レスラー人生初のシングルベルト戴冠だった（94年10・22武道館、ウイリアムス戦）

在位期間 1994年10月22日〜1995年3月4日
ベルト戴冠 1994年10月22日＝東京・日本武道館／三冠ヘビー級選手権試合（60分1本勝負）／川田利明（37分58秒 片エビ固め）スティーブ・ウイリアムス ※ウイリアムスが2度目の防衛に失敗。川田が第12代王者となる
防衛戦の相手 ①小橋健太

1991年10月の初挑戦から丸3年、通算6度目のチャレンジとなる川田は「これがラストチャンス」との悲壮なる覚悟でウイリアムスとの一戦に臨んだ。序盤から王者の左ヒザを徹底的に攻め抜き、バックドロップを食らっても場外に退避することで体勢を整えていく。そして頭部への攻撃を集中させると、顔面へのジャンピング・ハイキックで勝利。悲願の三冠初戴冠を成し遂げた。95年1月の初防衛戦は、阪神・淡路大震災から2日後の大阪大会で行われた。会場に集まったファン、そして被災者を勇気づけるかのように、小橋と激烈な闘いを展開。ともに譲らぬ攻防は、ついに60分フルタイム。会場からは「全日本」コールが沸き起こった。

▼阪神・淡路大震災の2日後、大阪で小橋を相手に初防衛戦を敢行し、60分フルタイムドローの大熱闘を展開（95年1月19日）

▲震災の直後に60分闘い抜いた川田と小橋に対して、客席から万雷の「全日本」コールが降り注いだ（95年1・19大阪）

▲ウイリアムスに勝利しセコンド陣に肩車された川田は歓喜のガッツポーズ（94年10・22武道館）

▼ウイリア
り、最後
ハイキッ
三冠奪
22武道

第13代 スタン・ハンセン

45歳ながら最後の意地を見せつける

▼45歳にして4度目の戴冠を遂げた。痛めた左腕をベルトで吊る痛々しい姿で勝利の「ウィー!」(95年・3・4武道館、川田戦)

在位期間 1995年3月4日〜5月26日
ベルト戴冠 1995年3月4日＝東京・日本武道館／三冠ヘビー級選手権試合(60分1本勝負)／スタン・ハンセン(31分26秒 片エビ固め)川田利明 ※川田が2度目の防衛に失敗。ハンセンが第13代王者となる

かつて『プロレス大賞』でベストバウトを受賞するほどの激闘を三冠戦で繰り広げた川田とハンセンが、約3年ぶりにベルトを懸けた一戦で激突。ハンセンにとっては実に1年5カ月ぶりの王座挑戦。意気込みを示すように序盤からドロップキック、トペ・スイシーダも放つなどアグレッシブに攻めた。相手の左腕攻めを耐え抜くと、この日3発目のラリアットで川田から3カウント奪取。45歳、約2年半ぶりの王座返り咲きを果たし、「俺にとって年齢がなんでもないことを証明できた」と胸を張った。しかし、2カ月後の初防衛戦では三沢にうまく丸め込まれて王座陥落。結果的に川田からベルトを奪取した一戦が、ハンセンにとって最後の三冠戴冠となった。

◀川田に辛勝したハンセンは、ベルトを三角巾代わりにして左腕を吊ったまま退場(95年・3・4武道館)

◀最後の力を振り絞って左腕でラリアットをサク裂させ、川田からベルトをもぎとった(95年・3・4武道館)

▼95年3・4武道館で川田に挑戦。左腕を徹底的に攻められた

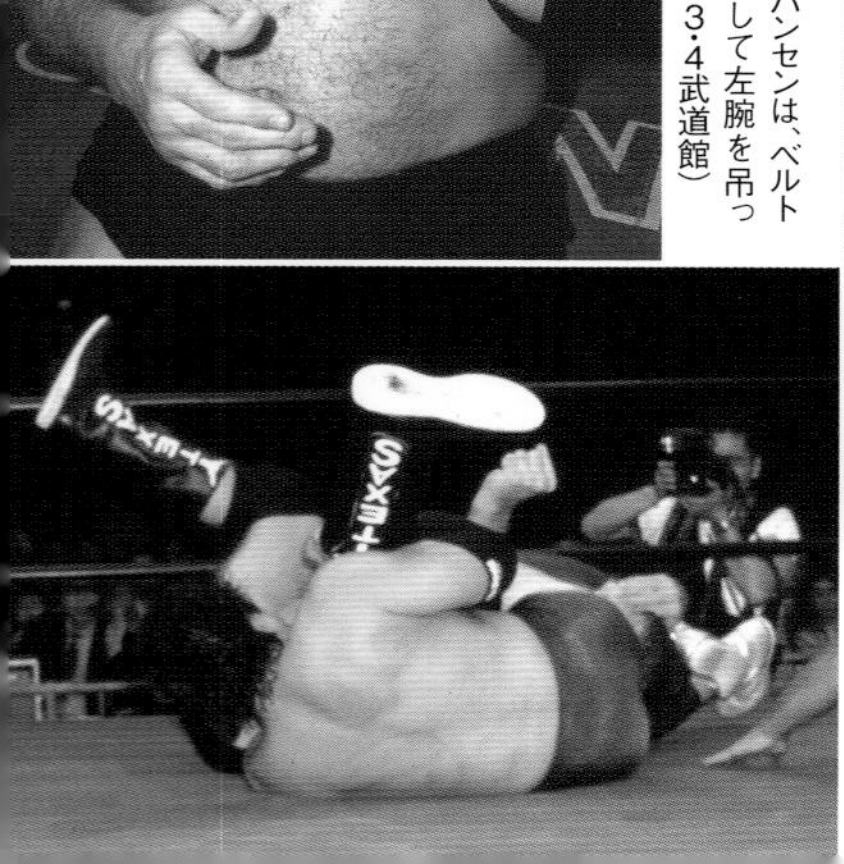

◀初防衛戦で三沢を迎え撃つも、ヘッドシザース固め(両足で頭を挟み込む)で3カウントを奪われ、王座から転落(95年5・26札幌)

第14代 日本人ライバルと"U"からの刺客を迎え撃つ

▼ハンセンから王座奪回後、四天王を総ナメにし、平成全日本の不動のエースとして君臨（写真は95年7・24武道館、川田戦）

在位期間 1995年5月26日～1996年5月24日

ベルト戴冠 1995年5月26日＝北海道・札幌中島体育センター／三冠ヘビー級選手権試合（60分1本勝負）／三沢光晴（25分6秒 ヘッドシザース固め）スタン・ハンセン
※ハンセンが初防衛に失敗。三沢が第14代王者となる

防衛戦の相手 ①川田利明②田上明③小橋健太④ゲーリー・オブライト

1995年のチャンピオン・カーニバル（以下、カーニバル）で初優勝を達成した三沢がハンセンに挑み、約10カ月ぶりに王座返り咲き。初防衛戦では95年のカーニバル公式戦で左眼窩底を骨折したときの相手であり、同6月の世界タッグ王座戦で初めて3カウントを献上した川田を迎撃。川田のエゲつない攻めに三沢も応戦。投げっぱなしタイガー・スープレックス2連発から渾身のエルボー2連発で退けた。2度目の防衛戦では右ヒザ靭帯断裂の重傷を抱えながら田上を撃破。小橋との激闘も制すると、4度目の防衛戦では、UWFインターナショナルから全日本に主戦場を移して5カ月で三冠初挑戦となったゲーリー・オブライトを返り討ちにした。

◀95年10・25武道館で小橋と激闘の末、タイガードライバー91で勝利。試合後、「小橋、ありがとう！」と異例のエールを送った

▼元UWFインターナショナルのトップ外国人オブライトをローリング・エルボーで撃退（96年3・2武道館）

▶田上の豪快な大技攻勢を凌ぎ、渾身のエルボーで勝負を決めた（95年9・10武道館）

第15代

三沢撃破で初戴冠！ 川田との同志対決も制する

▼泰然自若、マイペースの田上が春のチャンピオン・カーニバル初優勝の勢いを駆って三冠も初戴冠（96年5・24札幌、三沢戦）

在位期間 1996年5月24日〜7月24日
ベルト戴冠 1996年5月24日＝北海道・札幌中島体育センター／三冠ヘビー級選手権試合（60分1本勝負）／田上明（16分5秒 体固め）三沢光晴　※三沢が5度目の防衛に失敗。田上が第15代王者となる
防衛戦の相手 ①川田利明

1996年のチャンピオン・カーニバルで初優勝を成し遂げた田上が4度目の三冠王座挑戦。序盤から積極的に仕掛けた田上は終盤にかけてヤシの実割り、ジャンピング・ネックブリーカーと〝馬場殺法〟を繰り出す。三沢がコーナーからのダイビング・ネックブリーカーを狙うと、左のノド輪落としで迎撃するというアッと驚く切り返し技を見せて、3カウント奪取。宿敵の三沢からの初のピンフォール勝ちで、念願の三冠初戴冠を果たした。初防衛戦では田上の最大のライバルであり、パートナーでもあった川田との対戦。川田の猛攻を食い止めると、ダイナミックボム、投げっぱなしジャーマン、そしてノド輪落とし2連発と畳みかけて、パートナー対決を制した。

◀川田が小橋を破って三冠挑戦権を勝ち取ったため、田上の初防衛戦は聖鬼軍の同志対決となった（96年6・7武道館）

▲ダイビング・ネックブリーカーを狙ってコーナーから飛んだ三沢のノドを空中でキャッチするや、そのままノド輪落としを決めて念願の王座奪取（96年5・24札幌）

▼挑戦者の田上
に対してジャンピ
リーカー、ヤシの
場殺法を駆使し
（96年5・24札

◀田上はノド輪落としできっちり川田を下して王座防衛に成功（96年6・7武道館）

第16代 待望のピープルズ・チャンピオン誕生！

▼叩き上げの熱血漢・小橋がついに全日本の頂点に到達。不断の努力が実を結んだ（96年7・24武道館、田上戦）

初挑戦から約2年、小橋が4度目の三冠挑戦。三沢、川田らの日本人選手はもちろん、ハンセンらの外国人選手との闘いでも常に熱のこもった闘いを展開し、多くのファンの心を揺さぶってきた。それでも三冠のベルトだけは遠かった。田上との一戦は手の内を知り尽くした者同士の切り返し合いが随所で見られた。シ烈なせめぎ合いの中で、小橋はダイビング・ギロチンドロップで田上を振り切り、ついに三冠に到達。多くの人が待ち望んだチャンピオンの誕生に、泣きながら声援を送るファンの姿もあった。初防衛戦では若手時代から何度もハネ返されてきたハンセンと対峙し、こだわりを持って使ってきたラリアットで3カウント。〝恩返し〟の勝利を挙げた。

在位期間 1996年7月24日～1997年1月20日

ベルト戴冠 1996年7月24日＝東京・日本武道館／三冠ヘビー級選手権試合（60分1本勝負）／小橋健太（27分25秒 体固め）田上明 ※田上が2度目の防衛に失敗。小橋が第16代王者となる

防衛戦の相手 ①スタン・ハンセン②川田利明

◀96年10・18武道館における川田との三冠戦は、95年1・19大阪に続いて2度目の60分フルタイムドローに。今度は王者・小橋が防衛

▶96年9・5武道館の初防衛戦では宿敵ハンセンをラリアット2連発でねじ伏せてみせた

▲三冠初戴冠を果たすや、ファンがリングサイドに殺到。小橋は「これから皆さんと一緒にベルトを高めていきたい」と呼びかけた

▼96年7
4度目の三
田上の後頭
グ・ギロチ
き刺して初

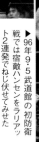

第17代

新鋭も迎え撃ちながら、V8の新記録樹立

▼3度目の王座戴冠を果たすや、過酷な四天王全盛時代にあって連続防衛記録8を成し遂げた（写真は98年1・26大阪、秋山戦）

在位期間 1997年1月20日～1998年5月1日

ベルト戴冠 1997年1月20日＝大阪府立体育会館／三冠ヘビー級選手権試合（60分1本勝負）／三沢光晴（42分6秒 片エビ固め）小橋健太　※小橋が3度目の防衛に失敗。三沢が第17代王者となる

防衛戦の相手 ①スティーブ・ウイリアムス②川田利明③田上明④秋山準⑤スティーブ・ウイリアムス⑥小橋健太⑦秋山準⑧ジョニー・エース

田上からベルトを奪取し、ハンセン、そして川田を相手にベルトを守った小橋が次に向かい合ったのは、三沢だった。対戦のたびに激しさを増した2人の闘いは、2度目の三冠を懸けた一戦でさらなる想像を超える攻防を見せた。小橋がエプロン上でパワーボムを仕掛けると、三沢はウラカン・ラナの要領で切り返し、ともに場外に落下していくという衝撃の攻防。極限まで身を削る2人の闘いは40分を超え、最後は三沢が雄叫びとともに放ったエルボーバットで制した。壮絶すぎる一戦を経て3度目の戴冠を果たした三沢は新鋭の秋山準、創立25周年大会では再び小橋を迎撃し、初挑戦のジョニー・エースも退けるなどして、連続防衛8回の新記録を樹立した。

◀三冠初挑戦のエースをタイガードライバー91で料理（98年2・28武道館）

▲川田を場外タイガードライバーで叩きつけ、ジャーマン・スープレックス・ホールドで王座防衛（97年6・6武道館）

◀三冠初挑戦の秋山に胸を貸し、タイガードライバーで仕留めた（97年9・6武道館）

▼97年1・20大阪
戦。小橋がエプロ
を狙うや、三沢がウ
切り返す驚愕の場
最後はエルボーで三

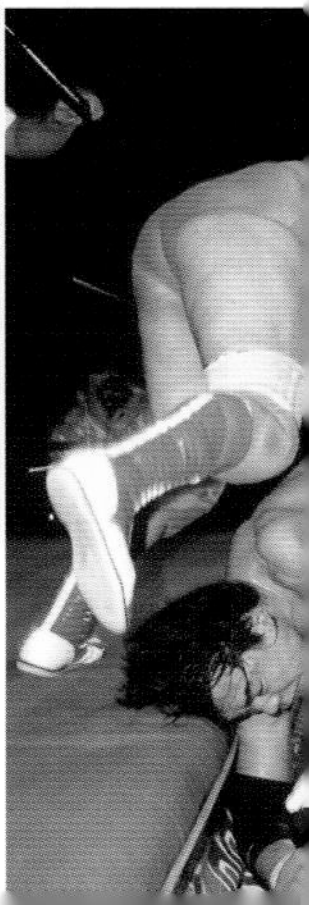

第18代

全日本初の東京ドーム大会で三沢から王座初奪取

▼東京ドームという大舞台で宿敵・三沢を破った川田は「プロレス人生で一番幸せです!」と喜びを露にした（98年5月1日）

在位期間　1998年5月1日〜6月12日

ベルト戴冠　1998年5月1日＝東京ドーム ／ 三冠ヘビー級選手権試合（時間無制限1本勝負） ／川田利明（28分5秒 エビ固め）三沢光晴　※三沢が9度目の防衛に失敗。川田が第18代王者となる

1998年5月1日、全日本にとって初の東京ドーム大会のメインで組まれたのは三沢と川田による頂上決戦だった。97年のチャンピオン・カーニバル優勝決定戦＝巴戦（もう1人は小橋）で三沢からシングル初勝利を挙げている川田ではあったが、三冠戦で勝利したことはない。大願を果たすべく、川田は三沢の足、首、ヒジとなりふり構わずに攻め抜き、フィニッシュに向けての流れでも一心不乱に大技を畳みかけた。投げっぱなしジャーマン、垂直落下式ブレーンバスターからのパワーボム2連発で勝利。団体初のドーム大会のメインで三沢を下して三冠王座奪取という最良の結果。川田はリング上で「プロレス人生で、いまが一番幸せです」と喜びを噛み締めた。

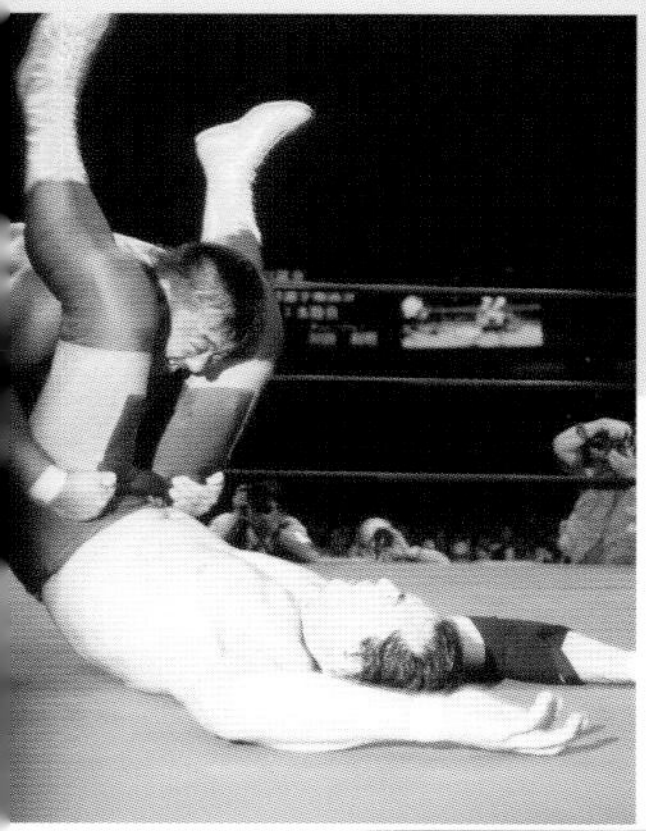

▶98年5月1日、全日本プロレスが東京ドームに初進出を果たした

▼全日本初となるドーム大会のメインを飾ったのは 王者・ 三沢 vs挑戦者・川田の三冠戦だった（98年5月1日）

◀最後は渾身のパワーボム2連発で勝利。三冠戦で三沢を破ったのはこれが初（98・5・1東京ドーム）

▶川田は投げっぱなしジャーマン、垂直落下式ブレーンバスターなどデンジャラスな大技を乱れ打ちして三沢を追い詰めた（98・5・1東京ドーム）

第19代 三沢から〝ひとり立ち〟して新時代構築に燃える

▼1年半ぶりに王座に返り咲いた小橋は、四天王時代に代わる新しい闘い模様を模索（写真は98年9・11武道館、田上戦）

在位期間　1998年6月12日～10月31日

ベルト戴冠　1998年6月12日＝東京・日本武道館／三冠ヘビー級選手権試合（60分1本勝負）／小橋健太（33分49秒 片エビ固め）川田利明　※川田が初防衛に失敗。小橋が第19代王者となる

防衛戦の相手　①秋山準②田上明

小橋は1997年5月、超世代軍から離脱。ジョニー・エース、パトリオットら外国人勢と新ユニット『GET』を結成し、三沢から〝ひとり立ち〟を果たした。98年6月12日には王者・川田に挑戦。過去2度の三冠戦でともに60分時間切れ引き分けに終わっている川田に対して、計5発のラリアットを叩き込んで完勝し、約1年半ぶり2度目の戴冠となった。初防衛戦で超世代軍の後輩・秋山と大熱戦の末に勝利を収めると、2度目の防衛戦で田上を下した直後に、志を同じくする秋山と新ユニット『バーニング』を結成。三沢が小川良成と新チーム（『アンタッチャブル』）を作るなど、勢力図が大激変する全日本の中で「新時代」構築を目指して走り出した。

◀田上の奈落ノド輪（場外へのノド輪落とし）を食らいながらも、最後はラリアットで王座防衛（98年9・11武道館）

◀ポスト四天王世代を繰り広げ、ラリア 年7・24武道館）

▼これまで三冠戦で精一杯だった川田にラリアットで完勝し王 6・12武道館）

◀田上に勝利後、全日本マットに新風を吹き込むべく秋山、金丸義信らと新ユニット（バーニング）を結成（98年9・11武道館）

第20代

小橋との極限の闘いを制して復権を果たす

▼ユニット再編、全日本マット再編の主導者である三沢が三冠王者に返り咲いた（98年10・31武道館、小橋戦）

在位期間　1998年10月31日～1999年1月22日

ベルト戴冠　1998年10月31日＝東京・日本武道館／三冠ヘビー級選手権試合（60分1本勝負）／三沢光晴（43分29秒 片エビ固め）小橋健太　※小橋が3度目の防衛に失敗。三沢が第20代王者となる

小橋にとって最大の難敵が立ちはだかった。過去、3度の三沢との三冠戦はすべて敗北。超えなければならない壁であるのは間違いなかったが、これまた過去の幾多の闘いと同様に、2人の攻防はさらにエスカレート。小橋から首を集中的に痛めつけられた三沢は、エプロン上の攻防で奈落式タイガードライバーを敢行して反撃。さらにタイガードライバー91も放つが、それでも小橋は屈しない。2人のタフさがどんどんと見る側の想像を超えていく。最後は三沢が初公開の左右のワンツー・エルボーで小橋を沈めて、半年ぶり4度目の王座戴冠。三沢が再び復権を果たした一方、小橋はまたしても厚すぎる壁にハネ返されて、真の新時代を確立することはできなかった。

▲小橋戦を終えて疲労困憊の三沢は、秋山に代わる新パートナーに登用した小川良成とともに引き揚げた（98年10・31武道館）

▼三沢は初公開となる左右のワンツー・エルボーで43分の激闘を制し、小橋からベルトを取り戻した（98年10・31武道館）

▲三沢は小橋に対して非情すぎる荒技…エプロンから場外へのタイガードライバー（奈落式タイガードライバー）まで繰り出した（98年10・31武道館）

▼98年1
で小橋に
禁断の大
イバー91
かない大列

第21代 三沢から再び王座奪取も、右腕骨折で無念の返上

▼東京ドームに続いて再び三沢からベルトを奪うことに成功するも、右腕負傷の痛々しい姿で戴冠を祝う羽目に（99年1・22大阪）

4度目の三冠戴冠を果たした三沢の前に立ちはだかったのは、宿命のライバルの川田だった。折しもジャイアント馬場が体調不良により欠場中で、現場のトップは名実ともに三沢。戦前、三沢から「覇気を感じたい」と厳しい言葉も投げかけられていた川田だったが、迎えた三冠戦では「すべてを吐き出す」との言葉通り、打撃を中心にガンガンと向かっていく。しかし、試合序盤で裏拳を放った際に右腕を負傷。以後、かばいながらの闘いとなりながらも、パワーボムで脳天からマットに突き刺すなど執念の攻めを見せて勝利。再び三沢を撃破して三冠奪還に成功するも、激闘の代償は大きく右腕尺骨骨折で、防衛戦を行うことなくベルトは返上となった。

在位期間 1999年1月22日～1月29日

ベルト戴冠 1999年1月22日＝大阪府立体育会館／三冠ヘビー級選手権試合（60分1本勝負）／川田利明（24分15秒 片エビ固め）三沢光晴 ※三沢が初防衛に失敗。川田が第21代王者となるも、右腕尺骨骨折のため1月29日に王座返上

◀パワーボムのあと、右腕が使えない川田は気力だけで垂直落下式ブレーンバスターを決め、三沢から3カウント奪取（99年1・22大阪）

◀終盤、垂直落下
最後の勝負をかけ
右腕からボキッとい
年1・22大阪）

▼王者・三沢を快
が、裏拳を放った際
を負傷（99年1・2

◀99年1・22大阪の三沢戦後、救急車で病院に直行。右腕尺骨骨折（全治3カ月）と判明し、後日、王座を返上

第22代 史上初となるIWGPと三冠の両王座を制覇

▼馬場死去（99年1月31日）後初の武道館大会で新王者となったのは、全日本参戦10カ月のベイダーだった（99年3月6日）

在位期間 1999年3月6日～5月2日
ベルト戴冠 1999年3月6日＝東京・日本武道館／三冠ヘビー級王座決定戦（60分1本勝負）／ベイダー（12分51秒 エビ固め）田上明 ※ベイダーが第22代王者となる

ジャイアント馬場が1999年1月31日に肝不全のため死去。激震の中、新三冠王者を決める決定戦を開催することになり、右腕骨折で無念のベルト返上となった川田の盟友の田上と、同年1・15横浜のシングル対決で小橋を下したベイダーとの間で争われることになった。三冠戦の舞台となった3・6日本武道館ではジャンボ鶴田の引退セレモニーも行われた。田上にとっては若手時代に隣でさまざまなことを学ばせてもらった師匠のような存在。田上は恩返しを果たすべくベイダーにダイナミックな攻めで迫った。しかしベイダーも圧倒的な破壊力で対抗し、田上をパワーボムで粉砕。新日本（IWGP）と全日本の最高峰タイトルを制覇した史上初めての選手となった。

◀最後は豪快な高角度パワーボムで田上に完勝（99年3・6武道館）

◀エプロンからの
ン・クラッシュで田上
（99年3・6武道館

▼川田のベルト
ベイダーと田上
で激突。ベイダ
ジャーマン・ス
放った（99年3

▶ベイダーは新日本のIWGP、全日本の三冠という2大メジャー王座を制した初めての男となった（99年3・6武道館）

第23代 馬場の後継社長として新生全日本を牽引

▼99年1月に死去した馬場の「引退」記念興行が5月2日、東京ドームで開催。全日本のエース・三沢が三冠王座を奪回した

在位期間 1999年5月2日～10月30日
ベルト戴冠 1999年5月2日＝東京ドーム／三冠ヘビー級選手権試合（60分1本勝負）／三沢光晴（18分7秒 片エビ固め）ベイダー　※ベイダーが初防衛に失敗。三沢が第23代王者となる
防衛戦の相手 ①小橋健太②川田利明

1999年1月に亡くなったジャイアント馬場の「引退記念興行」として開催された2度目の東京ドーム大会（同年5月2日）のメインで、三沢が三冠王座の奪還に臨む。ベイダーは同年のチャンピオン・カーニバル優勝決定戦で小橋を下して、三冠王者としてリーグ戦を制覇。そんな最強外国人のベイダーに渾身のエルボーを連発して全日本に至宝を取り戻した。三冠奪還の5日後には亡き馬場のあとを継いで全日本の社長に就任。リング内外で名実ともに全日本のトップに立った。5度目の三冠戴冠となった三沢は初防衛戦で小橋を下すと、2度目の防衛戦では川田を迎撃。結果的に川田との最後の三冠戦になった一戦を制し、ベルトを死守した。

◀99年7・23武道館で川田と通算8度目の三冠戦。タイガードライバー91で3連敗を阻止し、6勝2敗と勝ち越した

▶新生全日本初の三冠戦で小橋と対戦。98年1月の秋山戦以来2度目の公開となる大技エメラルド・フロウジョンで初防衛に成功（99年6・11武道館）

▲馬場「引退」興行直後の99年5月7日、三沢は全日本の社長に就任

▼ワンツー・エ
ンニング・エ
ダーを粉砕し
き（99年5・2

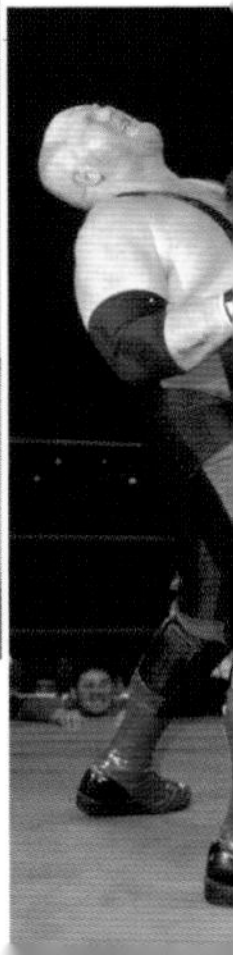

第24代

異例の短時間決着で満身創痍の三沢を撃破

▼ベイダーは1990年代最後の三冠王者、2000年代最初の三冠王者となった（写真は00年2・27武道館、小橋戦）

在位期間　1999年10月30日～2000年2月27日

ベルト戴冠　1999年10月30日＝東京・日本武道館／三冠ヘビー級選手権試合（60分1本勝負）／ベイダー（12分12秒 エビ固め）三沢光晴　※三沢が3度目の防衛に失敗。ベイダーが第24代王者となる

防衛戦の相手　①秋山準

東京ドーム大会のメインでの敗戦から5カ月、ベイダーが三沢からの三冠王座奪還に立ち上がる。ベイダーは最終戦の日本武道館大会のみの来日でコンディションも万全。一方の三沢はシリーズ中に世界タッグ王座戦に臨み敗北。首、肩を痛めて満身創痍の三沢に対してベイダーは猛然と襲い掛かり、のっけからジャーマン・スープレックス3連発。三沢も170kgの巨体をタイガードライバーで叩きつけるなど食らいついたが、最後は強烈なパワーボムで撃沈した。三沢を圧倒したベイダーは、12分という三冠戦としては異例の短い試合タイムで王者に返り咲きを果たした。初防衛戦では新世代の秋山準を迎撃。こちらも16分余りで下して、ベルトを守った。

▼新生全日本の主役に躍り出るべくやる気満々の秋山の挑戦を受けて立った（00年1・23横浜）

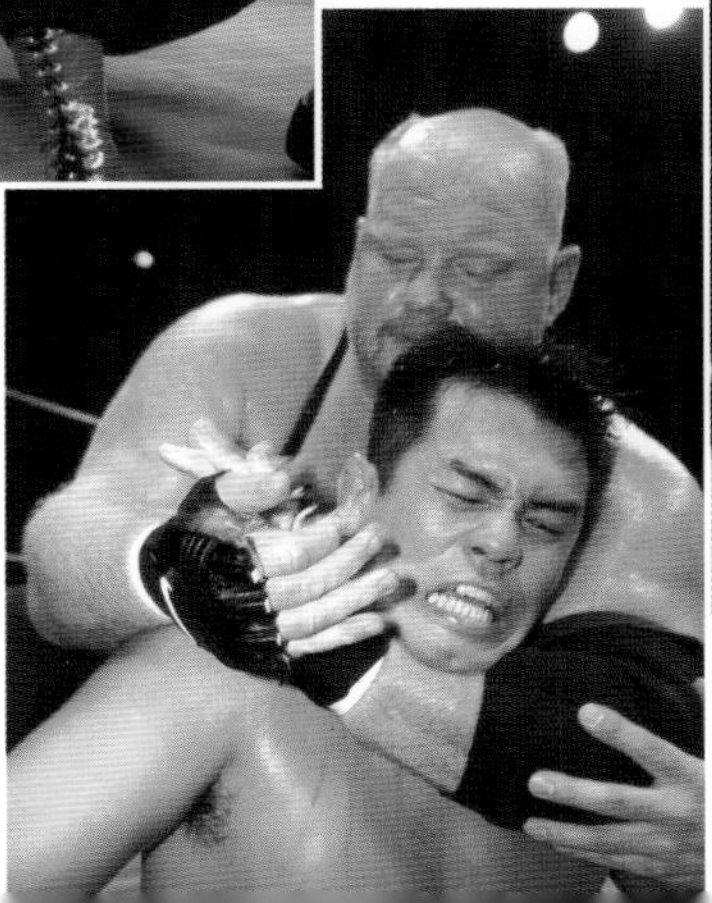

▲高角度ジャーマンから高角度チョークスラムで秋山の野望を砕き、初防衛に成功（00年1・23横浜）

▲高角度パワーボムで三沢を沈め、2度目の三冠王座戴冠を成し遂げた（99年10・30武道館）

▼99年
館で王者
170kgの
ドライバ
れる場面
の大ピン

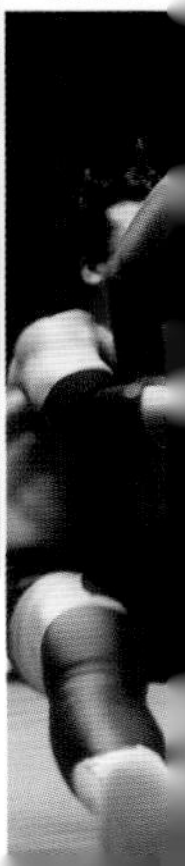

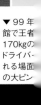

第25代

高らかに「新時代」宣言も、全日本退団で王座返上

▼00年6月、三沢、小橋、田上、秋山らが全日本を退団（NOAH設立）する大量離脱事件が勃発。王者・小橋にとって5・26新潟の髙山戦が最後の三冠選手権となった

在位期間 2000年2月27日〜6月15日
ベルト戴冠 2000年2月27日＝東京・日本武道館／三冠ヘビー級選手権試合（60分1本勝負）／小橋健太（19分49秒 エビ固め）ベイダー ※ベイダーが2度目の防衛に失敗。小橋が第25代王者となる
防衛戦の相手 ①髙山善廣

秋山準らと『バーニング』を結成して全日本マットに新風を送り込んできた小橋がベイダーに挑戦した。メインの三冠戦の一つ前、セミファイナルでは秋山が三沢からシングル初勝利。バトンを受け取った小橋だったが、戦前から痛めていた右ワキ腹を攻められる苦しい展開となった。それでも熱烈な観客の後押しを受けた小橋は必死の反撃を見せて、ムーンサルト・プレスを投下。ベイダーアタックを踏ん張るとショートレンジ・ラリアット、さらにもう一発ラリアットを叩き込んで、3カウント。小橋は高らかに「新時代」を宣言した。初防衛戦では初挑戦となる髙山善廣を厳しい攻めで制裁。しかし、防衛戦の翌月に全日本を退団（NOAHに参画）し、ベルトを返上した。

◀ケンカファイトを仕掛けてきた髙山をラリアットで返り討ちにして王座初防衛に成功（00年5・26新潟）

▶ベイダー戦後、「これから新時代です！」と宣言。次期挑戦者に、タッグコンビ解消を前提としてバーニングの同門・秋山を指名（00年2・27武道館）。しかしこの対決は実現せず

▲満身創痍ながら最後は渾身のラリアットでベイダーを倒して3度目の王座に就いた（00年2・27武道館）

▼前哨戦で負
キ腹の痛みに
ら王者ベイダー
あふれる闘いを
年2・27武道

第26代 王道マットに電撃復帰し、11年ぶりの戴冠！

▼10年ぶりに古巣・全日本に戻ってきた天龍が、11年ぶりに三冠王者に返り咲いた（00年10・28武道館）

2000年6月に川田、渕正信、太陽ケアを残して、三沢以下の選手が全日本から大量離脱（新団体NOAH設立）し、同7月から再スタートを切った王道マットには天龍が電撃復帰。1990年に退団し、SWS、WAR、フリーと渡り歩いた天龍は10年ぶりの古巣帰還となった。空位となっていた三冠王座の新王者決定トーナメント決勝でかつての〝弟子〟川田とゴツゴツとした「痛みの伝わるプロレス」を展開。激しい打撃の応酬で川田の耳の鼓膜は破れ、天龍は鼻血を流す。大激闘の末、天龍がノーザンライトボムで勝利し、11年ぶりの三冠王座戴冠を果たした。90年の自身の全日本退団前、最後の三冠戦を闘った横浜文化体育館での初防衛戦では太陽ケアを下した。

在位期間 2000年10月28日〜2001年6月8日
ベルト戴冠 2000年10月28日＝東京・日本武道館／新三冠王者決定トーナメント決勝戦（時間無制限1本勝負）／天龍源一郎（26分28秒 片エビ固め）川田利明 ※天龍が第26代王者となる
防衛戦の相手 ①太陽ケア

◀新王者となった天龍に立会人のジン・キニスキーからベルトが渡された（00年10・28武道館）

▶01年3・3横浜で馬場の弟子であるケアの挑戦を受け、ラリアットで返り討ちにした

▲かつての愛弟子で全日本の大黒柱となった川田をノーザンライトボムで仕留めて王座獲得（00年10・28武道館）

▼小橋が返
座をめぐり、
で天龍と川田
向勝負を展
28武道館）

第27代

新日本所属の王者として、団体の垣根を越えた大活躍

新日本のエース・武藤が他団体の選手として初めて三冠王座に挑戦。馳浩、太陽ケアらとユニット『BATT』を結成して団体の垣根を越えた活動を見せていた武藤にとって、天龍が持つ全日本の至宝王座への挑戦はまたとない機会だった。新日本マットでも好勝負を展開してきた両者だけに、その攻防は一筋縄ではいかない。切り返し合いも見られた中、シャイニング・ウィザードからムーンサルト・プレスにつないだ武藤が勝利し、三冠王座が他団体に流出。武藤は新日本マットでも防衛戦を敢行し、スコット・ホール、藤波辰爾に勝利。さらに全日本の日本武道館大会で蝶野正洋との新日本同士による三冠戦と、次々と歴史を塗り替えるように王者ロードをまい進した。

▼新日本のエース・武藤が三冠王者として全日本でも大活躍。世界タッグ王座と合わせて計5本のベルトを体中に巻いて登場したことも（01年10・27武道館、蝶野戦）

在位期間 2001年6月8日～2002年2月24日

ベルト戴冠 2001年6月8日＝東京・日本武道館／三冠ヘビー級選手権試合（60分1本勝負）／武藤敬司（23分24秒 体固め）天龍源一郎 ※天龍が2度目の防衛に失敗。武藤が第27代王者となる

防衛戦の相手 ①スティーブ・ウイリアムス②スコット・ホール③蝶野正洋④藤波辰爾

◀新日本マットで初の三冠戦を敢行。スコット・ホールをシャイニング・ウィザードで料理した（01年9・23大阪・なみはや）

▲シャイニング・ウィザードの乱れ打ちでウイリアムスを撃退（01年7・14武道館）

◀史上初の新日本選手同士による三冠戦も実現。武藤が蝶野にフランケンシュタイナーで勝利した（01年10・27武道館）

▼武藤が天龍を
レスで下し、新日
初の三冠王座戴
（01年6・8武道

第28代

こだわりの王道一筋で、新日本の武藤から至宝奪還

▼三沢らNOAH勢と袂を分かち、全日本に残った川田が3年ぶりに頂点に立った（02年2・24武道館）

在位期間 2002年2月24日〜3月28日

ベルト戴冠 2002年2月24日＝東京・日本武道館／三冠ヘビー級選手権試合（60分1本勝負）／川田利明（27分37秒 エビ固め）武藤敬司　※武藤が5度目の防衛に失敗。川田が第28代王者となるも、右ヒザ負傷のため3月28日に王座返上

新日本所属でありながら三冠王座の価値を高めてきた武藤に対して、全日本を守り続けてきた川田が満を持して挑む。試合は互いの得意技が乱れ飛ぶ、ギリギリの消耗戦。川田はジャンピング・ハイキックから垂直落下式パワーボムで武藤をマットに突き刺すと、ダメ押しのハイキックからパワーボムで3カウント。場内からの熱烈な声援を浴びた川田は「これも全日本プロレスです!」とアピール。一戦から2日後に武藤が正式入団するなど変わりゆく全日本マットの中で、王道一筋のこだわりを見せつけた。しかし川田は、奪取翌月のチャンピオン・カーニバル中に右ヒザを負傷し、長期欠場。一度も防衛戦を行わないまま、無念の王座返上となった。

◀新王者・川田は「エースじゃなくていい。全日本の顔でいたい」と語った（02年2・24武道館）。しかし右ヒザ負傷のため一度も防衛戦を行わないまま王座返上

▶武藤に対して、99年1・22大阪の三沢戦以来となる垂直落下式パワーボムを発射（写真）。追い打ちのパワーボムで勝利（02年2・24武道館）

◀新日本の武藤から全日本の至宝を取り戻すや、場内に大「川田」コール、「全日本」コールが発生（02年2・24武道館）

第29代

「最後の挑戦」を宣言し、武藤との決定戦を制する

▼王座決定戦で武藤を下した天龍が返り咲きに成功。愛着のあるUNベルトを腰に巻いた（02年4・13武道館）

在位期間	2002年4月13日〜10月27日
ベルト戴冠	2002年4月13日＝東京・日本武道館／三冠ヘビー級王座決定戦（60分1本勝負）／天龍源一郎（19分38秒 片エビ固め）武藤敬司 ※天龍が第29代王者となる
防衛戦の相手	①小島聡

当初、王者の川田に天龍が挑戦する三冠戦が決まっていたものの、川田がチャンピオン・カーニバルで右ヒザを負傷。長期欠場による王座返上で新王者決定戦の開催が決定し、天龍みずから指名した武藤との一戦が決定した。天龍は「川田の不戦敗」で自身が〝新王者〟と主張し、武藤戦は「初防衛戦」とアピール。ともあれ、正式に王者と認めてもらうためには武藤を倒さねばならない。武藤のムーンサルト・プレスをヒザ剣山で迎撃した天龍は、強引に担ぎ上げての垂直落下式ブレーンバスターで勝利。「最後の挑戦」と宣言して臨んだ一戦で、見事に王座返り咲きを果たした。初防衛戦では武藤と同じく新日本から移籍し、初挑戦となった小島聡を粉砕した。

▲三冠初挑戦の小島に対して計6発の垂直落下式ブレーンバスターを浴びせ、最後は渾身のパワーボムで王座初防衛（02・7・17大阪）

▼通算3度目の戴冠を果たした天龍にPWF会長スタン・ハンセンから3本のベルトが授与された

◀ラリアットから垂直落下式ブレーンバスターを決め、武藤から3カウント奪取。新王者に就いた（02年4・13武道館）

▼三冠王座決
〝ミスター・プ
武藤のお株を
グ・ウィザード
4・13武道館

第30代

武藤全日本の誕生とともに〝化身〟が戴冠

▼武藤の化身ムタが三冠王者に君臨。武藤&ムタともにIWGP、三冠両王座を制する離れ業をやってのけた（写真は03年1・13大阪、グラジエーター戦）

在位期間 2002年10月27日～2003年2月23日

ベルト戴冠 2002年10月27日＝東京・日本武道館／三冠ヘビー級選手権試合（60分1本勝負）／グレート・ムタ（17分12秒　体固め）天龍源一郎　※天龍が2度目の防衛に失敗。ムタが第30代王者となる

防衛戦の相手 ①ザ・グラジエーター

2002年9月30日、全日本の創立30周年記念パーティーの席上、武藤の新社長就任が発表された。ジャイアント馬場から三沢社長を経て馬場元子夫人（社長）へと受け継がれた王道・全日本は、武藤率いる新生・全日本に完全移行。新社長就任1発目の日本武道館大会（10月27日）で武藤は、〝化身〟グレート・ムタとして天龍が持つ三冠王座に挑戦した。試合は奇想天外な展開に。天龍はムタよりも先に毒霧を浴びせ、ベルトも投げつけるという暴走ファイト。ムタもダイビング式シャイニング・ウィザードなど意表を突く攻めで応戦し、最後はムーンサルト・プレスで王座奪取。試合後、ムタはベルトに舌なめずりをして、三冠王座をみずからの世界観で染め上げた。

◀グラジエーターとの初防衛戦では忍者のような衣装に身を包み、三冠ベルトを持って登場（03年1・13大阪）

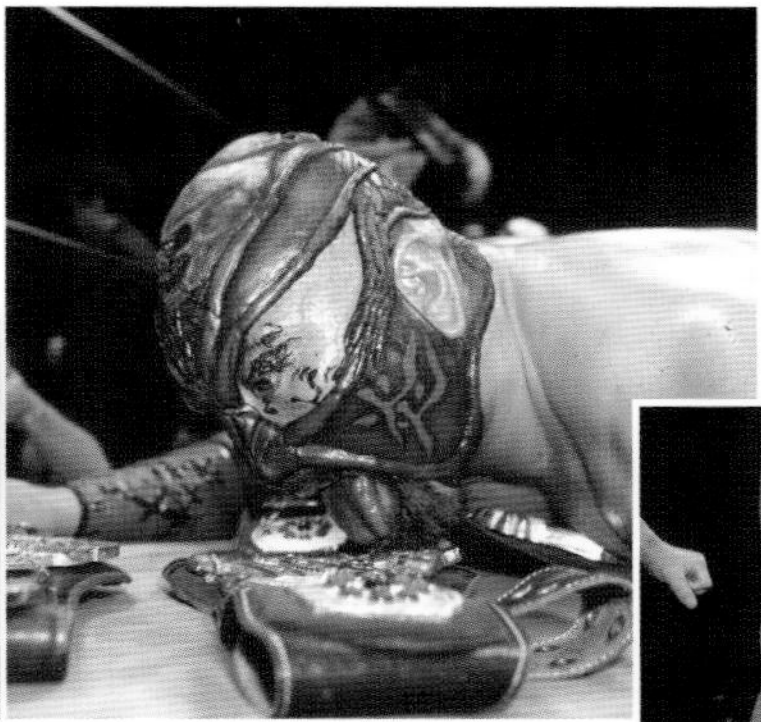

▲シャイニング・ウィザードで天龍を破ったムタは三冠ベルトを舌なめずりしてみせた（02年10・27武道館）

◀グラジエーターに毒霧を浴びせ、最後はムーサルト・プレスで初防衛に成功（03年1・13大阪）

第31代 ZERO-ONEのトップが外敵王者となる

▼ZERO-ONEの橋本が武藤全日本に殴り込みをかけ、頂点に立った（写真は03年6・13名古屋、小島戦）

在位期間 2003年2月23日〜8月13日

ベルト戴冠 2003年2月23日＝東京・日本武道館／三冠ヘビー級選手権試合（60分1本勝負）／橋本真也（20分9秒 片エビ固め）グレート・ムタ ※ムタが2度目の防衛に失敗。橋本が第31代王者となる

防衛戦の相手 ①嵐②小島聡

2003年1月にZERO-ONE代表の橋本真也が全日本初参戦を果たし、標的を武藤に定めて両団体の抗争が開戦。頂上決戦として行われたムタと橋本による三冠戦は、新日本時代からのライバル関係も投影されたような好勝負となった。ムタは変幻自在の闘いぶりで、蝶野の得意技のSTFも繰り出すなどして橋本を追い詰める。一方の橋本も重爆キックを軸に対抗、アッと驚くシャイニング・ウィザードも決めると、垂直落下式DDTでムタを粉砕。三冠王座は橋本の手に渡り、流出を許すことになった。橋本はその後、嵐、小島聡と全日本勢を撃退したものの、03年8月にかねて痛めていた右ヒザ及び右肩負傷による欠場で、ベルトを返上した。

◀全日本の聖地・武道館で看板タイトルを奪った橋本は、「アポッ！」と馬場さんのマネをした（03・2・23武道館）

▼新日本時代の元付き人であり武藤全日本のトップ選手となった小島を垂直落下式DDTで粉砕（03年6・13名古屋）。しかし右ヒザ&右肩負傷で王座返上

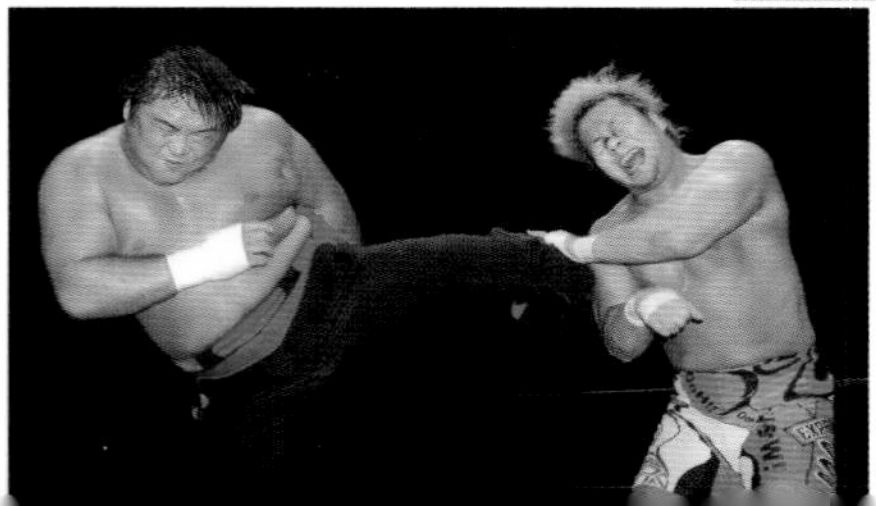

▶135kgの橋本が146kgの嵐と真っ向から激突し、三角絞めでレフェリーストップ勝ち（03年4・12武道館）

第32代 「俺だけの王道」を突き進み、新記録樹立のV10達成!

▼トーナメントを制して王者に返り咲いた川田は、武藤全日本の中にあって「これからが俺の王道です」とあらためて決意表明（03年9・6武道館、大谷戦）

在位期間	2003年9月6日～2005年2月16日
ベルト戴冠	2003年9月6日＝東京・日本武道館／三冠ヘビー級王座決定トーナメント決勝戦（時間無制限1本勝負）／川田利明（21分34秒 エビ固め）大谷晋二郎　※川田が第32代王者となる
防衛戦の相手	①ドン・フライ②天龍源一郎③橋本真也④ミック・フォーリー⑤ジャマール⑥大森隆男⑦西村修⑧太陽ケア⑨天山広吉⑩佐々木健介

前王者・橋本のベルト返上に伴い、4選手参加による王座決定トーナメントが開催され、1回戦で小島を下した大谷晋二郎とザ・グラジエーターを退けた川田が決勝で激突。川田は粘る大谷を後頭部へのランニング・ローキックで振り切って5度目の王座戴冠。「これからが俺の王道です」と宣言した川田は怒とうの防衛ロードを突き進んだ。総合格闘技出身のドン・フライ、天龍、橋本とのタフな一戦を乗り越えると、4度目の防衛戦は『ハッスル』のリングで、ハードコアファイターのミック・フォーリーを撃破。「俺だけの王道」として多彩な対戦相手を迎え撃ちながらも、自身のスタイルは崩すことなく、1年5カ月にわたって、新記録となる10度の連続防衛に成功した。

▲04年2・22武道館で前王者・橋本の挑戦を受け、変型ストレッチプラムでTKO勝利（ZERO-ONEセコンドがTシャツを投入）

▲元総合格闘家のフライにナックルパンチを叩き込み、ストレッチプラムで完勝（03年10・26武道館）

◀エンタメプロレス「ハッスル」のリングでWWEのデスマッチ王ミック・フォーリー（カクタス・ジャック）と対戦。顔面蹴りで王座防衛（04年5・8横浜）

▼王座決定トーナ
ザ・グラジエータ
勝戦ではZERO-
バックドロップで沈
6武道館）

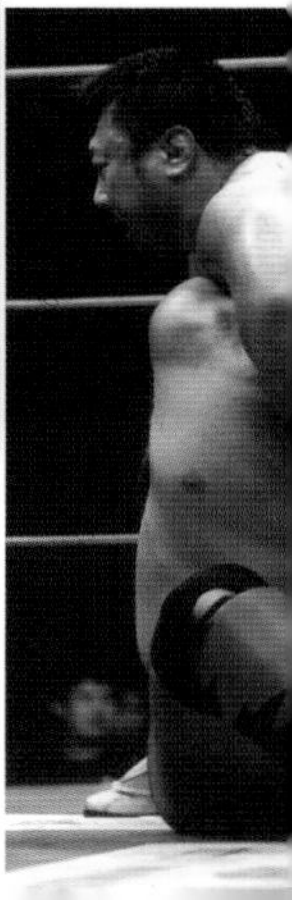

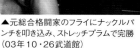

第33代

史上初のＩＷＧＰヘビーとの4冠に君臨！

▼小島にとって三冠王座は、新日本時代・全日本時代を通して獲得した初のシングル王座だった（写真は06年6・10熊本、諏訪魔戦）

新日本から全日本に移籍して3年、小島がついに三冠王座をつかみ取った。王者の川田は10度の連続防衛に成功し、全日本を守り続けてきた王道を象徴するような選手。小島がラリアットで勝利すると、敗れた川田は全日本マットを託すように、新王者の腰にみずからベルトを巻いた。それは小島が全日本とイコールで結ばれる存在になるための、スタートラインに立った瞬間だった。王座奪取から4日後には古巣の新日本マットでＩＷＧＰヘビー級王者の天山広吉とのダブルタイトルマッチに臨み、劇的な王座奪取（60分時間切れ寸前のKO勝ち）で史上初のＩＷＧＰ&三冠の4冠王者に君臨。1年5カ月で計8度の防衛に成功し、全日本マットに一つの時代を作り上げた。

在位期間 2005年2月16日～2006年7月3日

ベルト戴冠 2005年2月16日＝東京・国立代々木競技場 第二体育館／三冠ヘビー級選手権試合（60分1本勝負）／小島聡（27分4秒 片エビ固め）川田利明 ※川田が11度目の防衛に失敗。小島が第33代王者となる

防衛戦の相手 ①天山広吉②武藤敬司③ジャマール④ジャイアント・バーナード⑤佐々木健介⑥ TARU⑦グレート・ムタ⑧諏訪魔

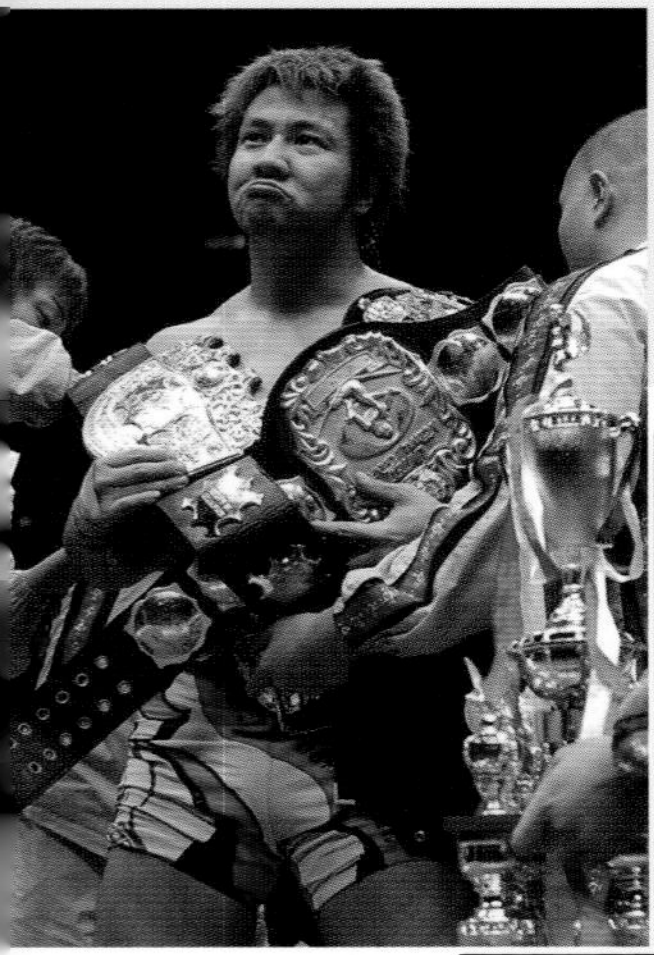

▲新日本時代からの偉大な先達である「プロレスマスター」の武藤をラリアット3連発でついに仕留めて王座防衛（05年7・26代々木第二）

▼ラリアット
川田から3
念願の三冠
年2・16代

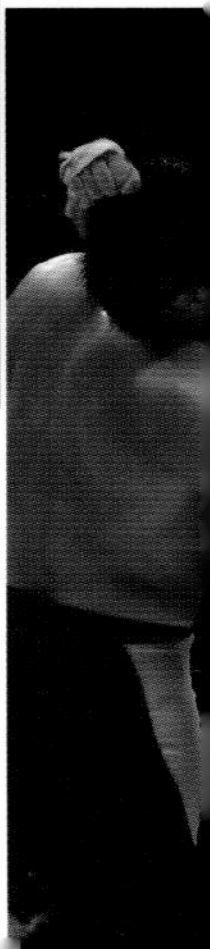

▲05年2月20日、新日本の両国大会でＩＷＧＰ王者・天山とダブル選手権を敢行。試合時間残り15秒、59分45秒でのKO勝ちを収め、史上初の三冠&ＩＷＧＰ王者となった（ＩＷＧＰは5月に転落）

◀06年3・10大田区でムタに大流血に追い込まれながらも、ラリアット連発で辛うじて王座死守

第34代 馬場の弟子がデビュー12年で初戴冠

▼94年に馬場全日本に入門&デビューしたケアは、12年越しの夢であった三冠王者にのぼりつめた（06年7・3大田区、小島戦）

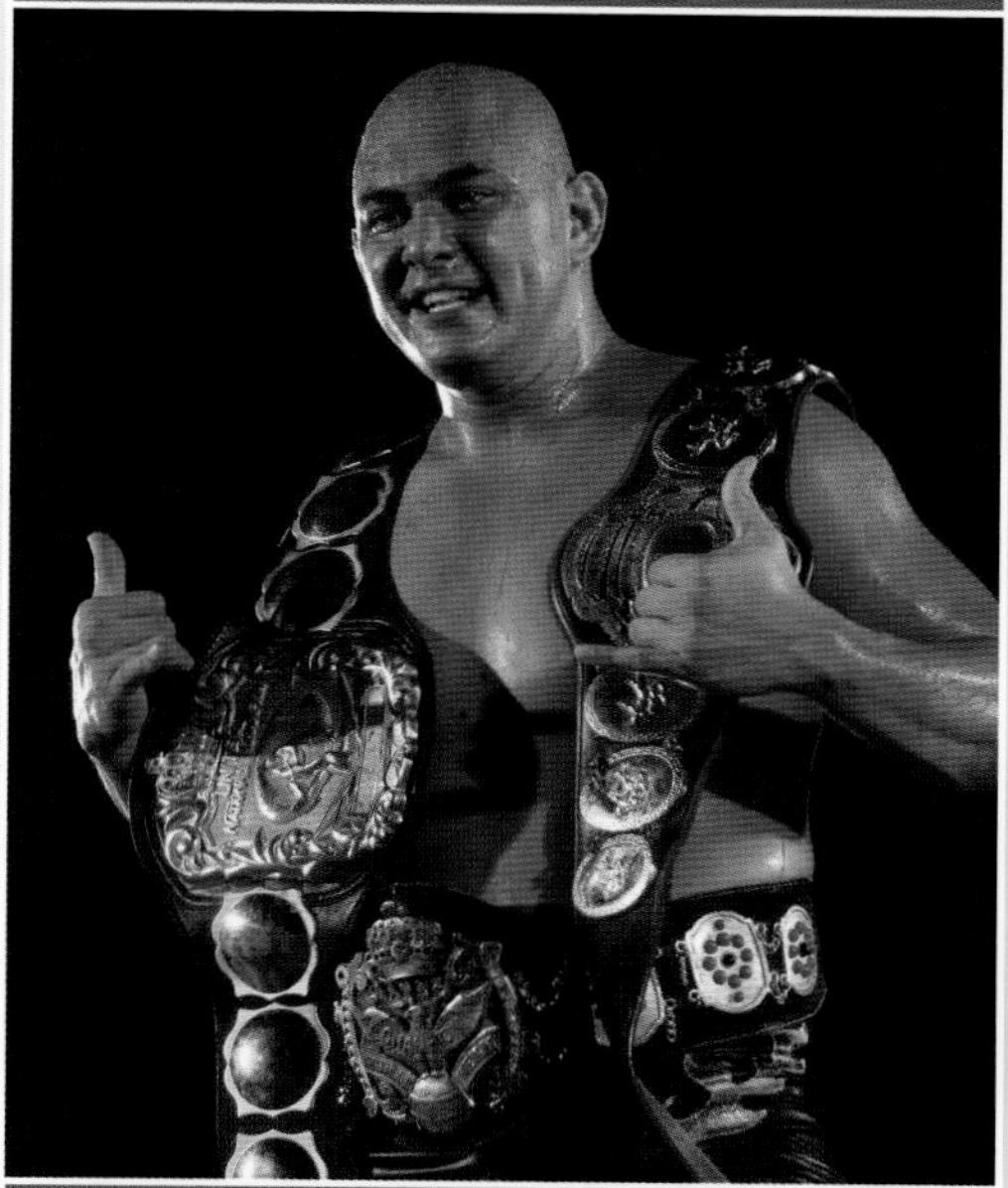

在位期間	2006年7月3日〜9月3日
ベルト戴冠	2006年7月3日＝東京・大田区体育館／三冠ヘビー級選手権試合（60分1本勝負）／太陽ケア（19分56秒 片エビ固め）小島聡　※小島が9度目の防衛に失敗。ケアが第34代王者となる
防衛戦の相手	①川田利明

ジャイアント馬場の肝入りで1994年に入団し、大量離脱事件後も渕正信、川田とともに全日本に残ったハワイ出身の太陽ケアが、小島の前に立ちはだかった。ケアは馬場さんの得意技の一つだった河津落としを繰り出し、小島のウエスタン・ラリアットにはこれまた〝馬場殺法〟のジャンピング・ネックブリーカーをカウンターで合わせる。大技の畳みかけからH50で小島を下して、全日本でのデビューから約12年、悲願の三冠王座初戴冠を果たした。初防衛戦はみずから指名した川田と対戦。1年ぶりの全日本登場となった川田をパワーボムで下して初防衛に成功すると、試合後には座礼から握手。マイクを手にすると「俺が王道だ!」と叫んだ。

▲悲願の三冠王座にたどりついたケアは天を見上げて天国の馬場さんに報告（06年7・3大田区）

▲王者ケアの強い要望により初防衛戦の相手は川田に。ハンセンPWF会長も王道対決を見守った（06年8・27両国）

◀ケアは川田にパワーボムで勝利。尊敬すべき大先輩から初勝利を挙げ、王座防衛を果たした（06年8・27両国）

▼王者・小島を
ジャンピング・ネ
など馬場殺法で
後はH50でフォ
年7・3大田区）

第35代

王道を徹底挑発で、新日本でも防衛戦を敢行

▼ケアを下して三冠王座初戴冠を果たした（06年9・3札幌）

在位期間　2006年9月3日～2007年8月26日

ベルト戴冠　2006年9月3日＝北海道・札幌メディアパーク・スピカ／三冠ヘビー級選手権試合（60分1本勝負）／鈴木みのる（34分52秒 TKO勝ち）太陽ケア　※レフェリーストップによる。ケアが2度目の防衛に失敗。鈴木が第35代王者となる

防衛戦の相手　①RO'Z②永田裕志③小島聡④TAJIRI⑤武藤敬司

2006年3月から全日本マットを主戦場にし、全日本に対して批判を続けてきたフリーの鈴木が初の三冠挑戦。同年のチャンピオン・カーニバル公式戦ではケアに敗れたが、三冠戦ではスリーパーホールドでレフェリーストップ勝ち。手にした3本のベルトを振り回すなど、旧来の全日本の価値観を破壊するような行動を見せた鈴木は「B級レスラーの諸君、テメエらの宝はいただいた！」と、どこまでも全日本を挑発した。新日本1・4東京ドーム大会で永田裕志との防衛戦を敢行し、さらにTAJIRIとの異次元対決も制すると、5度目の防衛戦では新日本時代の先輩でもある武藤を迎撃。純白のコスチュームで臨んだ一戦でギブアップ勝ちを挙げた。

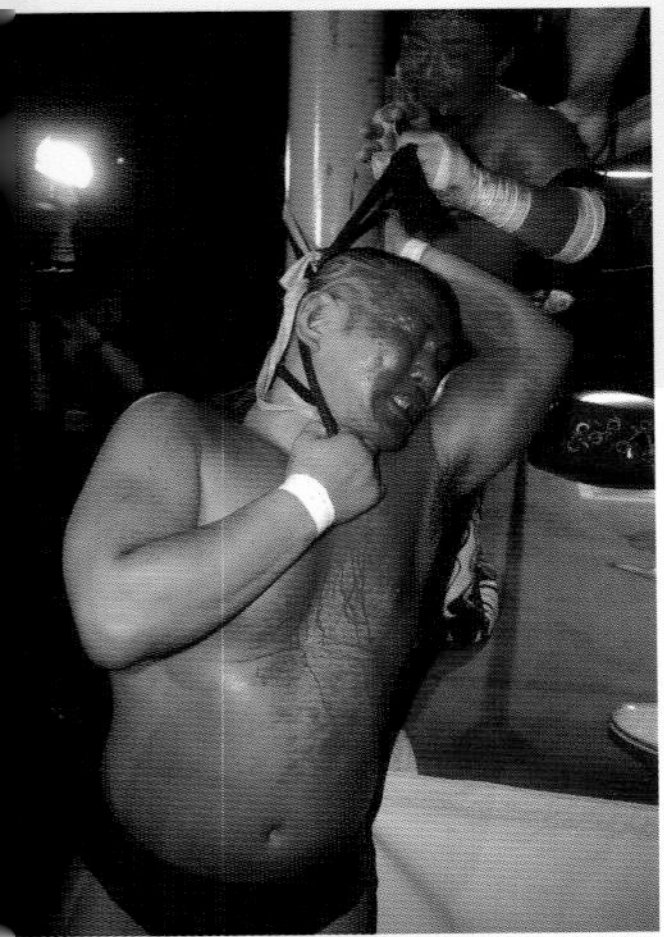

◀TAJIRIとの防衛戦では毒霧で顔面を真っ赤に染められるなど苦しい展開も、スリーパーホールドで葬った（07年4・30名古屋）

◀高校のレスリング部…縁を抱える永田と、新日…4東京ドームで防衛戦…

◀新日本時代の先輩でもある武藤との頂上決戦を制し、「全日本とのケンカ、俺の勝ちだ!」と叫んだ（07年7・1横浜）

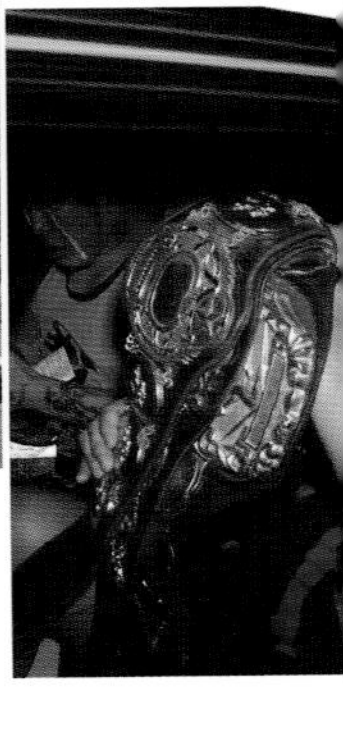

▼手にしたばかりのベ…シーに乗り込んだ鈴木…統"をあざ笑うかのよ…（06年9・3札幌）

第36代

“ライバル”撃破で、憧れのベルトを手にする

▼若手時代から意識し合ってきた鈴木を下して、3本のベルトを手にした（07年8・26両国）

在位期間 2007年8月26日～2008年4月29日
ベルト戴冠 2007年8月26日＝東京・両国国技館／三冠ヘビー級選手権試合（60分1本勝負）／佐々木健介（42分7秒 体固め）鈴木みのる ※鈴木が6度目の防衛に失敗。健介が第36代王者となる
防衛戦の相手 ①川田利明②小島聡

健介オフィスの佐々木健介が満を持して三冠王座に挑戦。王者の鈴木とは若手時代に新日本でシノギを削り、ライバル関係にあった。ともにキャリアを重ねて2004年の新日本での“再会”を経て、今度は全日本で三冠を懸けて対峙。健介は開始と同時にラリアットを叩き込むなど、エンジン全開。鈴木の腕攻めで負った痛みをこらえてラリアットを10連発。粘る鈴木を仕留め、ジャパン・プロレスの新人時代から憧れていたという3本のベルトを盟友の馳浩PWF会長（当時）から1本ずつ手渡された。35周年記念大会では「ふさわしい挑戦者」として川田を撃破。試合後に川田からは「全日本の伝統のベルト、大事にしろよ！」との言葉が送られた。

▲全日本創立35周年記念興行で、最多防衛記録を保持していた川田を撃破。試合後はガッチリと握手を交わした（07年10・18代々木第二）

◀▼執念のラリアッ
粉砕。かつてのパー
PWF会長の馳浩か
ずつ渡された（07年

◀当時、ブードゥ・マーダーズに属していた小島のラフ攻撃を受けるも、セコンドの健介オフィス（当時）勢のアシストも受けて、ノーザンライトボムで下した（08年3・1両国）

第37代 武藤全日本の大器がデビューから3年半で初戴冠

▼ジャンボ鶴田の母校・中央大学レスリング部出身の実力者として04年に武藤全日本に入団。デビュー3年半で全日本の頂点に到達した（08年4・29名古屋）

在位期間	2008年4月29日〜9月28日
ベルト戴冠	2008年4月29日＝名古屋・愛知県体育館／三冠ヘビー級選手権試合（60分1本勝負）／諏訪魔（29分55秒 片エビ固め）佐々木健介　※健介が3度目の防衛に失敗。諏訪魔が第37代王者となる
防衛戦の相手	①西村修②太陽ケア

2008年のチャンピオン・カーニバルで新日本の棚橋弘至を破って初優勝した諏訪魔が、勢いのままに健介に挑戦。「ベルトをあるべき場所に戻したい」との決意を胸に臨み、かつて若手時代に完膚なきまでに叩き潰された健介を撃破。デビュー3年6カ月、当時の史上最速で三冠王者に輝き、健介からは「ベルトを力で守り抜け」と激励された。初防衛戦ではねちっこい攻めを展開する西村修をラストライドで振り切り、「プロレスの奥深さ」を学んだ。2度目の防衛戦では馬場・全日本で育ったケアを武藤・全日本で育った王者として迎撃。しかし、試合は60分フルタイムドローに終わり、ベルトは守ったものの内容に不服を示した観客からのブーイングを受けた。

▲初防衛戦では西村を迎撃。老かいな攻めに大苦戦も、ラストライドで退けた（08年6・28大阪）

▲当時、新日本のIWGPヘビー級王座を保持していた武藤と"4冠タッグ"を結成（08年5・11後楽園）

◀2度目の防衛戦ではケアを仕留めきれず、60分引き分け防衛。試合後には「まだだよ、まだ。もっとチャレンジする」と王者として反省の言葉を口にした（08年8・31両国）

▼若手時代に
経験もある健
試合後、感慨
交わし、エール
年4・29名古

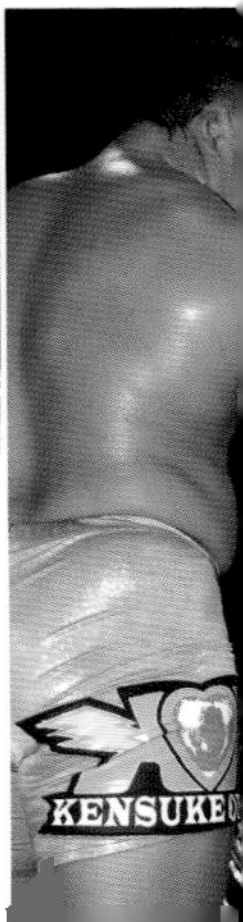

第38代 武藤へのジェラシーから降臨し、5年ぶりの戴冠

▼ムタとしては2度目の戴冠。約半年間、ベルトを保持した（09年3・14両国）

在位期間 2008年9月28日～2009年3月14日

ベルト戴冠 2008年9月28日＝神奈川・横浜文化体育館／三冠ヘビー級選手権試合（60分1本勝負）／グレート・ムタ（24分52秒 体固め）諏訪魔 ※諏訪魔が3度目の防衛に失敗。ムタが第38代王者となる

防衛戦の相手 ①鈴木みのる

当時、IWGPヘビー級王座を保持していた武藤へのジェラシーから、〝魔界〟よりムタが降臨し、三冠奪取を目論む。狂気に満ちたムタマジックは健在で、劣勢の展開を毒霧で逆転すると、ムーンサルト・プレスで諏訪魔を下して、5年7カ月ぶりの王座返り咲き。試合後にはスリーパーで鈴木みのるが宣戦布告。初防衛戦として一戦は行われ、鈴木は〝善悪〟を二分したような黒と白のハーフタイツで登場。「グレート・ムタ最終回」として、毒霧を何度もかわしてみせるなど、ムタワールドに徹底抗戦。しかし、ついに毒霧のエジキになると、ムーンサルト・プレス→シャイニング・ウィザードと畳みかけられて敗北。試合後、今度は髙山がムタの眼前に立った。

▼ラストライドで叩きつけられるも、下から毒霧を噴射して3カウントを許さず。最後はムーンサルト・プレスで諏訪魔を下した（08年9・28横浜）

▼ムタに敗れた鈴木を救出するように髙山善廣が登場。ムタとにらみ合った（08年11・3両国）

▶初防衛戦では黒・白のツートンカラーコスチュームで登場した鈴木を、シャイニング・ウィザードで撃破（08年11・3両国）

第39代

“3大メジャー”タイトル制覇の偉業を達成!

▼NOAH、新日本、そして全日本と渡り歩き、初挑戦で三冠王座を奪取した（09年3・14両国）

在位期間 2009年3月14日～9月26日
ベルト戴冠 2009年3月14日＝東京・両国国技館／三冠ヘビー級選手権試合（60分1本勝負）／髙山善廣（13分42秒 エベレスト・ジャーマン・スープレックス・ホールド）グレート・ムタ　※ムタが2度目の防衛に失敗。髙山が第39代王者となる
防衛戦の相手 ①鈴木みのる②諏訪魔

帝王としてプロレス界を縦横無尽に渡り歩いていたフリーの髙山が、ムタに照準を合わせて全日本に参戦。早速、三冠王座への挑戦が決まった。流血に追い込まれた髙山は、ムタの“化けの皮”を剥がすなど応戦。ムタの2発目の毒霧をガードすると、ニーリフトからエベレスト・ジャーマンにつないで勝利。三冠初戴冠を果たし、全日本の世界タッグ、アジアタッグ、新日本のIWGPヘビー&タッグ、NOAHのGHCヘビー&タッグも含めて、3大メジャーのタイトルを制覇した。ユニット『GURENTAI』としても全日本内のベルト10本のうち9本を独占し、初防衛戦では鈴木との同門対決を敢行。鈴木との激闘を制し、さらに諏訪魔からも王座を防衛した。

◀2度目の防衛戦では諏訪魔を迎撃。髙山は試合後に諏訪魔の手を取って称え、バックステージでも「強かった」と口にした（09年8・30両国）

▲初防衛戦は、2009年のチャンピオン・カーニバルを制覇した鈴木との同門対決。身を削り合う激闘を制すると、試合後にはノーサイドで健闘を称え合った（09年5・30名古屋）

◀鈴木を中心に結成されていた『GURENTAI』の一員として活動。髙山の三冠獲得により、ユニット全体で9本のベルトを保持した（09年3・14両国）

▼髙山は場外
けの皮”を剥が
を絞めるという
を見せた（09年

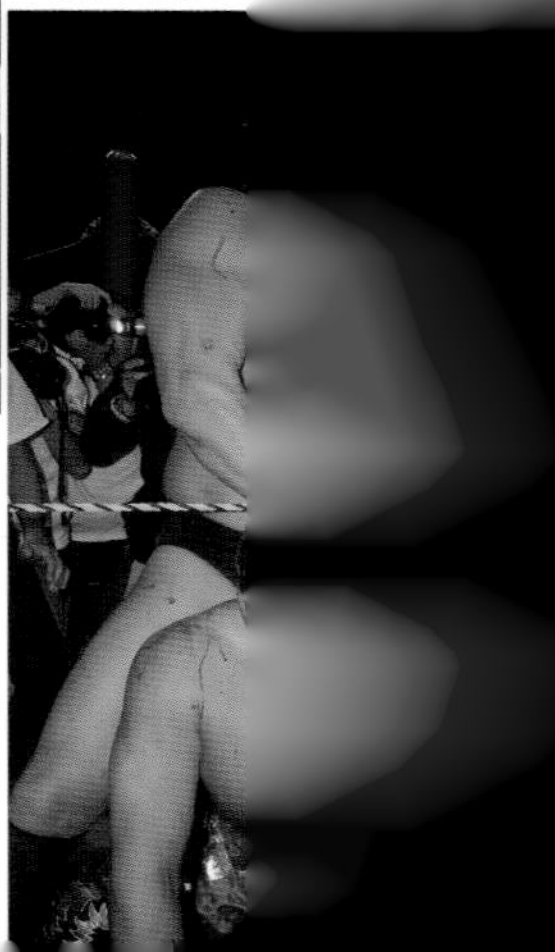

第40代

“仲間”からもパワーを得て、外敵王者退治

▼小島はKAI、大和ヒロシら『F4』のメンバーとともに、喜びを分かち合った（09年9・26横浜）

在位期間 2009年9月26日～2010年3月21日
ベルト戴冠 2009年9月26日＝神奈川・横浜文化体育館／三冠ヘビー級選手権試合（60分1本勝負）／小島聡（19分30秒 片エビ固め）高山善廣　※高山が3度目の防衛に失敗。小島が第40代王者となる
防衛戦の相手 ①ジョー・ドーリング

自身が中心となったユニット『F4』を結成して1年、小島が“外敵”高山からの三冠奪還に立ち上がる。戦前から高山に徹底的に挑発された小島は、一度は反論を試みるも、口では勝てないと判断して、「相手をリスペクトすること」で対抗。試合では高山が「制裁」と表現した厳しすぎる腕攻めに苦しんだものの、こだわりの右腕を振り抜いて、3年2カ月ぶりに王座に返り咲いた。試合後は「一人の力ではどうにもならなかった。F4のみんなと頑張って来られたから今日がある」と語り、傍らで寄り添うメンバーへの感謝を示した。初防衛戦では全日本の留学生から成長し、初挑戦のジョー・ドーリングと対峙。下からの突き上げを食い止めて防衛に成功した。

◀小島は2度目の防衛戦で浜亮太に敗れて王座陥落（10年3・21両国）。その後、5月に全日本を退団した

▶三冠初挑戦のジョー・ドーリングのパワーを凌いで、初防衛に成功した（10年1・11静岡・浜北）

▲迎えた高山との王座戦でも腕攻めに大苦戦。それでもスタン・ハンセン直伝のウエスタン・ラリアットを左腕から繰り出し、最後はこだわりの右腕で相手を吹っ飛ばして勝利した（09年9・26横浜）

▼諏訪魔と
の高山に挑
8・30両国
発に遭い、
されるという

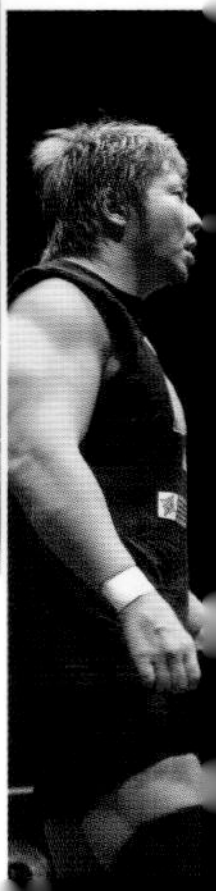

第41代

下馬評を覆して、史上最速のデビュー1年4カ月で戴冠!

▼大相撲時代から慣れ親しんだ会場で王座獲得（10年3·21両国）

在位期間　2010年3月21日～5月2日
ベルト戴冠　2010年3月21日＝東京・両国国技館／三冠ヘビー級選手権試合（60分1本勝負）／浜亮太（20分15秒 体固め）小島聡　※小島が2度目の防衛に失敗。浜が第41代王者となる

2008年に大相撲から転身してプロレスラーになった浜亮太が、三冠王座取りに臨む。曙とのコンビでアジアタッグ王座を保持していた浜は、2010年の幕開けとともにタッグマッチながら小島から勝利し、王座挑戦をアピール。2月シリーズでは武藤からもフォール勝ちを挙げるなど勢いに乗っていた浜は、相撲時代から慣れ親しんだ両国国技館での初挑戦を実現させた。下馬評は浜が圧倒的不利。まだキャリア1年4カ月ほどの選手とメインで三冠を懸けて闘うというシチュエーションは、小島にとっても「試練」と言えた。試合は両者が真っ向激突。予想以上の好勝負となった一戦は、浜が大金星で史上最速戴冠記録を樹立し、全日本の歴史に名を刻んだ。

◀▼初防衛戦では鈴木の厳しい攻めに遭い、猛烈な張り手連打からのゴッチ式パイルドライバーに沈んだ（10年5·2名古屋）

◀▼200kgの巨
な動きも見せて小
タハマーで勝利。
らプロレスに転向
ナーでもあった曙
けた（10年3·21

第42代 2度目の戴冠で、世代闘争の中心に立つ

▼2度目の戴冠で、新世代の壁となった（10年5・2名古屋）

2010年のチャンピオン・カーニバルで宿敵の船木誠勝を決勝で下して大会史上3人目の2連覇を達成した鈴木が、三冠王座に挑戦。鈴木は猛烈な攻撃を浜に見舞って完勝を収め、2度目の三冠王座戴冠。試合後には船木、曙、ケアらと超党派軍を結成し、諏訪魔らの新世代軍に宣戦布告を行って、両軍による世代闘争が本格化した。

初防衛戦では新世代軍の河野真幸を迎撃。前哨戦で2度に渡って襲撃をされるなど挑発行為を受けた鈴木だったが、迎えた王座戦ではひたすら殴る、蹴るといった攻撃で河野を蹂躙。スリーパーホールドでレフェリーストップ勝ちを挙げると、「全日本プロレスは鈴木みのるの時代だ」と宣言。早々に世代闘争の終結をアピールした。

在位期間 2010年5月2日〜8月29日

ベルト戴冠 2010年5月2日＝名古屋・愛知県体育館／三冠ヘビー級選手権試合（60分1本勝負）／鈴木みのる（21分44秒 体固め）浜亮太 ※浜が初防衛に失敗。鈴木が第42代王者となる

防衛戦の相手 ①河野真幸

◀2度目の防衛戦で諏訪魔との世代闘争の頂上決戦。40分超えの激闘の末、敗れた（10年8・29両国）

◀初防衛戦では初挑戦の河野真幸を一蹴した（10年7・4大阪）

第43代 諏訪魔

ファンの思いも背負って、「俺の時代」を宣言

▼新世代の大将格として鈴木を撃破して王座戴冠。新世代軍のメンバーから祝福を受けた（10年8・29両国）

在位期間 2010年8月29日～2011年10月23日

ベルト戴冠 2010年8月29日＝東京・両国国技館／三冠ヘビー級選手権試合（60分1本勝負）／諏訪魔（44分24秒 バックドロップ・ホールド）鈴木みのる ※鈴木が2度目の防衛に失敗。諏訪魔が第43代王者となる

防衛戦の相手 ①船木誠勝②太陽ケア③KENSO④永田裕志⑤真田聖也

新世代軍と超党派軍の世代闘争が激化する中、新世代側の大将格である諏訪魔が鈴木と対峙する。ファンからのメッセージが書き込まれたフラッグを掲げて入場してきた諏訪魔は、終盤に大技ラッシュを見せて、バックドロップ・ホールドで鈴木からのシングル初勝利と同時に、約2年ぶり2度目の三冠王座戴冠。「ここからは俺の時代なんだよ」と高らかに新時代の到来を宣言すると、初防衛戦では船木、続いてケアと超党派軍のメンバーを次々に撃破。さらにはKENSO、そして2011年のチャンピオン・カーニバルを制覇した新日本の永田裕志も下してベルトを死守。下世代の真田聖也（現SANADA）の挑戦も退けて、1年間で5度の防衛に成功した。

◀11年8・27両国で開催された東日本大震災チャリティー興行『ALL TOGETHER』に三冠王者として出場し、当時のIWGPヘビー級王者・棚橋弘至、GHCヘビー級王者・潮崎豪とトリオを結成した

◀三冠初挑戦の船木を初防衛戦で迎撃。初の船木超えを達成した（10年10・24横浜）

◀11年のチャンピオン・カーニバルで敗れた新日本の永田裕志との防衛戦。バックドロップ・ホールドでリベンジに成功した（11年6・19両国）

▼東日本大震災から10日後の両国大会（11年3・21）。開催が危ぶまれた中、会場内の電力使用に制限を設けるなどの節電対策の上で決行。諏訪魔はメインでKENSOを下して王座防衛に成功し、試合後には被災者にエールを送った

第44代 外敵として、退団から11年越しの初戴冠！

▼初の三冠戴冠を果たした秋山は当時の所属団体・NOAHでも防衛戦を行った（11年11・27有明、ケア戦）

在位期間　2011年10月23日～2012年8月26日

ベルト戴冠　2011年10月23日＝東京・両国国技館／三冠ヘビー級選手権試合（60分1本勝負）／秋山準（30分35秒 体固め）諏訪魔　※諏訪魔が6度目の防衛に失敗。秋山が第44代王者となる

防衛戦の相手　①太陽ケア②大森隆男③武藤敬司④太陽ケア

2011年春のチャンピオン・カーニバルで11年ぶりの古巣参戦を果たした秋山が、10月、11年9カ月ぶり5度目の三冠挑戦で、諏訪魔との一戦に臨んだ。秋山は一点攻めを軸に、四天王プロレスを想起させるような断崖攻撃を巡る攻防、ジャンボ鶴田から譲り受けたジャンピング・ニーなど自身の歴史を詰め込んだような闘いぶりを披露。スターネスダストαで諏訪魔を下し、全日本所属時代には叶わなかった初の三冠王座戴冠を果たした。外敵王者となった秋山はホームリングのNOAHマットで初防衛戦を敢行し、ともに馬場全日本時代を知るケアを撃破。元パートナーの大森隆男、「最後の砦」と称して挑んできた武藤も退けて、全日本の中心に君臨した。

▼全日本時代の同期、NOAHでライバルだった大森隆男との"再会対決"。ファンの大きな期待感の中、スターネスダストαで仕留めた（12年2・3後楽園）

◀秋山みずから指名して実現した武藤との防衛戦。シングル初対決を制して、防衛に成功した（12年3・20両国）

◀NOAHマットで
全日本を知る太陽
戦にも勝利（11年

▼諏訪魔からの
約12年ぶりに三
る諏訪魔を退け
成功した（11年

第45代 史上最短の〝秒殺決着〟で、鮮烈な初戴冠

▼新日本、UWF、秒殺試合で脚光を浴びたパンクラスと、強さを追求し続けて00年に引退。09年にプロレス復帰、10年に全日本入団して三冠王座を手に入れた（12年8・26大田区、秋山戦）

在位期間 2012年8月26日～2013年3月17日

ベルト戴冠 2012年8月26日＝東京・大田区総合体育館／三冠ヘビー級選手権試合（60分1本勝負）／船木誠勝（4分37秒 体固め）秋山準 ※秋山が5度目の防衛に失敗。船木が第45代王者となる

防衛戦の相手 ①諏訪魔②大森隆男③征矢学④曙

新日本2012年1・4東京ドームで永田裕志と対戦した際に左頬骨骨折の重傷を負った船木は長期欠場に入った。同年6月に復帰し、7月に因縁の永田をシングルで下すと、三冠挑戦をアピール。全日本でプロレス復帰して3年、所属になって2年、満を持しての挑戦だった。長期戦なら秋山有利、短期決戦なら船木有利という予想を地で行くように、船木はスピード勝負に出た。打撃の応酬から掌底、ハイキック、そしてハイブリッドブラスターと畳みかけ、わずか277秒で決着。三冠戦史上最短となる4分37秒での王座初戴冠。短時間ながら中身がギュッと詰まった試合内容に不満の声は聞こえず、全日本に三冠を取り戻した船木への声援が響き渡った。

◀プロレス転向から8年、三冠初挑戦の曙とのタイトルマッチ。巨体に苦しめられるも、打撃を畳みかけて最後は顔面蹴りで勝利した（13年1・26大田区）

▶2012年の『世界最強タッグ決定リーグ戦』で優勝した征矢を3度目の防衛戦で迎撃。初挑戦の若武者を退けた（12年12・11長野）

▲初防衛戦では諏訪魔を激闘の末に下し、「全日本プロレスのエースとしてやっていきたい」と胸を張った（12年9・23横浜）

▼秋山との
は速攻勝負
ブリッドブラ
らずで勝利
26大田区

第46代

オーナー問題&武藤退団騒動の渦中、舵取りを託される

▼13年10・22三条大会でジョー・ドーリングとのコンビで世界タッグ王座を獲得し、三冠と合わせて5冠王に君臨。旧三冠ベルトでの5冠姿はこのときが最後になった

在位期間 2013年3月17日～10月27日

ベルト戴冠 2013年3月17日＝東京・両国国技館／三冠ヘビー級選手権試合（60分1本勝負）／諏訪魔（30分15秒 バックドロップ・ホールド）船木誠勝 ※船木が5度目の防衛に失敗。諏訪魔が第46代王者となる

防衛戦の相手 ①秋山準②潮崎豪

強さを武器に突き進む船木に待ったのをかけたのは諏訪魔だった。2013年3月、船木のサブミッション地獄をパワーでねじ伏せた諏訪魔はバックドロップ・ホールドで勝利し、3度目の王座戴冠。しかし、王座期間中には全日本マットが大激動に見舞われる。2月に就任したばかりの団体の新オーナーの言動が物議をかもす事態に。5月には新オーナーとの考えの食い違いから武藤敬司会長が退団（退団した選手たちとともに新団体『WRESTLE-1』設立）。前年末にNOAHを退団した秋山準、潮崎豪らが7月に入団して新体制発足…。混沌の団体状況で舵取りを託された諏訪魔は、秋山、潮崎を立て続けに撃破し、師匠・武藤の去った全日本を支えた。

◀武藤離脱後の新体制一発目の三冠戦で潮崎豪を退けた（13年8・25大田区）

◀▲武藤全日本体制による最後の大会で、秋山を下して初防衛。試合後は同ユニットに属していた離脱する選手たちとも手を取り合った（13年6・30両国）

▼船木の猛攻を食い
張り手などで反撃に
がバックドロップ・ホ
取に成功（13年3・

第47代

“王道の横綱”まで駆け上がり、新調のベルトを獲得！

▼新調され1本のみになった三冠ベルトを、ドリー・ファンク・ジュニアPWF会長から手渡された（13年10・27両国）

在位期間 2013年10月27日～2014年5月30日

ベルト戴冠 2013年10月27日＝東京・両国国技館／三冠ヘビー級選手権試合（60分1本勝負）／曙（19分30秒 片エビ固め）諏訪魔 ※諏訪魔が3度目の防衛に失敗。曙が第47代王者となる

防衛戦の相手 ①ジョー・ドーリング②大森隆男③潮崎豪④宮原健斗

世界タッグ王座とともに“5冠王”に君臨していた諏訪魔に対して、2013年9月に全日本所属となった曙が挑戦した。曙は『王道トーナメント』を制して諏訪魔への挑戦権を獲得し、迎えたタイトルマッチもヨコヅナインパクトで3カウント奪取。大相撲で横綱まで上り詰めながら、引退後は総合格闘技などで苦杯を舐めた。

しかし、プロレスラーとなり、新調された三冠ベルトとともに全日本マットの“横綱”まで駆け上がった。初防衛戦ではジョー・ドーリングとの再試合までなだれ込む乱戦を制す。沖縄で初開催の三冠戦では潮崎豪を下し、4度目の防衛戦では急成長を見せていた宮原健斗を退けたが、その後5月に体調不良によりベルトを返上した。

◀沖縄初の三冠戦で潮崎を下した（14年2・23沖縄）

▶豪快なパイルドライバー（ヨコヅナインパクト）で諏訪魔を下して、念願の三冠王座獲得（13年10・27両国）

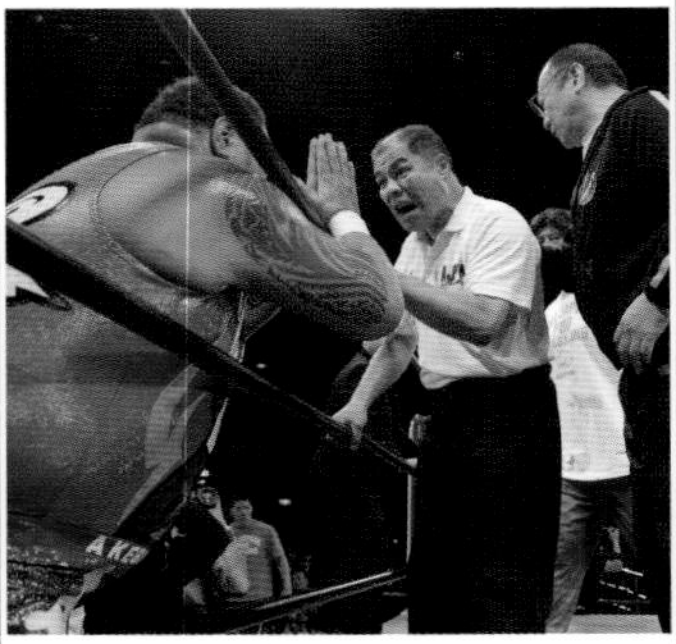

▲ドーリングとの初防衛戦はともにエキサイトし、5分余りで両者リングアウト。曙は「もう一回やらせてくれ」とレフェリーに頼み込み、要望が通っての再試合で勝利した（13年11・24長野）

▶三冠初挑戦の宮原を粉砕して4度目の防衛に成功するも（14年3・18後楽園）、4月のチャンピオン・カーニバル中に体調不良で欠場に入り、5月に王座を返上した

第48代

秋山との同期対決を制して、22年目の三冠初戴冠

▼全日本出身でさまざまな団体を渡り歩いた大森は、キャリア22年で初の三冠獲得の喜びを噛み締めた（14年6・15後楽園）

在位期間　2014年6月15日〜6月29日
ベルト戴冠　2014年6月15日＝東京・後楽園ホール／三冠ヘビー級王者決定戦（時間無制限1本勝負）／大森隆男（23分20秒 片エビ固め）秋山準　※大森が第48代王者となる

前王者の曙が2014年のチャンピオン・カーニバル中に体調を崩して入院。本人の意思を尊重し、王座は返上された。新王者決定戦の開催にあたり、カーニバル優勝を果たした大森隆男が第1コンテンダーとなり、秋山との間でベルトが争われることになった。2人は全日本の同期で、アジアタッグ王者時代のパートナー同士。しかも秋山は7月から全日本の新たな社長に就任することが決まっていた。互いに感情をぶつけ合う白熱の一戦は、大森がスライディング式アックスボンバーで秋山を撃破。デビュー22年での三冠初戴冠を果たすと「諦めたら終わり。全日本はみんなのもの」と語り、秋山社長の新会社で再スタートを切る団体の状況を重ね合わせた。

◀同期対決を制し、5度目のチャレンジでついに至宝を手にした（14年6・15後楽園）

▲前王者・曙が体調不良で5月30日に王座返上。カーニバル決勝を争った2人での新王者決定戦が決まった（14年6・3全日本事務所）

▶14年6・28札幌で秋山とのコンビで諏訪魔&ドーリングが保持していた世界タッグ王座を奪取し、5冠王に君臨。翌日の大会での諏訪魔との三冠戦に弾みをつけた

▼14年4・27
ンピオン・カーニ
定戦で秋山を下
初制覇を成し遂

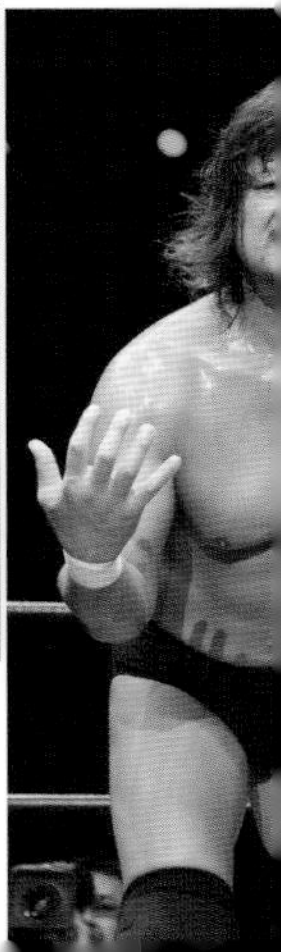

第49代 秋山新体制の力強い支柱となる

▼団体分裂騒動から丸1年、諏訪魔が再び頂点に立った（14年6・29札幌）

在位期間　2014年6月29日～7月27日

ベルト戴冠　2014年6月29日＝北海道・札幌テイセンホール／三冠ヘビー級選手権試合（60分1本勝負）／諏訪魔（33分9秒 体固め）大森隆男　※大森が初防衛に失敗。諏訪魔が第49代王者となる

大森、秋山が仕掛けた世代闘争に諏訪魔が徹底抗戦し、世界タッグ王座、三冠王座を懸けた2連戦（札幌大会）が行われた。初日の大会では大森&秋山組が諏訪魔&ドーリング組を下して、世界タッグ王座獲得。史上6人目の5冠王者となった大森は2日目の三冠戦に臨み、諏訪魔を相手に初防衛戦。エプロン上でのパイルドライバーなどなりふり構わぬ攻めも見せた大森だったが、諏訪魔の怪物ぶりに押し切られて、初防衛ならずに王座から陥落した。一方の諏訪魔は4度目の三冠戴冠。秋山を社長とした新体制発足を間近に控え、度重なるゴタゴタの中でも団体を支えてきた一人として、再びリング上の中心に立ち、牽引していく覚悟を力強く示した。

◀同ユニット「Evolution」に属するドーリングを迎え撃つも、レボリューションボムに沈んで初防衛ならずに陥落（14年7・27後楽園）

◀三冠戦の前日
組との世界タッ
トナーはドーリン
北を喫した（14

▶前日の世界タッグ王座戦のうっ憤を晴らすように大暴れで大森を粉砕して、三冠王座を奪取（14年6・29札幌）

▶三冠王者として秋山社長による新体制を迎えた（14年7・12大阪）

第50代 留学生出身から頂点へ、初の海外防衛戦も敢行

▼留学生として来日して7年、ついに悲願を達成した（14年7・27後楽園）

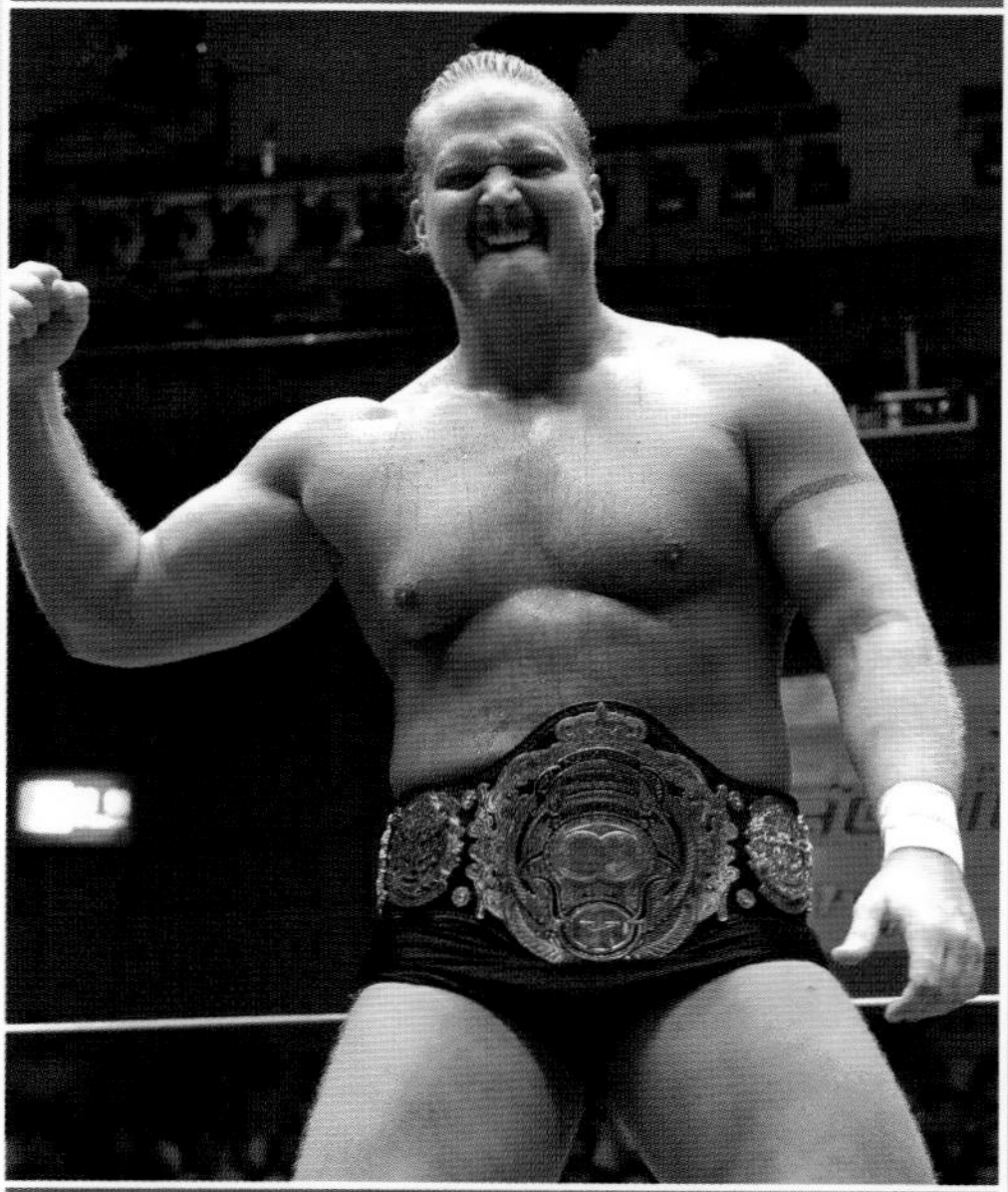

在位期間 2014年7月27日～2015年1月3日
ベルト戴冠 2014年7月27日＝東京・後楽園ホール／三冠ヘビー級選手権試合（60分1本勝負）／ジョー・ドーリング（21分11秒 エビ固め）諏訪魔　※諏訪魔が初防衛に失敗。ドーリングが第50代王者となる
防衛戦の相手 ①曙②ライノ③潮崎豪

三冠王座を獲得した諏訪魔にパートナーのドーリングが挑戦表明。かねて諏訪魔が目標として掲げていた、ユニット「Evolution」同士の三冠戦が実現した。スーパーヘビー級の正面衝突は、諏訪魔の首を徹底的に攻め抜いたドーリングが勝機を引き寄せ、レボリューションボムで3カウント。2007年に留学生として来日したときから7年、史上6人目の外国人王者となったドーリングをファンも祝福。「マイ・ドリーム」とも口にしていた三冠初戴冠を果たし「ナンバーワンレスラーのジョー・ドーリングこそが全日本プロレスだ！」と叫んだ新王者は、三冠史上初の海外（カナダ）での防衛戦も敢行。独自色を見せながら、3度の防衛に成功した。

▲三冠戦史上初の海外での防衛戦も敢行。カナダ・オンタリオ州ウィンザーにて開催された『BCW』なる団体の大会で元WWEのライノを撃破した（14年10・18）

▼山形での初の三冠戦で、『王道トーナメント』優勝者の潮崎を下した（14年10・29山形）

▲70 ～ 80年代の全日本
たドリー・ファンク・ジュニア
史上6人目の外国人王者
グを祝福した（14年7・27後

◀曙との屈指の大型ファイター同士による防衛戦。210kgの巨体を攻略して初防衛に成功した（14年8・30名古屋）

第51代

“4度目の正直”で新時代の到来予感の初戴冠

▼NOAHから全日本に戦場を移して2年、ついに三冠に到達した（15年1・3後楽園）

在位期間 2015年1月3日～5月21日

ベルト戴冠 2015年1月3日＝東京・後楽園ホール／三冠ヘビー級選手権試合（60分1本勝負）／潮崎豪（23分7秒 片エビ固め）ジョー・ドーリング ※ドーリングが4度目の防衛に失敗。潮崎が第51代王者となる

防衛戦の相手 ①ゼウス②宮原健斗

2014年10月にドーリングの持つ三冠王座に挑戦して敗北を喫した潮崎が、すぐさまリベンジをアピールし、年明け15年1月に異例の連続挑戦。三冠には過去3度挑戦して、戴冠歴はなし。連続挑戦で敗れたとなれば、当然ベルトは遠のいていく。大きなリスクを背負ってのドーリングとの闘いで潮崎は、終盤の大技ラッシュで王者を追い込むと、執念のラリアットでねじ伏せて勝利。ついに三冠王座に到達した潮崎は「日本武道館目指して引っ張って行きます！」と決意表明を行った。初防衛戦では初挑戦のゼウスを叩きのめし、2度目の防衛戦では宮原と新時代の到来を予感させる闘いを展開。突き上げを振り切った潮崎は、宮原に握手を求めた。

◀パートナー対決となった宮原との防衛戦。豪腕ラリアットで熱戦を制した（15年3・27後楽園）

▶15年5・6後楽園大会で宮原とのコンビで曙＆吉江豊組を下して世界タッグ王座獲得。史上10人目の5冠王者となった

▲ゼウスの奮闘を受け止めて初防衛に成功（15年2・7大阪）

▼ドーリングとの
は大激闘となり、
ト2連発で振り切
（15年1・3後楽

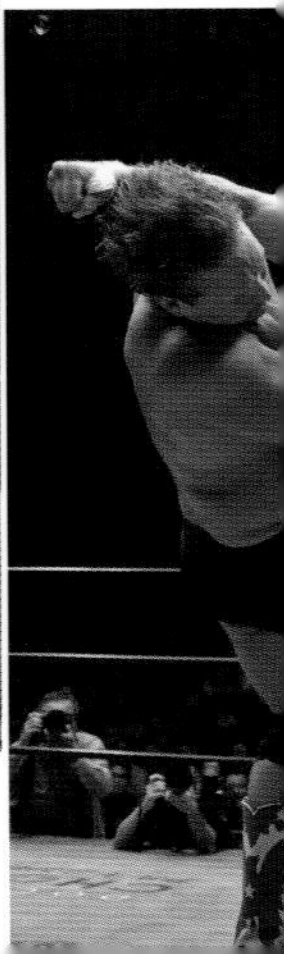

第52代

〝春の祭典〟制覇からの絶好調で2度目の戴冠

▼無念の王座返上から1年、2度目の戴冠を果たした（15年5・21後楽園）

在位期間　2015年5月21日～11月1日

ベルト戴冠　2015年5月21日＝東京・後楽園ホール／三冠ヘビー級選手権試合（60分1本勝負）／曙（21分29秒 体固め）潮崎豪　※潮崎が3度目の防衛に失敗。曙が第52代王者となる

防衛戦の相手　①宮原健斗②ゼウス

2015年のチャンピオン・カーニバルを制覇した曙が潮崎に挑戦。三冠戦に先駆けて潮崎&宮原組が曙&吉江豊が保持していた世界タッグ王座に挑戦して勝利。潮崎は5冠王として春の覇者との防衛戦に臨むことになった。曙は前哨戦で潮崎にフォール負けを喫することもあったが、「心技体がバッチリ合ってる」と心身ともに絶好調で王者と対峙。潮崎の猛攻を受け切ると、最後は新技のヨコヅナファイナルインパクトで勝利し、三冠奪還に成功した。前回の王者時代は体調不良で無念のベルト返上となった曙だが、2度目の王者時代は宮原をひねり潰し、ゼウスとの一戦では流血戦の苦しい闘いを乗り越えて、しっかりと強さを見せた上でベルトを守り通した。

◀成長著しい宮原をハネ返して初防衛に成功（15年6・21札幌）

▼ゼウスとの一戦では予期せぬバッティングで頭部から流血。苦しい闘いとなるも、振り切って2度目の防衛（15年8・16神戸）

▲相手の腕をクロスしてのヨコヅナファイナルインパクト（変型パイルドライバー）で潮崎を下して、王座奪取（15年5・21後楽園）

▼15年4・25後楽
ピオン・カーニバル』
諏訪魔を下して、初

第53代 トップ戦線への返り咲きを目指し、46歳での戴冠

▼3年10カ月ぶり2度目の戴冠を達成（15年11・1青森）

在位期間　2015年11月1日〜2016年1月2日

ベルト戴冠　2015年11月1日＝青森県武道館／三冠ヘビー級選手権試合（60分1本勝負）／秋山準（13分16秒 片エビ固め）曙　※曙が3度目の防衛に失敗。秋山が第53代王者となる

2015年9月の王道トーナメントで曙を下して優勝を飾った秋山が三冠王座への挑戦権を獲得。社長就任後は最前線から一歩引いているような状態だったが、9月の潮崎の退団なども踏まえて「戦力として秋山準は全日本に必要」との思いとともに、トップ戦線への返り咲きを目指した。曙に対して「知名度以外はすべて勝っている」と大きな自信を持って挑んだ秋山は、王者の巨体をエクスプロイダーでぶん投げ、最後はランニング・ニーを突き刺して勝利。キャリア23年、46歳での戴冠となった秋山は「このベルトに命も歴史もすべてを吹き込んで頑張っていく」と語り、闘いを通して次世代に伝統ある全日本を背負うことの“重み”を伝えていく決意を示した。

▲王道トーナメント、そして三冠戦と短期間での2度のシングルを闘い抜き、曙と握手を交わした（15年11・1青森）

◀三冠を懸けて再び曙と対峙。巨体をエクスプロイダーでぶん投げる気迫のファイトで勝利した（15年11・1青森）

◀▼15年9・2
『王道トーナメン
を下して、初優勝

第54代 1年半ぶりの戴冠も、直後にアキレス腱断裂で返上

▼約1年半ぶりの王座返り咲きを果たした（16年1・2後楽園）

在位期間　2016年1月2日～1月12日
ベルト戴冠　2016年1月2日＝東京・後楽園ホール／三冠ヘビー級選手権試合（60分1本勝負）／諏訪魔（24分19秒 バックドロップ・ホールド）秋山準　※秋山が初防衛に失敗。諏訪魔が第54代王者となるも、右足アキレス腱断裂で1月12日に王座返上

2015年秋に団体専務の役職から降りた諏訪魔は、リング上のみに集中して本来の暴走ファイトを全開とした。同年末の世界最強タッグ決定リーグ戦では優勝を飾りながらも、試合後にパートナーの宮原に三行半を突きつけるという行動を見せ、さらに三冠挑戦をアピール。迎えた秋山との三冠戦でも大いに暴れまくり、再び最前線に立つ覚悟を示していた秋山の粘りをバックドロップ・ホールドで断ち切り、約1年半ぶりの三冠王座戴冠。「全日本はいろんな人間が去って、焼け野原。俺が突っ走ればもっとよくなる」と積極的に牽引していく姿勢を見せていたものの、好事魔多し。同一戦で痛めた右足はアキレス腱断裂の重傷で、無念の王座返上となった。

▶2015年の『世界最強タッグ決定リーグ戦』に宮原とのコンビでエントリー。見事に優勝を飾るも、試合後に三行半を突きつけるというまさかの行動。ある意味で諏訪魔らしい暴走ぶりと言えた（15年12・6大阪）

▲◀ここ一番でしか見せないトペを放った諏訪魔。最後はバックドロップ・ホールドで秋山を仕留めた（16年1・2後楽園）

◀三冠戴冠から8日後に大阪・十三でプロモート興行を開催した諏訪魔だったが、かねて痛めていた右足の状態は深刻でがっちりとテーピングが施されていた（16年1・10十三）。後日、診断の結果、右足アキレス腱断裂で王座返上となった

第55代 〝脱・王道〟を掲げ、26歳での初戴冠でV8達成

▼当時の最年少記録で三冠初戴冠を果たした（16年2・12後楽園）

在位期間 2016年2月12日～2017年5月21日
ベルト戴冠 2016年2月12日＝東京・後楽園ホール／三冠ヘビー級王座決定戦（60分1本勝負）／宮原健斗（23分20秒 シャットダウン・スープレックス・ホールド）ゼウス
※宮原が第55代王者となる
防衛戦の相手 ①大森隆男②関本大介③真霜拳號④秋山準⑤崔領二⑥諏訪魔⑦大森隆男⑧ザ・ボディガー

諏訪魔の負傷欠場によるベルト返上に伴い王座決定戦の開催が決定し、ともに勝利すれば初戴冠となる宮原とゼウスによって争われることになった。ゼウスのパワーあふれる攻めを受け切った宮原はジャーマンからヒザ蹴りを連発し、最後はシャットダウン・スープレックスで勝利。日本人選手の史上最年少記録（当時）となる、26歳11カ月での三冠王座戴冠。若き新王者は「俺らの世代で新しい輝きを作っていく」と語り、〝脱・王道〟を掲げた。防衛ロードでは関本大介、真霜拳號、崔領二といった他団体勢を退け、馬場全日本を知る秋山、さらに前王者の諏訪魔も撃破するなど、破竹の快進撃。初戴冠でベルトを1年以上保持し、8度の防衛に成功した。

▲2016年の『王道トーナメント』を制した諏訪魔との闘いも乗り越えた（16年11・27両国）

▼歴戦のキャリアを誇る秋山を下しての王座防衛には大きな価値があった（16年7・23博多）

▲2016年の『チャンピオン・カーニバル』公式戦で敗れた関本に雪辱を果たして、防衛に成功（16年5・25後楽園）。他団体の実力者との一戦は刺激あふれるものだった

▼ともに勝利す
なるゼウスとの
制した（16年2

第56代

インディー出身から頂点へ、初挑戦初戴冠を達成

▼初挑戦での初戴冠を実現させた（17年5・21後楽園）

2017年1月から全日本マットに本格参戦し、同年4月のチャンピオン・カーニバルで初出場初優勝を達成した石川修司が三冠王座への初挑戦を実現させた。王者の宮原は1年3カ月に渡って挑戦者を退け、「最高」王者として君臨。対する石川はみずから「最強」と胸を張り、「最高」に立ち向かった。宮原の猛攻を耐えしのぐと、初公開の宮原殺しからジャイアントスラムにつないで3カウント。宮原の防衛ロードにストップをかけた事実、さらにインディーからスタートした石川が全日本マットの頂点に駆け上がった衝撃。かつてジャンボ鶴田に憧れた石川は「達成感と同時に重みを感じている」と語り、全日本を背負っていくことの〝責任〟を素直に表現した。

在位期間 2017年5月21日〜8月27日
ベルト戴冠 2017年5月21日＝東京・後楽園ホール／三冠ヘビー級選手権試合（60分1本勝負）／石川修司（20分38秒 体固め）宮原健斗　※宮原が9度目の防衛に失敗。石川が第56代王者となる
防衛戦の相手 ①ジェイク・リー②諏訪魔

▼2017年の『チャン
バル』優勝決定戦で
グを下し、初出場初優
（17年4・30博多）

◀1年3カ月の長期政権を築いていた宮原をジャイアントスラムで葬った（17年5・21後楽園）

◀石川は初防衛戦から黒のショートタイツ姿にチェンジ。初挑戦のジェイク・リーを退けた（17年6・11後楽園）

◀17年のカーニバル公式戦で敗れていた諏訪魔を破って、2度目の防衛（17年7・17後楽園）

第57代

45周年記念の節目で、再び「最高」王者へ

▼45周年記念大会で2度目の戴冠を果たした宮原は、「全日本プロレス、最高ですかー!」と絶叫（17年8・27両国）

在位期間 2017年8月27日～10月9日
ベルト戴冠 2017年8月27日＝東京・両国国技館／三冠ヘビー級選手権試合（60分1本勝負）／宮原健斗（24分39秒 シャットダウン・スープレックス・ホールド）石川修司
※石川が3度目の防衛に失敗。宮原が第57代王者となる

前王者の宮原が「全日本をもっと高みに持って行くためにはベルトが必要」と語り、2度の防衛に成功していた王者・石川の眼前に立った。外敵でありながら説得力のある闘いぶりで全日本ファンの支持を得ていた石川と、前王者時代に「新しい全日本」を体現してきた両者の一騎打ちは、45周年記念大会のメインにふさわしい大激闘となった。3カ月前の一戦を超える白熱の闘いを制したのは宮原。石川へのリベンジを達成し、3カ月ぶりにベルトを腰に巻いた。「さらに全日本は攻めていく。攻める中心にいるのは、この俺だ」とアピールした新王者が、観客に語り掛けるように「全日本プロレス、最高ですかー!」と叫ぶと、場内からは大「ケント」コールが起きた。

◀▼互いの意地が交錯した一戦を制した宮原は試合後、石川と拳を突き合わせて健闘を称えた（17年8・27両国）

◀▼17年7・17後
ドーリングとのシン
宮原は、同大会の
防衛に成功した石
戦表明を行った

諏訪魔

第58代

王道トーナメント連覇の余勢を駆って奪還

▼王道トーナメントの優勝トロフィーと三冠ベルトを掲げた（17年10・9後楽園）

在位期間　2017年10月9日～10月21日

ベルト戴冠　2017年10月9日＝東京・後楽園ホール／三冠ヘビー級選手権試合（60分1本勝負）／諏訪魔（31分3秒　体固め）宮原健斗　※宮原が初防衛に失敗。諏訪魔が第58代王者となる

2017年9月の王道トーナメントで史上初の連覇を達成した諏訪魔が三冠への挑戦権をゲット。1年前もトーナメント優勝から宮原が持つ三冠王座に挑戦するも敗北。まったく同じシチュエーションで臨んだ一戦で諏訪魔は、宮原の足を執ように攻撃。必死の反撃を見せる宮原の猛攻を受け止め、終盤には壮絶なエルボー、ヘッドバットの打ち合い。諏訪魔はラリアット、バックドロップと畳みかけると、最後はラストライドで勝利し、当時の最多となる6度目の三冠戴冠を果たした。トーナメント覇者の証のトロフィーとベルトを手にした新王者の前に立ったのは、元パートナーのドーリング。諏訪魔は「どっちが強いか」を決める闘いに臨むことになった。

▶宮原とは1対1で向き合うたびに激しい闘いとなった（17年10・9後楽園）

◀三冠を奪取した直後、元パートナーのジョー・ドーリングから挑戦表明を受けた（17年10・9後楽園）

▶ドーリングとの肉弾戦に敗れて、初防衛ならずに王座陥落となった（17年10・21横浜）

▼17年9・23仙台大会の『王道トーナメント』決勝戦で石川修司を下して、史上初の連覇を達成

第59代 ジョー・ドーリング

大病を乗り越え、完全復活の3年ぶり戴冠

▼大病を乗り越えて、再び頂点王座を獲得（17年10・21横浜）

在位期間 2017年10月21日～2018年3月25日
ベルト戴冠 2017年10月21日＝神奈川・横浜文化体育館／三冠ヘビー級選手権試合（60分1本勝負）／ジョー・ドーリング（20分10秒 エビ固め）諏訪魔 ※諏訪魔が初防衛に失敗。ドーリングが第59代王者となる
防衛戦の相手 ①ヨシ・タツ②ゼウス③KAI

2014年に三冠初戴冠を果たしたドーリングだが、その2年後に悪性の脳腫瘍が発覚し、開頭手術も行った。復帰も危ぶまれた中、16年12月に復帰を果たすと、翌17年1月から全日本マットにもカムバック。チャンピオン・カーニバル準優勝、王道トーナメントではベスト4入り。長年、タッグを組んでいた諏訪魔とも袂を分かった。

復帰したときからの目標である三冠王座に再びたどり着くために、着実に歩みを進めたドーリングは、自身の欠場中にファンが回復を願うメッセージを書き込んでくれたフラッグを手に入場。ファンの思いも背負って諏訪魔に立ち向かい、見事に勝利を収めた。約3年ぶり2度目の三冠王座獲得で、完全復活を印象づけた。

▼テンガロンハット、口ヒゲ、そしてシューズファーと、かつて全日本で活躍した外国人選手のエッセンスがコスチュームからは感じられた（17年11・9後楽園）

▲初防衛戦では初挑戦のヨシ・タツを迎撃（17年11・9後楽園）

▶2018年の初戦（1・2後楽園）でゼウスとの防衛戦を闘った

◀かつて全日本道場で寝食をともにしてきたKAIも下した（18年2・3横浜）

第60代 ナンバーワン外国人を退け、NOAHも迎撃

2018年2・3横浜大会で世界タッグ王座を奪取した宮原は、同大会で三冠王座3度目の防衛を果たしたドーリングに挑戦表明。王者も受諾し、団体初のさいたまスーパーアリーナ（コミュニティアリーナ）大会でのタイトルマッチが決定した。宮原も「間違いなくナンバーワン外国人」と認めるドーリングの勢いは凄まじかった。厳しい闘いを強いられた宮原だったが、シャットダウン・スープレックスで強敵を乗り越えて3度目の王座戴冠。初防衛戦では同年のチャンピオン・カーニバルを制したNOAHの丸藤正道を迎撃。両団体の〝禁断の扉〟をこじ開けて、古巣マットの最高峰王座に手をかけた丸藤を激闘の末に下して、他団体へのベルト流出を許さなかった。

▼王座奪還を果たし、さいたまスーパーアリーナでのビッグマッチを締めた（18年3・25さいたま）

在位期間 2018年3月25日〜7月29日

ベルト戴冠 2018年3月25日＝埼玉・さいたまスーパーアリーナ・コミュニティアリーナ／三冠ヘビー級選手権試合（60分1本勝負）／宮原健斗（17分34秒　シャットダウン・スープレックス・ホールド）ジョー・ドーリング　※ドーリングが4度目の防衛に失敗。宮原が第60代王者となる

防衛戦の相手 ①丸藤正道②ディラン・ジェイムス

▲三冠王座を懸けた丸藤との決戦。互いのヒザ蹴りが相打ちとなる一進一退の攻防の末、シャットダウン・スープレックスでリベンジに成功（18年5・24後楽園）

▲王者として2018年の『チャンピオン・カーニバル』優勝を目指したものの、優勝決定戦でNOAHの丸藤正道に敗れて一歩届かず（18年4・30後楽園）

◀当時、世界タッグ王座を保持していた初挑戦のディラン・ジェイムスを退けて2度目の防衛（18年6・12後楽園）

▼ドーリングの猛
て、3度目の王
3・25さいたま）

第61代

5度目の挑戦で、地元での劇的な王座奪取！

▼ついに三冠ベルトを手にしたゼウスは喜びが溢れ出たような笑顔を見せた（18年7・29大阪）

在位期間 2018年7月29日～10月21日

ベルト戴冠 2018年7月29日＝エディオンアリーナ大阪（大阪府立体育会館）／三冠ヘビー級選手権試合（60分1本勝負）／ゼウス（29分36秒 片エビ固め）宮原健斗
※宮原が3度目の防衛に失敗。ゼウスが第61代王者となる

防衛戦の相手 ①石川修司

全日本にとって約3年7カ月ぶりの大阪府立体育会館・第1競技場大会のメインで、地元出身のゼウスが宮原に挑戦した。全日本を主戦場として4年、所属になって3年、5度目の三冠王座へのチャレンジとなったゼウスは、トップロープ超えのトペを放つなどベルト奪取への意気込みを示すように思い切りのいい攻めで宮原に襲い掛かる。得意技のジャックハマーを一度カウント2で返されるも、再度の一発で劇的な3カウント奪取。大声援を受け、パートナーのザ・ボディガーから肩車で祝福されたゼウスは、「人生は祭りやで、わっしょーい！」で大会を締め、ファン一人ひとりと握手を交わしながらたっぷりと時間をかけて花道を引き揚げた。

▲2度目の防衛戦で宮原と激突も、リベンジを許して王座陥落（18年10・21横浜）

◀初防衛戦では石川をジャックハマーで沈めた（18年8・26流山）

◀▼持ち前のパワー
を押し切った。地元
り、大応援団からの
ら引き揚げた（18年

第62代 怒とうの防衛ロードで、タイ記録のV10に並ぶ

▼2020年2・11後楽園で青柳優馬を下し、第32代王者時代に川田利明が成し遂げた連続防衛記録（V10）に並んだ

2018年9月の王道トーナメントで初制覇を成し遂げた宮原が、3カ月前の雪辱を果たすべくゼウスに挑戦。互いの大技が交錯する意地の張り合いの中、宮原がシャットダウン・スープレックスで振り切り4度目の王座戴冠を果たした。そして宮原はここから怒とうの防衛ロードを築いた。19年1月にKAIを下して初防衛に成功すると、野村直矢といった下世代、諏訪魔、石川の王者経験者、前王者のゼウスを退け、成長著しいジェイク・リーは2度にわたって撃破。そして20年2月に青柳優馬を下すと、ついに川田に並ぶ連続防衛10回の記録を樹立。19年4月には三冠王者として18年ぶりのチャンピオン・カーニバル制覇も成し遂げ、団体の顔となった。

在位期間 2018年10月21日～2020年3月23日

ベルト戴冠 2018年10月21日＝神奈川・横浜文化体育館／三冠ヘビー級選手権試合（60分1本勝負）／宮原健斗（34分0秒 シャットダウン・スープレックス・ホールド）ゼウス　※ゼウスが2度目の防衛に失敗。宮原が第62代王者となる

防衛戦の相手 ①KAI②諏訪魔③野村直矢④石川修司⑤ヨシ・タツ⑥ゼウス⑦野村直矢⑧ジェイク・リー⑨ジェイク・リー⑩青柳優馬

▼新世代の野村直矢は2度撃破（写真は19年9・3後楽園）。なお、王者期間中の19年7月、秋山準が社長退任して新体制となった

▲V10が懸かった一戦では初挑戦の青柳優馬に大苦戦を強いられるも、どうにか退けた（20年2・11後楽園）

▲2019年の『チャンピオン・カーニバル』では、01年の天龍源一郎以来となる三冠王者での優勝を達成した（19年4・29後楽園）

▼2019年
て開催され
馬場没20
で、当時IV
王者の新日
と初対決
後は2人で

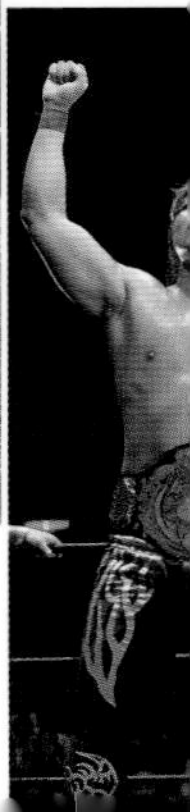

第63代 コロナ禍で異例の無観客マッチでの防衛戦も敢行

宮原が最多連続防衛新記録のV11を懸けて諏訪魔と対峙した。「全日本の歴史をすべて宮原健斗にする」と意気込む王者に対して、諏訪魔は「全日本の歴史は重い。川田さんと並んでいるけど、そこから一歩先には行かせない」と立ちはだかる覚悟を示した。そして試合は、諏訪魔の超えさせないという意地が勝った。宮原に歴史を塗り替えさせることなく、自身の持つ記録を更新する7度目の三冠戴冠を成し遂げた。コロナ禍の真っただ中での防衛ロードとなり、無観客のTVマッチでの防衛戦も経験。石川、ゼウス、佐藤耕平といった大型ファイターとの防衛戦が目立ち、全日本らしいド迫力の闘いを重ねた。自身にとって最多となる7度の防衛を達成した。

▼自身2度目となる世界タッグ王座との5冠王に君臨した（20年3・23後楽園）

在位期間 2020年3月23日～2021年6月20日

ベルト戴冠 2020年3月23日＝東京・後楽園ホール／三冠ヘビー級選手権試合（60分1本勝負）／諏訪魔（31分25秒 バックドロップ・ホールド）宮原健斗 ※宮原が11度目の防衛に失敗。諏訪魔が第63代王者となる

防衛戦の相手 ①芦野祥太郎②石川修司③ゼウス④青柳優馬⑤芦野祥太郎⑥佐藤耕平⑦ヨシ・タツ

▲新型コロナウイルスの感染拡大を受けて、各団体は無観客での興行を開催。全日本も無観客TVマッチを開催し、20年6・30放送分では三冠戦を行い、諏訪魔が初挑戦の芦野祥太郎を退けた

◀世界タッグ王者同士の対決となった石川との防衛戦。有観客での興行が再開され、声援NGながらも観客が見守る中で2人はド迫力の攻防を見せた（20年7・25後楽園）

▲初挑戦の佐藤耕平も迎撃。強烈な打撃に押される場面もあったものの、バックドロップ・ホールドで退けた（21年2・23後楽園）。その後、V7を達成するも、6月にコロナ陽性で無念の返上となった

▼宮原のV
7度目の王
た（20年3・

第64代

過酷な巴戦を制して、デビュー10年で頂点到達

▼巴戦を制して初戴冠のジェイクは、三冠統一の地・大田区で限定復活した3本のベルトを手にしてポーズを決めた（21年6·26大田区）

在位期間 2021年6月26日～12月28日
ベルト戴冠 2021年6月26日＝東京・大田区総合体育館／三冠ヘビー級王座決定巴戦（時間無制限）／①宮原健斗（18分28秒 シャットダウン・スープレックス・ホールド）青柳優馬②ジェイク・リー（10分9秒 片エビ固め）宮原健斗③ジェイク・リー（19分4秒 片エビ固め）青柳優馬　※宮原、青柳に連勝したジェイクが第64代王者となる
防衛戦の相手 ①芦野祥太郎②諏訪魔③宮原健斗

2021年のチャンピオン・カーニバルで初優勝を達成したジェイク・リーが三冠挑戦権をゲット。しかし、6・26大田区で決まっていたタイトルマッチの直前に、王者の諏訪魔がコロナウイルス陽性判定を受けて王座返上。ジェイクと、王座取りに名乗りを上げた宮原、青柳優馬を交えた、巴戦での王座決定戦が実現することになった。

巴戦の1試合目は宮原が青柳を撃破。2試合目で宮原を下したジェイクは続けて青柳も退け、合計47分41秒の激闘の末に三冠初戴冠。デビュー10年で頂点に立ったジェイクは前王者の諏訪魔を退け、宮原との60分ドローなど3度の防衛に成功したが、鼻骨骨折及び左眼窩内側壁骨折により21年末に王座を返上した。

▲王道トーナメントV3を達成した、前王者の諏訪魔を迎撃。自身をプロレス界へと導いてくれた〝恩人〟を三冠戦で退けた（21年9·21後楽園）

▼宮原、青柳を
過酷な巴戦を制
（21年6·26大

▲芦野の執ようなアンクルロックを耐え抜いて、初防衛に成功（21年7·22後楽園）

◀全日本マットの真の〝主役〟を懸けた宮原とのタイトルマッチは、三冠戦では約13年ぶりとなる60分フルタイムドローとなった（21年10·16大田区）。その後、負傷により21年12月末で王座返上

第65代 50周年イヤーのスタートで、復権を果たす

▼50周年イヤーのスタートで5度目の戴冠（22年1・23後楽園）

ジェイクの負傷欠場に伴う王座返上により、2022年1月に4選手参加の王座決定トーナメントを開催することになった。1回戦で諏訪魔を下した宮原と、芦野に勝利した本田竜輝が決勝戦に進出。ともに2試合目ながら、序盤からフルスロットルのせめぎ合いを展開。本田が想像以上の奮闘を見せたものの、ブラックアウト連発からのシャットダウン・スープレックスで宮原が勝利。ワンデートーナメントを制して、1年10カ月ぶり5度目の三冠戴冠を果たすと「50周年イヤーは俺が引っ張る」と高らかに宣言した。初防衛戦では大日本のアブドーラ・小林を撃破し、さらにGLEATのT-Hawkも下すなど、過去の王者時代とは一味違う防衛ロードを築いた。

在位期間 2022年1月23日～6月19日
ベルト戴冠 2022年1月23日＝東京・後楽園ホール／三冠ヘビー級王座決定トーナメント決勝戦（時間無制限1本勝負）／宮原健斗（23分3秒 シャットダウン・スープレックス・ホールド）本田竜輝 ※宮原が第65代王者となる
防衛戦の相手 ①アブドーラ・小林②石川修司③青柳優馬④T-Hawk

◀GLEATからの刺客・T-Hawkと激突。同世代のエネルギーがぶつかり合う好勝負を制した（22年5・29後楽園）

◀当初、22年1・2後
王者のジェイク・リーと
まっていた大日本のア
を初防衛戦で迎撃。
を制した（22年2・23

◀2022年の『チャンピオン・カーニバル』優勝者の青柳優馬を迎撃。下世代の突き上げを辛くも退けた（22年5・15札幌）

▼ワンデートーナメント
戦。本田竜輝の奮闘
貫禄勝ち（22年1・23

第66代

不退転の覚悟で、60分ドローからの決着戦を制する

▼負傷による返上から約半年、再び三冠王座を獲得した（22年6・19大田区）

在位期間 2022年6月19日～7月14日
ベルト戴冠 2022年6月19日＝東京・大田区総合体育館／三冠ヘビー級選手権試合（60分1本勝負）／ジェイク・リー（27分57秒 体固め）宮原健斗　※宮原が5度目の防衛に失敗。ジェイクが第66代王者となる

王者・宮原からの指名により、ジェイクとの三冠戦が決定。2021年10月の大田区大会でのタイトルマッチでは60分時間切れに終わっている両者の決着戦が、約8カ月ぶりに実現した。「宮原とのタイトルマッチは勝っても負けてもこれが最後」と不退転の覚悟を示していたジェイクは、シャットダウン・スープレックス狙いをロープに噛みついて阻止するなど、必死の闘いぶり。カウンターのハイキックで宮原をグラつかせると、ジャイアントキリングからのD4Cで3カウント奪取。前回の王者時代は負傷で返上となったベルトを半年ぶりに腰に巻いたジェイクは「オマエがいたから、俺もここまで来られた。ありがとう」と宮原に感謝の言葉を送った。

▲元三冠王者で特別立会人を務めた小橋建太さんがジェイクの腰にベルトを巻いた

▶◀21年10月の三冠戦での60分フルタイムを経ての決着の一戦。死力を尽くした闘いを終えたとき、勝者も敗者も大の字となっていた（22年6・19大田区）

第67代

“悪”への回帰で、最多8度目の戴冠を果たす

▼再び“極悪集団”ブードゥ・マーダーズの一員となった諏訪魔が王座強奪（22年7・14後楽園）

在位期間　2022年7月14日〜9月18日
ベルト戴冠　2022年7月14日＝東京・後楽園ホール／三冠ヘビー級選手権試合（60分1本勝負）／諏訪魔（22分26秒　バックドロップ・ホールド）ジェイク・リー　※ジェイクが初防衛に失敗。諏訪魔が第67代王者となる

前回の王者時代にコロナウイルス感染で無念の王座返上となった諏訪魔が、ジェイクに挑戦状を叩きつけて王座戦が実現した。2022年5月にかつて自身も属していたヒールユニット「ブードゥ・マーダーズ」に再び加入した諏訪魔は、戦前から「ジェイクを地獄に落とす」と不穏な予告。実際、諏訪魔はセコンドを介入させ、イス、テーブルも駆使するなど、手段を選ばぬ闘いぶりでジェイクを追い込んでいった。必死に抵抗するジェイクをあざ笑うかのようにあくどい試合運びを貫いた諏訪魔は、バックドロップ連発で勝利。自身の持つ記録を更新する8度目の三冠戴冠を果たすと「俺が正義。全日本プロレスはブードゥ・マーダーズが正義だ」とうそぶいた。

◀▼ブードゥ・マ
コンドが介入し
交えた諏訪魔は
の連発でジェイ
（22年7・14後

◀旗揚げ50周年記念の日本武道館大会のメインで、三冠王者として最後に入場してきた（22年9・18）

▲日本武道館大会のメインでの宮原との三冠戦で敗れて、初防衛ならずに王座陥落（22年9・18）

第68代

18年ぶりの日本武道館への帰還を締めくくる

▼約18年ぶりの日本武道館大会で王座奪還に成功し、立会人のスタン・ハンセンさん、小橋建太さんと写真に収まった（22年9・18）

在位期間 2022年9月18日～2023年2月19日

ベルト戴冠 2022年9月18日＝東京・日本武道館／三冠ヘビー級選手権試合（60分1本勝負）／宮原健斗（16分35秒 シャットダウン・スープレックス・ホールド）諏訪魔　※諏訪魔が初防衛に失敗。宮原が第68代王者となる

防衛戦の相手 ①野村直矢②大森隆男③野村卓矢④青柳優馬

2022年8月の王道トーナメントを制した宮原が、全日本にとって18年7カ月ぶりの開催となる日本武道館大会のメインで三冠王座の奪還に臨んだ。三冠王座の連続防衛タイ記録を持つ挑戦者と、三冠王座の最多戴冠記録を持つ諏訪魔との一戦は50周年記念大会にふさわしいカード。当然、試合も激しいものとなり、諏訪魔がバックドロップ連発で追い込めば、宮原もブラックアウトを連続で放って譲らない。最後は宮原が2度目のシャットダウン・スープレックスで諏訪魔を退けて6度目の三冠戴冠を果たし、18年ぶりの日本武道館大会を締めた。防衛戦では野村直矢、野村卓矢、そして青柳優馬と若い世代を中心に迎え撃ち、4度の防衛に成功した。

▲2023年1・2後楽園大会で世界タッグ王座を獲得して5冠王になると、翌日の後楽園大会でパートナーの野村卓矢と防衛戦を行い、勝利した（23年1・3後楽園）

◀▶全日本旗揚げ記念日の10月22日に団体創設者のジャイアント馬場さんの故郷・新潟県三条市で防衛戦。デビュー30周年の大森を退けて「馬場さん、これからも明るく楽しく激しい全日本プロレスを見守ってください」とメッセージを送った（22年10・22三条）

第69代

最年長戴冠で、ダブルグランドスラム達成！

▼史上最年長となる54歳での戴冠を達成した（23年2・19後楽園）

在位期間 2023年2月19日～7月2日

ベルト戴冠 2023年2月19日＝東京・後楽園ホール／三冠ヘビー級選手権試合（60分1本勝負）／永田裕志（23分6秒 バックドロップ・ホールド）宮原健斗 ※宮原が5度目の防衛に失敗。永田が第69代王者となる

防衛戦の相手 ①石川修司②T－Hawk③安齊勇馬

新日本の永田裕志が2011年6月以来、12年8カ月ぶりの三冠王座挑戦で、宮原の牙城に迫った。22年8月の王道トーナメント準決勝で宮原に敗れている永田にとっては雪辱戦でもあり、執ような腕攻めで王者を追い込んでいく。宮原の怒とうの大技ラッシュをしのいで、リストクラッチ式エクスプロイダーでぶん投げると、バックドロップ・ホールドと畳みかけて、最高王者を撃破。永田は54歳9カ月の最年長戴冠で、IWGPヘビー、GHCヘビー、さらに新日本、全日本、NOAHのシングルリーグ戦もすべて制覇している。前人未到の〝ダブルグランドスラム〟も達成。全日本の未来を担う安齊勇馬も退けるなどして、3度の防衛を達成した。

▼当初、挑戦予定だった芦野祥太郎が負傷欠場となり、本田竜輝との挑戦者決定戦を制したT－Hawkが挑戦。外敵同士の王座戦を永田が制してV2（23年5・29後楽園）

▶石川の猛攻に追い込まれながらも、バックドロップ連発で薄氷のV1達成（23年3・21大田区）

▲三冠王座の最多連続防衛タイ記録を持つ宮原を下しての王座奪取だった（23年2・19後楽園）

◀3度目の防衛戦では初挑戦の安齊勇馬を撃破。戦前にみずから復活を希望していた旧三冠ベルトとともに、ポーズを決めた（23年6・17大田区）

第70代

外敵からの至宝奪還で、最年少での5冠も達成

▼6度目の挑戦でようやく三冠ベルトを巻いた（23年7・2後楽園）

在位期間 2023年7月2日～11月5日

ベルト戴冠 2023年7月2日＝東京・後楽園ホール／三冠ヘビー級選手権試合（60分1本勝負）／青柳優馬（21分18秒 片エビ固め）永田裕志　※永田が4度目の防衛に失敗。青柳が第70代王者となる

防衛戦の相手 ①大森北斗②諏訪魔③小島聡④本田竜輝⑤宮原健斗

永田からの至宝奪還を目指して、新世代の筆頭格の青柳優馬が立ち上がった。若手時代以来の永田とのシングルは、序盤から猛攻を受けて苦しい展開となる。雪崩式エクスプロイダー、バックドロップ連発で追い込まれるも、意地でも3カウントは許さない。スピンキックで勝機を引き寄せると、ロックスターバスターからのTHE FOOLで3カウント奪取。至宝を全日本に取り戻すとともに、6度目の挑戦で念願の三冠初戴冠。27歳8カ月での世界タッグと合わせての5冠王は史上最年少記録となった。防衛戦では下世代の大森北斗、王道トーナメント覇者の新日本・小島聡も撃破。宮原との頂上決戦も制して、若き王者としてしっかりと存在感を残した。

▼みずから「全日…ウェポン（最終兵…て永田に臨み、見…（23年7・2後楽…

◀2023年の『王道トーナメント』を制覇した新日本の小島聡を迎撃。「小さい頃から憧れていた」と語った存在を下した（23年9・3長岡）

▲青柳が「全日本の象徴」と定めた諏訪魔との防衛戦。苦闘の末に、最多戴冠記録を持つ強敵を退けた（23年8・6幕張）

▶青柳にとってデビュー戦の相手であり、全日本の〝エース〟である宮原との防衛戦。大熱戦の末、三冠戦での対宮原初勝利を達成。大きな価値のある一戦となった（23年10・21後楽園）

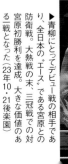

第71代

リング内外で独自色を発揮し、混沌を巻き起こす

▼フリーとなり全日本マットに乗り込んできた中嶋が三冠王座を一発奪取（23年11・5札幌）

2023年9月いっぱいでNOAHを退団してフリーに転向した中嶋勝彦が、全日本事務所を訪れてベルト挑戦をアピールし、三冠王座への初挑戦が実現した。青柳優馬の猛攻を受けて追い込まれた中嶋だったが、痛烈な張り手一閃で動きを止めると、ヴァーティカルスパイクからのノーザンライトボムで勝利。フリー転向から1カ月、初挑戦で三冠初戴冠を果たした中嶋は、みずからの色で全日本マットを染めていくと宣言。初防衛戦ではみずから指名した宮原を返り討ちにすると、その後もWWE（NXT）からの刺客、さらに全日本の新世代勢を相手に防衛を重ねた。リング内外での言動も含めて独自のカラーを見せつけて、全日本マットを混沌とさせた。

在位期間 2023年11月5日～2024年3月30日

ベルト戴冠 2023年11月5日＝北海道・ホテルエミシア札幌／三冠ヘビー級選手権試合（60分1本勝負）／中嶋勝彦（24分16秒 エビ固め）青柳優馬 ※青柳が6度目の防衛に失敗。中嶋が第71代王者となる

防衛戦の相手 ①宮原健斗②チャーリー・デンプシー③芦野祥太郎④斉藤ジュン

▼WWE（NXT）所属で、かつて新日本などで活躍したウィリアム・リーガルの息子のチャーリー・デンプシーを2度目の防衛戦で迎撃。グラウンドテクニックに苦しめられながらも、勝利を挙げた（24年1・3後楽園）

▲かつて同じ団体に属していた後輩の宮原との大みそか決戦。腕固めでギブアップを奪い、返り討ちにした（23年12・31代々木第二）

▲当初、挑戦予定の斉藤レイが右肩関節脱臼で欠場となり、代わりに双子の兄の斉藤ジュンが挑戦。攻め込まれた中嶋だが強烈な張り手で動きを止め、ノーザンライトボムで勝利した（24年2・20後楽園）

▼ヴァーティ
らノーザンラ
刺して青柳が
奪った（23年

※三冠ヘビー級王者名鑑は2024年4月10日現在

第72代 安齊勇馬

大金星の史上最年少戴冠で、「俺らの時代」宣言！

▼「必ずベルトを取り返す」との宣言通りに中嶋からベルトを奪取した安齊は、ファンとの"約束"を示すように小指を立てた（24年3・30大田区）

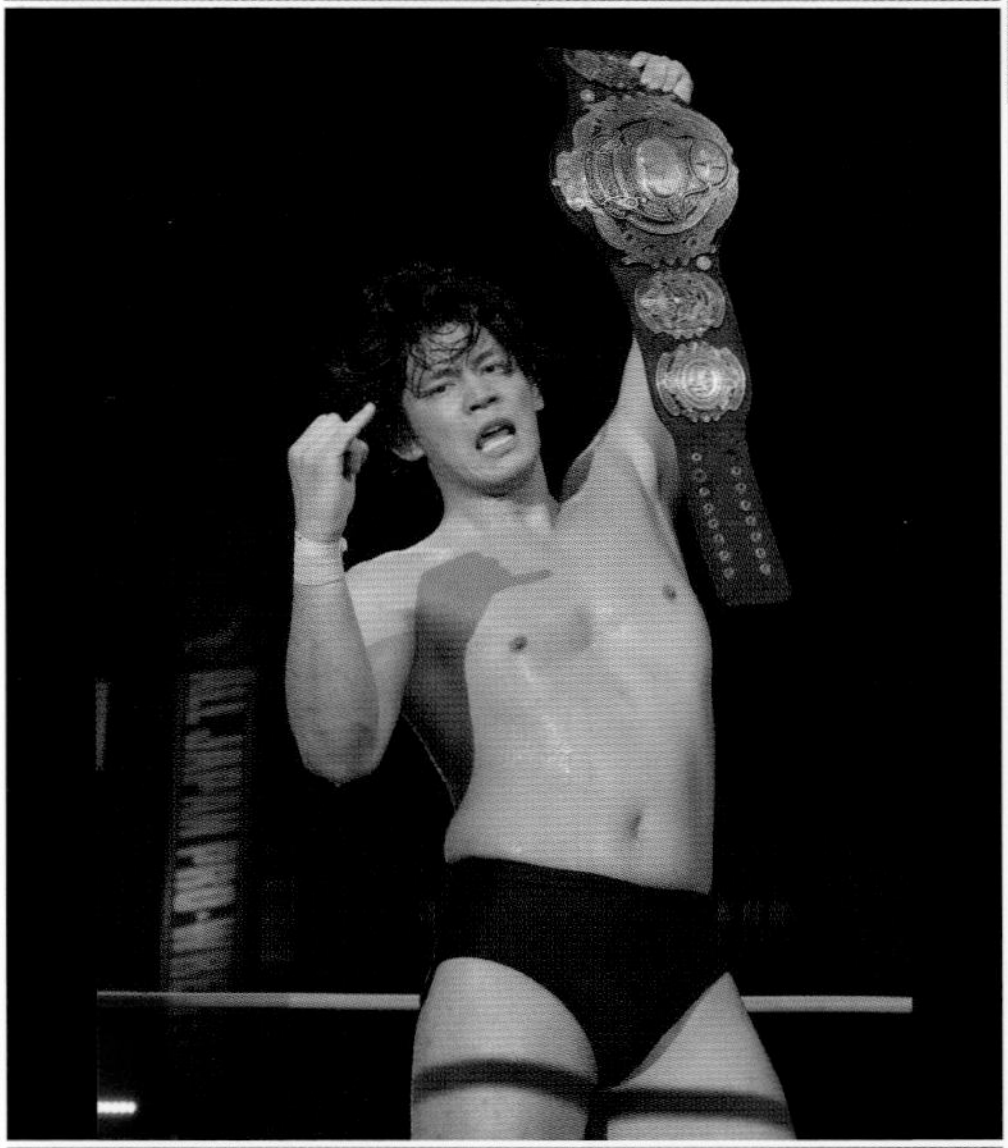

在位期間 2024年3月30日～

ベルト戴冠 2024年3月30日＝東京・大田区総合体育館／三冠ヘビー級選手権試合（60分1本勝負）／安齊勇馬（20分16秒 ジャーマン・スープレックス・ホールド）中嶋勝彦　※中嶋が5度目の防衛に失敗。安齊が第72代王者となる

全日本マットを混沌に陥れた中嶋の前に、ジャンボ鶴田、諏訪魔と同じく中央大学レスリング部出身、2022年9月に永田裕志を相手に団体初となる日本武道館でデビューを果たし、団体の未来を担う安齊勇馬が立った。試合の9割方で中嶋の厳しすぎる攻撃で劣勢となりながらも、カウンターのジャンピング・ニーからジャーマン・スープレックスにつないで電光石火の3カウント。みずから「偶然の大金星」と言うように懸命に食らいついた末の泥臭い奪還劇。しかし、史上最年少（24歳11カ月）で三冠初戴冠を成し遂げた衝撃は大きい。安齊は「これからは俺らの時代です」と宣言し、旗揚げ52年目に突入した団体に若い力で活況をもたらすことをファンと約束した。

▲試合後、ベルトを保持する全日本所属の新世代勢がリングに揃い、新時代の幕開けをアピールした（24年3・30大田区）

▼24年2・20後楽園で4度目の防衛を果たした中嶋の眼前に立ち、挑戦表明。「全日本の俺たちで取り返す」とアピールした

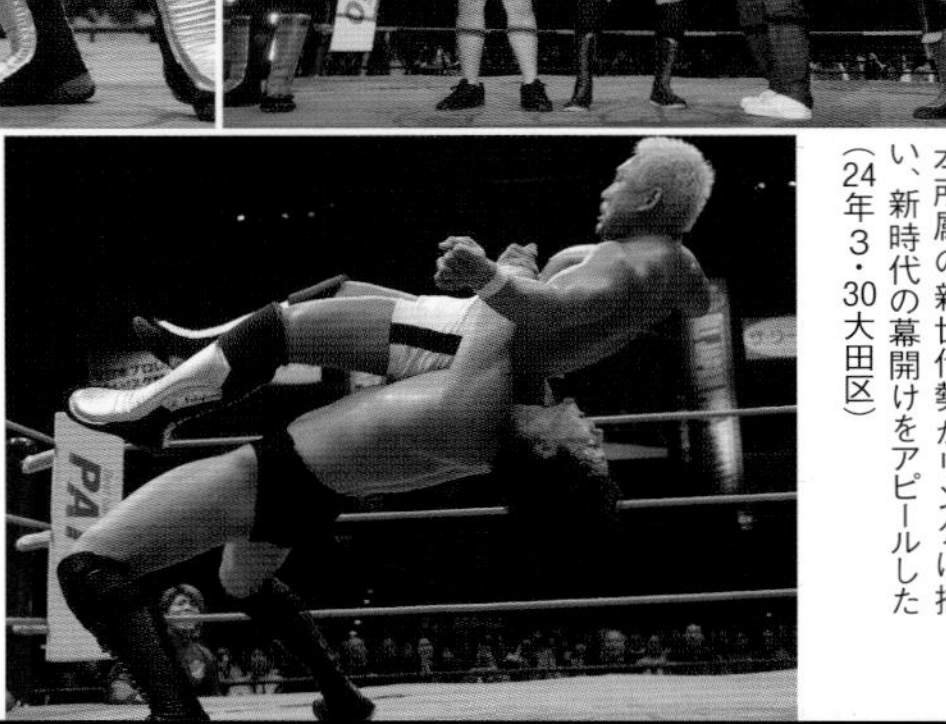

◀▶中嶋の鋭い打撃、厳しい腕攻めに防戦の展開となった安齊。「どうした、全日本！」との挑発に気持ちを奮い立たせ、ジャーマン・スープレックスで大逆転の3カウントを奪った（24年3・30大田区）

三冠の3本のベルトは一本化され、13年10月27日から新たな歴史を刻み続けている（写真は10月28日）

タイトルマッチ記録

NWA世界ヘビー級選手権試合
世界ヘビー級選手権試合
IWA世界ヘビー級選手権試合
三冠ヘビー級選手権試合

※海外のタイトルは日本国内の試合を中心に掲載。
※三冠ヘビー級選手権試合の記録は2024年4月10日現在。
※試合タイム、決まり手をはじめ記録は『プロレス&ボクシング』『プロレス』『週刊プロレス』誌をベースにアップデートしています。

NWA世界ヘビー級選手権試合

1957年（昭和32年）

■10月7日＝東京・後楽園球場特設リング
NWA世界ヘビー級選手権試合（61分3本勝負）
ルー・テーズ（時間切れ引き分け）力道山
※第3代王者テーズが防衛に成功

■10月13日＝大阪・扇町プール特設リング
NWA世界ヘビー級選手権試合（61分3本勝負）
ルー・テーズ（1-1）力道山
①テーズ（15分0秒 体固め）力道山
②力道山（10分40秒 体固め）テーズ
③テーズ（6分53秒 両者リングアウト）力道山
※テーズが防衛に成功

1969年（昭和44年）

■12月2日＝大阪府立体育会館
NWA世界ヘビー級選手権試合（60分3本勝負）
ドリー・ファンク・ジュニア（時間切れ引き分け）アントニオ猪木
※第9代王者ドリーが防衛に成功

■12月3日＝東京体育館
NWA世界ヘビー級選手権試合（60分3本勝負）
ドリー・ファンク・ジュニア（1-1）ジャイアント馬場
①馬場（21分7秒 体固め）ドリー
②ドリー（3分47秒 スピニング・トーホールド）馬場
③ドリー（時間切れ引き分け）馬場
※ドリーが防衛に成功

1970年（昭和45年）

■8月2日＝福岡スポーツセンター
NWA世界ヘビー級選手権試合（60分3本勝負）
ドリー・ファンク・ジュニア（1-1）アントニオ猪木
①ドリー（30分38秒 体固め）猪木
②猪木（7分4秒 ジャーマン・スープレックス・ホールド）ドリー
③ドリー（時間切れ引き分け）猪木
※ドリーが防衛に成功

1971年（昭和46年）

■12月9日＝大阪府立体育会館
NWA世界ヘビー級選手権試合（60分3本勝負）
ドリー・ファンク・ジュニア（2-1）坂口征二
①坂口（17分17秒 体固め）ドリー
②ドリー（4分21秒 体固め）坂口
③ドリー（2分15秒 体固め）坂口
※ドリーが防衛に成功

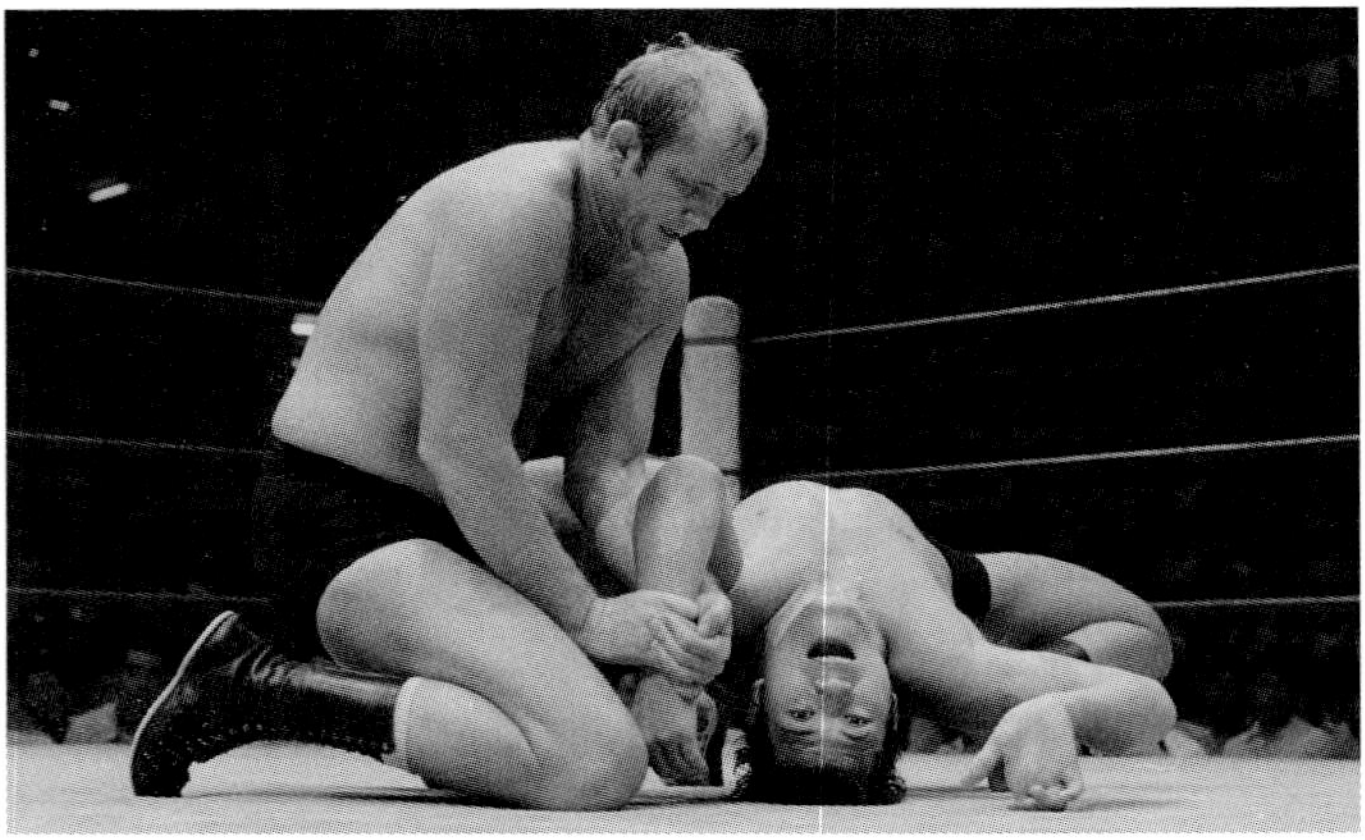
70年8・2福岡、ドリー vs 猪木

1973年（昭和48年）

■5月20日（現地時間）＝アメリカ・ニューメキシコ州アルバカーキ、アルバカーキ・シビック・オーデトリアム
NWA世界ヘビー級選手権試合（60分3本勝負）
ドリー・ファンク・ジュニア（2-1）鶴田友美
①鶴田（26分15秒　体固め）ドリー
②ドリー（14分18秒　スピニング・トーホールド）鶴田
③ドリー（11分27秒　体固め）鶴田
※ドリーが防衛に成功

1974年（昭和49年）

■1月23日＝長崎国際体育館
NWA世界ヘビー級&PWFヘビー級ダブル選手権試合（60分3本勝負）
ジャック・ブリスコ（1-1）ジャイアント馬場
①馬場（11分5秒 体固め）ブリスコ
②ブリスコ（9分16秒 足4の字固め）馬場
③馬場（3分40秒 両者リングアウト）ブリスコ
※第11代王者ブリスコがNWA世界ヘビー級王座の防衛に成功。馬場がPWFヘビー級王座10度目の防衛に成功

■1月24日＝広島県立体育館
NWA世界ヘビー級選手権試合（60分3本勝負）
ジャック・ブリスコ（1-1）ハーリー・レイス
①レイス（23分55秒 体固め）ブリスコ
②ブリスコ（8分56秒 体固め）レイス
③ブリスコ（時間切れ引き分け）レイス
※ブリスコが防衛に成功

■1月27日＝大阪市東淀川体育館

NWA世界ヘビー級選手権試合（60分3本勝負）
ジャック・ブリスコ（1-1）ドリー・ファンク・ジュニア
①ドリー（43分10秒 体固め）ブリスコ
②ブリスコ（10分16秒 足4の字固め）ドリー
③ブリスコ（時間切れ引き分け）ドリー
※ブリスコが防衛に成功

■1月28日＝名古屋・愛知県体育館
NWA世界ヘビー級選手権試合（60分3本勝負）
ジャック・ブリスコ（1-1）ザ・デストロイヤー
①デストロイヤー（10分29秒 体固め）ブリスコ
②ブリスコ（7分32秒 回転エビ固め）デストロイヤー
③ブリスコ（9分26秒 両者リングアウト）デストロイヤー
※ブリスコが防衛に成功

■1月30日＝東京・日大講堂
NWA世界ヘビー級選手権試合（60分3本勝負）
ジャック・ブリスコ（2-1）ジャンボ鶴田
①ブリスコ（12分55秒 片エビ固め）鶴田
②鶴田（7分32秒 片エビ固め）ブリスコ
③ブリスコ（8分58秒 回転エビ固め）鶴田
※ブリスコが防衛に成功

■12月2日＝鹿児島県立体育館
NWA世界ヘビー級選手権試合（60分3本勝負）
ジャイアント馬場（2-1）ジャック・ブリスコ
①馬場（11分47秒 体固め）ブリスコ
②ブリスコ（5分39秒 足4の字固め）馬場
③馬場（3分20秒 体固め）ブリスコ
※ブリスコが防衛に失敗。馬場が第12代王者となる

■12月5日＝東京・日大講堂
NWA世界ヘビー級&PWFヘビー級ダブル選手権試合（60分3本勝負）
ジャイアント馬場（2-1）ジャック・ブリスコ
①ブリスコ（13分53秒 片エビ固め）馬場
②馬場（3分53秒 体固め）ブリスコ
③馬場（4分50秒 体固め）ブリスコ
※馬場がNWA世界ヘビー級王座の初防衛に成功するとともに、PWFヘビー級王座22度目の防衛に成功

■12月9日＝愛知・豊橋市体育館
NWA世界ヘビー級選手権試合（60分3本勝負）
ジャック・ブリスコ（2-1）ジャイアント馬場
①馬場（13分47秒 体固め）ブリスコ
②ブリスコ（3分30秒 足4の字固め）馬場
③ブリスコ（2分34秒 体固め）馬場
※馬場が2度目の防衛に失敗。ブリスコが第13代王者となる

■12月12日＝神奈川・川崎市体育館
NWA世界ヘビー級選手権試合（60分3本勝負）
ジャック・ブリスコ（2-1）ジャンボ鶴田
①ブリスコ（14分30秒 回転エビ固め）鶴田
②鶴田（2分15秒 キャメルクラッチ）ブリスコ
③ブリスコ（5分11秒 体固め）鶴田
※ブリスコが初防衛に成功

1975年（昭和50年）

■3月9日＝北海道・函館市民体育館
NWA世界ヘビー級選手権試合（60分3本勝負）
ジャック・ブリスコ（1-1）ジャイアント馬場
①馬場（10分50秒 体固め）ブリスコ
②ブリスコ（4分20秒 体固め）馬場
③ブリスコ（4分7秒 両者リングアウト）馬場
※ブリスコが防衛に成功

■3月11日＝名古屋・愛知県体育館
NWA世界ヘビー級選手権試合（60分3本勝負）
ジャック・ブリスコ（2-1）ジャンボ鶴田
①鶴田（11分36秒 体固め）ブリスコ
②ブリスコ（4分25秒 足4の字固め）鶴田
③ブリスコ（7分19秒 片エビ固め）鶴田
※ブリスコが防衛に成功

■3月12日＝静岡・富士宮市体育館
NWA世界ヘビー級選手権試合（60分3本勝負）
ジャック・ブリスコ（2-1）ザ・デストロイヤー
①ブリスコ（10分8秒 回転エビ固め）デストロイヤー
②デストロイヤー（3分40秒 回転エビ固め）ブリスコ
③ブリスコ（7分53秒 体固め）デストロイヤー
※ブリスコが防衛に成功

■3月13日＝東京・日大講堂
NWA世界ヘビー級選手権試合（60分3本勝負）
ジャック・ブリスコ（2-1）ボボ・ブラジル
①ブラジル（0分39秒 体固め）ブリスコ
②ブリスコ（6分36秒 足4の字固め）ブラジル
③ブリスコ（6分49秒 反則勝ち）ブラジル
※ブリスコが防衛に成功

■8月8日（現地時間）＝アメリカ・ミズーリ州セントルイス、キール・オーデトリアム
NWA世界ヘビー級選手権試合（60分3本勝負）
ジャック・ブリスコ（2-1）ジャイアント馬場
①ブリスコ（16分28秒 エビ固め）馬場
②馬場（7分0秒 体固め）ブリスコ
③ブリスコ（12分32秒 体固め）馬場
※ブリスコが防衛に成功

1976年（昭和51年）

■6月11日＝東京・蔵前国技館
NWA世界ヘビー級選手権試合・ジャンボ鶴田試練の十番勝負第3戦（60分3本勝負）
テリー・ファンク（2-1）ジャンボ鶴田
①鶴田（15分50秒 回転エビ固め）テリー
②テリー（6分5秒 ローリング・クレイドル）鶴田
③テリー（5分12秒 片エビ固め）鶴田

※第14代王者テリーが防衛に成功

1977年（昭和52年）

■3月17日（現地時間）＝アメリカ・テキサス州アマリロ、アマリロ・スポーツ・アリーナ
NWA世界ヘビー級選手権試合（60分1本勝負）
ハーリー・レイス（15分30秒 両者リングアウト）ジャイアント馬場
※第15代王者レイスが防衛に成功

■6月11日＝東京・世田谷区体育館
NWA世界ヘビー級選手権試合（60分3本勝負）
ハーリー・レイス（2-1）ジャンボ鶴田
①鶴田（8分26秒 片エビ固め）レイス
②レイス（8分8秒 インディアン・デスロック）鶴田
③レイス（5分24秒 首固め）鶴田
※レイスが防衛に成功

■6月14日＝千葉・松戸市スポーツセンター
NWA世界ヘビー級選手権試合（60分3本勝負）
ハーリー・レイス（1-1）ジャイアント馬場
①馬場（24分23秒 片エビ固め）レイス
②レイス（17分55秒 体固め）馬場
③レイス（時間切れ引き分け）馬場
※レイスが防衛に成功

1978年（昭和53年）

■1月18日＝北海道・札幌中島スポーツセンター
NWA世界ヘビー級選手権試合（60分3本勝負）
ジャイアント馬場（2-1）ハーリー・レイス
①馬場（14分54秒 体固め）レイス
②レイス（5分40秒 体固め）馬場
③馬場（11分26秒 反則勝ち）レイス
※反則含みのため王座は移動せず。レイスが防衛に成功

■1月20日＝北海道・帯広市総合体育館
NWA世界ヘビー級選手権試合（60分3本勝負）
ハーリー・レイス（1-1）ジャンボ鶴田
①レイス（28分9秒 体固め）鶴田
②鶴田（16分30秒 首固め）レイス
③レイス（時間切れ引き分け）鶴田
※レイスが防衛に成功

1979年（昭和54年）

■5月7日＝大阪府立体育会館
NWA世界ヘビー級選手権試合（60分3本勝負）
ハーリー・レイス（1-1）ジャンボ鶴田
①レイス（20分17秒 体固め）鶴田
②鶴田（2分50秒 エビ固め）レイス
③レイス（6分10秒 両者リングアウト）鶴田
※レイスが防衛に成功

■5月8日＝千葉県立体育館
NWA世界ヘビー級選手権試合（60分3本勝負）
ハーリー・レイス（1-1）ディック・マードック
①マードック（14分45秒 体固め）レイス
②レイス（20分46秒 体固め）マードック
③レイス（時間切れ引き分け）マードック
※レイスが防衛に成功

■5月9日＝仙台・宮城県スポーツセンター
NWA世界ヘビー級選手権試合（60分3本勝負）
ハーリー・レイス（1-1）ジャイアント馬場
①馬場（32分50秒 体固め）レイス
②レイス（14分45秒 体固め）馬場
③レイス（時間切れ引き分け）馬場
※レイスが防衛に成功

■10月26日＝長野・松本市総合体育館
NWA世界ヘビー級選手権試合（60分1本勝負）
ハーリー・レイス（30分29秒 両者リングアウト）ジャンボ鶴田
※第17代王者レイスが防衛に成功

■10月31日＝名古屋・愛知県体育館
NWA世界ヘビー級選手権試合（60分1本勝負）
ジャイアント馬場（18分29秒 体固め）ハーリー・レイス
※レイスが防衛に失敗。馬場が第18代王者となる

■11月5日＝宮崎・串間市総合体育館
NWA世界ヘビー級選手権試合（60分1本勝負）
ジャイアント馬場（20分38秒 片エビ固め）ハーリー・レイス
※馬場が初防衛に成功

■11月7日＝兵庫・尼崎市体育館
NWA世界ヘビー級選手権試合（60分1本勝負）
ハーリー・レイス（20分58秒 片エビ固め）

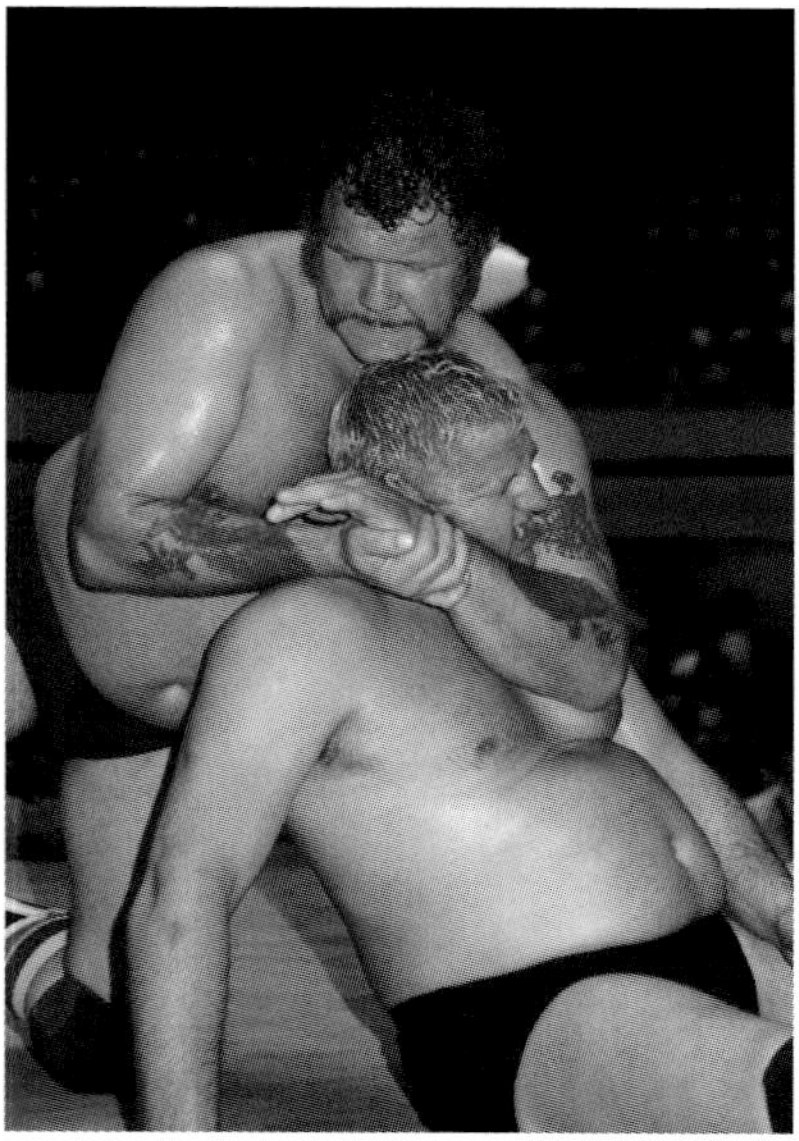

79年5・8千葉、レイスvsマードック

ジャイアント馬場
※馬場が2度目の防衛に失敗。レイスが第19代王者となる
■11月8日＝東京・後楽園ホール
NWA世界ヘビー級選手権試合（60分1本勝負）
ハーリー・レイス（5分8秒 両者リングアウト）アブドーラ・ザ・ブッチャー
※レイスが初防衛に成功
1980年（昭和55年）
■5月27日＝秋田県立体育館
NWA世界ヘビー級選手権試合（60分3本勝負）
ハーリー・レイス（2-1）タイガー戸口
①レイス（11分59秒 回転エビ固め）戸口
②戸口（8分50秒 片エビ固め）レイス
③レイス（5分30秒 体固め）戸口
※レイスが防衛に成功
■5月28日＝北海道・札幌中島体育センター
NWA世界ヘビー級選手権試合（60分3本勝負）
ハーリー・レイス（1-1）ジャンボ鶴田
①鶴田（30分5秒 ジャーマン・スープレックス・ホールド）レイス
②レイス（17分10秒 体固め）鶴田
③レイス（時間切れ引き分け）鶴田
※レイスが防衛に成功
■9月1日＝鹿児島・鹿屋市体育館
NWA世界ヘビー級選手権試合（60分1本勝負）
ハーリー・レイス（15分35秒 両者リングアウト）ジャンボ鶴田
※レイスが防衛に成功
■9月4日＝佐賀スポーツセンター
NWA世界ヘビー級選手権試合（60分1本勝負）
ジャイアント馬場（14分5秒 体固め）ハーリー・レイス
※レイスが防衛に失敗。馬場が第20代王者となる
■9月10日＝滋賀・大津市皇子が丘公園体育館
NWA世界ヘビー級選手権試合（60分1本勝負）
ハーリー・レイス（11分58秒 片エビ固め）ジャイアント馬場
※馬場が初防衛に失敗。レイスが第21代王者となる
■9月12日＝愛知・一宮市産業体育館
NWA世界ヘビー級選手権試合（60分1本勝負）
ハーリー・レイス（14分45秒 両者リングアウト）ミル・マスカラス
※レイスが初防衛に成功
1981年（昭和56年）
■2月15日＝東京・後楽園ホール
NWA世界ヘビー級選手権試合（60分3本勝負）
ジャイアント馬場（2-1）ハーリー・レイス
①馬場（9分39秒 体固め）レイス
②レイス（3分36秒 体固め）馬場
③馬場（6分28秒 反則勝ち）レイス
※反則含みのため王座の移動はなし。レイスが防衛に成功
■10月6日＝仙台・宮城県スポーツセンター
NWA世界ヘビー級選手権試合（60分3本勝負）
リック・フレアー（2-1）天龍源一郎
①フレアー（22分59秒 片エビ固め）天龍
②天龍（5分50秒 片エビ固め）フレアー
③フレアー（3分40秒 足4の字固め）天龍
※第25代王者フレアーが防衛に成功
■10月7日＝神奈川・横浜文化体育館
NWA世界ヘビー級選手権試合（60分3本勝負）
リック・フレアー（1-1）テリー・ファンク
①フレアー（11分24秒 足4の字固め）テリー
②テリー（3分7秒 スピニング・トーホールド）フレアー
③フレアー（3分42秒 両者リングアウト）テリー
※フレアーが防衛に成功

81年10・7横浜、フレアーvsテリー

■10月9日＝東京・蔵前国技館
NWA世界ヘビー級選手権試合（60分3本勝負）
リック・フレアー（2－1）ジャンボ鶴田
①鶴田（17分43秒 片エビ固め）フレアー
②フレアー（5分26秒 足4の字固め）鶴田
③フレアー（5分46秒 片エビ固め）鶴田
※フレアーが防衛に成功

1982年（昭和57年）

■6月4日＝新潟・長岡市厚生会館
NWA世界ヘビー級選手権試合（60分1本勝負）
リック・フレアー（16分21秒 首固め）リッキー・スティムボート
※フレアーが防衛に成功

■6月8日＝東京・蔵前国技館
NWA世界ヘビー級選手権試合（60分1本勝負）
リック・フレアー（29分11秒 ダブルフォール）ジャンボ鶴田
※フレアーが防衛に成功

1983年（昭和58年）

■6月8日＝東京・蔵前国技館
NWA世界ヘビー級選手権試合（60分3本勝負）
ジャンボ鶴田（1－0）リック・フレアー
①鶴田（29分39秒 体固め）フレアー
②フレアー（時間切れ引き分け）鶴田
※フレアーが防衛に成功

■10月26日＝岩手県営体育館
NWA世界ヘビー級選手権試合（60分1本勝負）
ハーリー・レイス（30分8秒 両者反則）ジャンボ鶴田
※第26代王者レイスが防衛に成功

■10月31日＝福島・会津体育館
NWA世界ヘビー級選手権試合（60分1本勝負）
ハーリー・レイス（18分6秒 首固め）テッド・デビアス
※レイスが防衛に成功

■12月12日＝東京・蔵前国技館
NWA世界ヘビー級選手権試合（60分1本勝負）
ザ・グレート・カブキ（24分24秒 反則勝ち）リック・フレアー
※反則含みのため王座の移動はなし。第27代王者フレアーが防衛に成功

1984年（昭和59年）

■5月22日＝東京・田園コロシアム
NWA世界ヘビー級選手権試合（60分3本勝負）
ケリー・フォン・エリック（1－1）ジャンボ鶴田
①鶴田（13分5秒 体固め）ケリー
②ケリー（6分37秒 体固め）鶴田
③ケリー（7分56秒 両者リングアウト）鶴田
※第28代王者ケリーが防衛に成功

■5月24日＝神奈川・横須賀市総合体育館
NWA世界ヘビー級選手権試合（60分3本勝負）
リック・フレアー（2－1）ケリー・フォン・エリック
①ケリー（15分51秒 体固め）フレアー
②フレアー（3分24秒 足4の字固め）ケリー
③フレアー（7分19秒 エビ固め）ケリー
※ケリーが防衛に失敗。フレアーが第29代王者となる

■5月25日＝千葉・船橋市民体育館
NWA世界ヘビー級選手権試合（60分3本勝負）
リック・フレアー（1－1）ハーリー・レイス
①レイス（16分6秒 体固め）フレアー
②フレアー（6分31秒 足4の字固め）レイス
③フレアー（10分46秒 両者反則）レイス
※フレアーが初防衛に成功

■9月12日＝茨城・水戸市民体育館
NWA世界ヘビー級選手権試合（60分3本勝負）
天龍源一郎（2－1）リック・フレアー
①天龍（13分44秒 片エビ固め）フレアー
②フレアー（8分16秒 足4の字固め）天龍
③天龍（5分38秒 反則勝ち）フレアー
※反則含みのため王座の移動はなし。フレアーが防衛に成功

1985年（昭和60年）

■4月23日＝神奈川・相模原市立総合体育館
NWA世界ヘビー級選手権試合（60分1本勝負）
リック・フレアー（21分4秒 両者リングアウト）長州力
※フレアーが防衛に成功

■4月24日＝神奈川・横浜文化体育館
NWA世界ヘビー級選手権試合（60分1本勝負）
リック・フレアー（26分1秒 両者リングアウト）ジャンボ鶴田
※フレアーが防衛に成功

■10月21日＝東京・両国国技館
NWA世界ヘビー級&AWA世界ヘビー級ダブル選手権試合（60分1本勝負）
リック・フレアー（34分3秒 両者リングアウト）リック・マーテル
※フレアーがNWA世界ヘビー級王座の防衛に成功。マーテルがAWA世界ヘビー級王座の防衛に成功

世界ヘビー級選手権試合

1972年（昭和47年）

■10月4日＝東京・蔵前国技館
世界ヘビー級選手権試合（60分1本勝負）
アントニオ猪木（27分16秒 リングアウト勝ち）カール・ゴッチ
※ゴッチが防衛に失敗。猪木が王者となる

■10月9日＝広島県立体育館
世界ヘビー級選手権試合（60分1本勝負）
アントニオ猪木（27分43秒 卍固め）レッド・ピンパネール
※猪木が初防衛に成功

■10月10日＝大阪府立体育会館
世界ヘビー級選手権試合（60分1本勝負）
カール・ゴッチ（23分12秒 エビ固め）アントニオ猪木
※猪木が2度目の防衛に失敗。ゴッチが王者となる

IWA世界ヘビー級選手権試合

1968年（昭和43年）

■12月19日＝岡山県営体育館
ワールドシリーズ・トーナメント決勝戦（45分3本勝負）
ビル・ロビンソン（1-1）豊登
①豊登（22分3秒 逆片エビ固め）ロビンソン
②ロビンソン（10分6秒 体固め）豊登
③ロビンソン（時間切れ引き分け）豊登
※決勝リーグにはロビンソン、豊登、ジョージ・ゴーディエンコの3人が残り、0・5点差でロビンソンが優勝し、初代IWA世界ヘビー級王者に認定される

1969年（昭和44年）

■1月1日＝宮崎県営体育館
IWA世界ヘビー級選手権試合（61分3本勝負）
ビル・ロビンソン（2-1）グレート草津
①ロビンソン（5分5秒 体固め）草津
②草津（3分36秒 コブラツイスト）ロビンソン
③ロビンソン（9分33秒 体固め）草津
※ロビンソンが初防衛に成功
■1月28日＝東京・足立区体育館
IWA世界ヘビー級選手権試合（61分3本勝負）
ビル・ロビンソン（2-1）チーフ・ホワイト・ウルフ
①ウルフ（14分43秒 体固め）ロビンソン
②ロビンソン（5分46秒 回転エビ固め）ウルフ
③ロビンソン（9分33秒 体固め）ウルフ
※ロビンソンが2度目の防衛に成功

■4月22日＝東京・大田区体育館
IWA世界ヘビー級選手権試合（61分3本勝負）
ビル・ロビンソン（2-1）スタン・スタージャック
①ロビンソン（4分30秒 エビ固め）スタージャック
②スタージャック（4分30秒 体固め）ロビンソン
③ロビンソン（3分30秒 体固め）スタージャック
※ロビンソンが3度目の防衛に成功
■5月5日＝新潟市体育館
IWA世界ヘビー級選手権試合（61分1本勝負）
ビル・ロビンソン（10分42秒 体固め）ラッシャー木村
※ロビンソンが4度目の防衛に成功

1970年（昭和45年）

■5月18日＝千葉・館山市民センター
IWA世界ヘビー級選手権試合（61分3本勝負）
ビル・ロビンソン（2-1）グレート草津
①ロビンソン（0分44秒 逆さ押さえ込み）草津
②草津（13分15秒 コブラツイスト）ロビンソン
③ロビンソン（3分49秒 首固め）草津
※ロビンソンが5度目の防衛に成功
■5月19日＝宮城・仙台市レジャーセンター
IWA世界ヘビー級選手権試合（61分3本勝負）
サンダー杉山（2-1）ビル・ロビンソン
①杉山（15分22秒 体固め）ロビンソン
②ロビンソン（2分2秒 逆さ押さえ込み）杉山
③杉山（4分53秒 カウントアウト）ロビンソン
※ロビンソンが6度目の防衛に失敗。杉山が第2代王者となる
■7月18日＝埼玉・深谷市体育館
IWA世界ヘビー級選手権試合（61分3本勝負）
サンダー杉山（2-1）ドクター・デス
①杉山（5分58秒 体固め）デス
②デス（3分21秒 反則勝ち）杉山

③杉山（1分13秒 反則勝ち）デス
※杉山が初防衛に成功
■8月3日＝岩手・盛岡市体育館
IWA世界ヘビー級選手権試合（61分3本勝負）
サンダー杉山（2-1）エドワード・カーペンティア
①杉山（4分54秒 体固め）カーペンティア
②カーペンティア（2分33秒 体固め）杉山
③杉山（2分56秒 体固め）カーペンティア
※杉山が2度目の防衛に成功
■8月25日＝北海道・札幌中島スポーツセンター
IWA世界ヘビー級選手権試合（61分3本勝負）
サンダー杉山（2-1）ジャック・ザ・ラサルテーズ
①杉山（10分32秒 両者リングアウト）ラサルテーズ
②杉山（0分40秒 体固め）ラサルテーズ
※杉山が3度目の防衛に成功
■9月15日＝福岡・九電記念体育館
IWA世界ヘビー級選手権試合（61分3本勝負）
サンダー杉山（2-1）ブルー・デモン
①杉山（19分27秒 両者リングアウト）デモン
②杉山（4分7秒 逆エビ固め）デモン
※杉山が4度目の防衛に成功
■10月22日＝東京・台東体育館
IWA世界ヘビー級選手権試合（61分3本勝負）
サンダー杉山（2-0）メッサーシュミット
①杉山（9分50秒 逆エビ固め）メッサーシュミット
②杉山（2分48秒 リングアウト勝ち）メッサーシュミット
※杉山が5度目の防衛に成功
■12月10日＝群馬・吉井町体育館
IWA世界ヘビー級選手権試合（61分3本勝負）
サンダー杉山（2-1）ラリー・ヘニング
①杉山（4分5秒 両者リングアウト）ヘニング
②杉山（1分24秒 反則勝ち）ヘニング

※杉山が6度目の防衛に成功

1971年（昭和46年）

■1月10日＝鹿児島・鹿屋市体育館
IWA世界ヘビー級選手権試合（61分3本勝負）
サンダー杉山（1-1）イワン・ブレストン
①ブレストン（22分18秒 体固め）杉山
②杉山（17分51秒 体固め）ブレストン
③杉山（8分7秒 両者リングアウト）ブレストン
※杉山が7度目の防衛に成功

■1月24日＝千葉・市原市臨海体育館
IWA世界ヘビー級選手権試合（61分3本勝負）
サンダー杉山（2-1）イワン・ブレストン
①ブレストン（1分51秒 体固め）杉山
②杉山（3分7秒 反則勝ち）ブレストン
③杉山（5分23秒 体固め）ブレストン
※杉山が8度目の防衛に成功

■2月27日＝神奈川・川崎市体育館
IWA世界ヘビー級選手権試合（61分3本勝負）
サンダー杉山（1-0）マッドドッグ・バション
①杉山（10分11秒 ジャーマン・スープレックス・ホールド）バション
②杉山（10分52秒 両者反則）バション
※杉山が9度目の防衛に成功

■3月4日＝福岡・小倉区三萩野体育館
IWA世界ヘビー級選手権試合（61分1本勝負）
ビル・ミラー（25分25秒 体固め）サンダー杉山
※杉山が10度目の防衛に失敗。ミラーが第3代王者となる

■7月6日＝東京体育館
IWA世界ヘビー級選手権試合（61分3本勝負）
ストロング小林（2-1）チャック・カルボ
①カルボ（13分18秒 反則勝ち）小林
②小林（3分33秒 体固め）カルボ
③小林（1分32秒 体固め）カルボ
※第4代王者・小林が初防衛に成功

■8月2日＝東京・足立区体育館
IWA世界ヘビー級選手権試合（61分1本勝負）
ストロング小林（14分32秒 体固め）ブラックジャック・ランザ
※小林が2度目の防衛に成功

■9月13日＝大阪府立体育会館
IWA世界ヘビー級選手権試合（61分3本勝負）
ストロング小林（1-1）レッド・バスチェン
①小林（21分12秒 体固め）バスチェン
②バスチェン（28分18秒 体固め）小林
③小林（時間切れ引き分け）バスチェン
※小林が3度目の防衛に成功

■9月20日＝福岡・九電記念体育館
IWA世界ヘビー級選手権試合（61分3本勝負）
ストロング小林（2-1）レッド・バスチェン
①小林（15分34秒 体固め）バスチェン
②バスチェン（11分47秒 体固め）小林
③小林（2分18秒 体固め）バスチェン
※小林が4度目の防衛に成功

■11月12日＝千葉・銚子市体育館
IWA世界ヘビー級選手権試合（61分3本勝負）
ストロング小林（1-1）バロン・フォン・ラシク
①小林（26分7秒 逆エビ固め）ラシク
②ラシク（7分41秒 ブレーンクロー）小林
③小林（6分49秒 両者リングアウト）ラシク
※小林が5度目の防衛に成功

■12月2日＝千葉県体育館
IWA世界ヘビー級選手権試合（61分3本勝負）
ストロング小林（2-1）ジェリー・ブラウン
①小林（10分41秒 体固め）ブラウン
②ブラウン（1分41秒 体固め）小林
③小林（6分45秒 体固め）ブラウン
※小林が6度目の防衛に成功

■12月12日＝埼玉・飯能市体育館
IWA世界ヘビー級選手権試合（61分3本勝負）
ストロング小林（2-0）ダスティ・ローデス
①小林（12分50秒 逆エビ固め）ローデス
②小林（4分48秒 リングアウト勝ち）ローデス
※小林が7度目の防衛に成功

1972年（昭和47年）

■1月6日＝長崎・島原市体育館
IWA世界ヘビー級選手権試合（61分3本勝負）
ストロング小林（2-1）ダン・ミラー
①小林（11分43秒 逆エビ固め）ミラー
②ミラー（5分9秒 体固め）小林
③小林（1分20秒 体固め）ミラー
※小林が8度目の防衛に成功

■1月17日＝三重・四日市市体育館
IWA世界ヘビー級選手権試合（61分3本勝負）
ストロング小林（1-1）キング・イヤウケア
①イヤウケア（12分18秒 体固め）小林
②小林（4分48秒 反則勝ち）イヤウケア
③小林（3分50秒 両者リングアウト）イヤウケア
※小林が9度目の防衛に成功

■1月27日＝神奈川・横浜文化体育館
IWA世界ヘビー級選手権試合＝金網デスマッチ（時間無制限1本勝負）
ストロング小林（28分30秒 KO勝ち）キング・イヤウケア
※小林が10度目の防衛に成功

■2月1日＝大阪府立体育会館
IWA世界ヘビー級選手権試合（61分3本勝負）

ストロング小林（2-1）ローム・マスク
①小林（14分35秒 体固め）マスク
②マスク（6分25秒 体固め）小林
③小林（4分27秒 逆エビ固め）マスク
※小林が11度目の防衛に成功

■5月7日＝北海道・旭川市体育館
IWA世界ヘビー級選手権試合（61分3本勝負）
ストロング小林（2-1）バロン・フォン・ラシク
①小林（21分2秒 逆エビ固め）ラシク
②ラシク（7分11秒 ブレーンクロー）小林
③小林（3分6秒 体固め）ラシク
※小林が12度目の防衛に成功

■7月19日＝東京・板橋区体育館
IWA世界ヘビー級選手権試合（61分3本勝負）
ストロング小林（2-1）ビル・ミラー
①ミラー（0分45秒 体固め）小林
②小林（20分27秒 リングアウト勝ち）ミラー
③小林（6分1秒 逆エビ固め）ミラー
※小林が13度目の防衛に成功

■9月28日＝福岡・小倉区三萩野体育館
IWA世界ヘビー級選手権試合（61分3本勝負）
ストロング小林（1-1）ビル・ロビンソン
①ロビンソン（15分56秒 体固め）小林
②小林（5分3秒 逆エビ固め）ロビンソン
③小林（4分51秒 両者リングアウト）ロビンソン
※小林が14度目の防衛に成功

■11月7日＝仙台・宮城県スポーツセンター
IWA世界ヘビー級選手権試合（61分3本勝負）
ストロング小林（2-1）レッド・バスチェン
①小林（15分35秒 体固め）バスチェン
②バスチェン（3分38秒 体固め）小林
③小林（3分20秒 逆エビ固め）バスチェン
※小林が15度目の防衛に成功

■11月28日＝静岡・駿府会館
IWA世界ヘビー級選手権試合＝金網デスマッチ（時間無制限1本勝負）
ストロング小林（19分21秒 KO勝ち）クラッシャー・リソワスキー
※小林が16度目の防衛に成功

72年11・28駿府、小林vsリソワスキー

1973年（昭和48年）

■1月16日＝福岡・九電記念体育館
IWA世界ヘビー級選手権試合＝金網デスマッチ（時間無制限1本勝負）
ストロング小林（22分50秒 KO勝ち）ザ・プロフェッショナル
※小林が17度目の防衛に成功

■3月7日＝三重・四日市市体育館
IWA世界ヘビー級選手権試合（61分3本勝負）
ストロング小林（2-1）ホースト・ホフマン
①ホフマン（16分11秒 体固め）小林
②小林（3分32秒 逆エビ固め）ホフマン
③小林（試合放棄）ホフマン
※小林が18度目の防衛に成功

■3月16日＝東京・町田市体育館
IWA世界ヘビー級選手権試合＝金網デスマッチ（時間無制限1本勝負）
ストロング小林（20分58秒 KO勝ち）マッドドッグ・バション
※小林が19度目の防衛に成功

■4月27日＝仙台・宮城県スポーツセンター
IWA世界ヘビー級選手権試合（61分3本勝負）
ストロング小林（2-1）エドワード・カーペンティア
①カーペンティア（8分58秒 回転エビ固め）小林
②小林（5分56秒 体固め）カーペンティア
③小林（4分17秒 体固め）カーペンティア
※小林が20度目の防衛に成功

■5月15日＝埼玉・大宮スケートセンター
IWA世界ヘビー級選手権試合（61分3本勝負）
ストロング小林（2-1）イワン・コロフ
①コロフ（2分14秒 バックブリーカー）小林
②小林（4分13秒 体固め）コロフ
③小林（2分32秒 体固め）コロフ

※小林が21度目の防衛に成功

■6月19日＝茨城・笠間市体育館
IWA世界ヘビー級選手権試合（61分3本勝負）
ストロング小林（2-1）ダスティ・ローデス
①小林（10分7秒 反則勝ち）ローデス
②ローデス（0分57秒 体固め）小林
③小林（4分20秒 体固め）ローデス
※小林が22度目の防衛に成功

■6月29日＝愛知・半田市民ホール
IWA世界ヘビー級選手権試合（61分3本勝負）
ストロング小林（2-1）ディック・マードック
①マードック（12分47秒 逆エビ固め）小林
②小林（8分20秒 反則勝ち）マードック
③小林（4分19秒 逆エビ固め）マードック
※小林が23度目の防衛に成功

■7月9日＝大阪府立体育会館
IWA世界ヘビー級選手権試合（61分3本勝負）
ストロング小林（2-1）ラッシャー木村
①木村（6分12秒 体固め）小林
②小林（2分7秒 体固め）木村
③小林（6分12秒 体固め）木村
※小林が24度目の防衛に成功

■11月2日＝仙台・宮城県スポーツセンター
IWA世界ヘビー級選手権試合（61分3本勝負）
ストロング小林（2-1）レッド・バスチェン
①小林（15分11秒 体固め）バスチェン
②バスチェン（5分51秒 体固め）小林
③小林（6分22秒 片エビ固め）バスチェン
※小林が25度目の防衛に成功

■11月9日＝千葉・勝浦町観光会館
IWA世界ヘビー級選手権試合（61分3本勝負）
ワフー・マクダニエル（2-1）ストロング小林
①小林（11分16秒 体固め）マクダニエル
②マクダニエル（2分4秒 体固め）小林
③マクダニエル（2分45秒 片エビ固め）小林
※小林が26度目の防衛に失敗。マクダニエルが第5代王者となる

■11月14日＝長野市民体育館
IWA世界ヘビー級選手権試合（61分3本勝負）
ワフー・マクダニエル（1-1）ストロング小林
①小林（14分48秒 体固め）マクダニエル
②マクダニエル（3分58秒 体固め）小林
③マクダニエル（2分5秒 両者カウントアウト）小林
※マクダニエルが初防衛に成功

■11月30日＝東京・後楽園ホール
IWA世界ヘビー級選手権試合（61分3本勝負）
ストロング小林（2-1）ワフー・マクダニエル
①マクダニエル（12分56秒 体固め）小林
②小林（2分51秒 反則勝ち）マクダニエル
③小林（3分15秒 逆エビ固め）マクダニエル
※マクダニエルが2度目の防衛に失敗。小林が第6代王者となる

1974年（昭和49年）

■1月14日＝大阪・寝屋川市体育館
IWA世界ヘビー級選手権試合（61分3本勝負）
ストロング小林（2-1）ビル・ワット
①ワット（12分20秒 体固め）小林
②小林（4分20秒 体固め）ワット
③小林（2分4秒 反則勝ち）ワット
※小林が初防衛に成功

■1月19日＝神奈川・川崎市体育館
IWA世界ヘビー級選手権試合（61分3本勝負）
ストロング小林（2-1）ビル・ワット
①ワット（13分1秒 片エビ固め）小林
②小林（1分54秒 反則勝ち）ワット
③小林（1分8秒 片エビ固め）ワット
※小林が2度目の防衛に成功。国際プロレス退団に伴い、2月13日に王座返上

■5月26日＝愛知・豊田市体育館
IWA世界ヘビー級王座争奪戦・日本代表決定戦（時間無制限1本勝負）
ラッシャー木村（22分55秒 逆エビ固め）グレート草津
※木村が日本代表としてビル・ロビンソンとの王座決定戦に進出

■6月3日＝東京・後楽園ホール
IWA世界ヘビー級王座決定戦（61分3本勝負）
ビル・ロビンソン（2-1）ラッシャー木村
①木村（11分43秒 逆エビ固め）ロビンソン
②ロビンソン（15分8秒 体固め）木村
③ロビンソン（5分33秒 体固め）木村
※ロビンソンが第7代王者となる

■10月1日＝大分県体育館
IWA世界ヘビー級選手権試合（61分3本勝負）
スーパースター・ビリー・グラハム（2-1）マイティ井上
①グラハム（10分58秒 体固め）井上
②井上（3分5秒 体固め）グラハム
③グラハム（6分53秒 体固め）井上
※第8代王者グラハムが初防衛に成功

■10月5日＝名古屋・愛知県体育館
IWA世界ヘビー級選手権試合（61分3本勝負）
スーパースター・ビリー・グラハム（1-1）マイティ井上
①井上（13分47秒 逆エビ固め）グラハム
②グラハム（6分45秒 ベアハッグ）井上
③グラハム（4分32秒 両者リングアウト）井上
※グラハムが2度目の防衛に成功

■10月7日＝埼玉・越谷市体育館

IWA世界ヘビー級選手権試合（61分3本勝負）
マイティ井上（2-1）スーパースター・ビリー・グラハム
①井上（12分4秒 逆片エビ固め）グラハム
②グラハム（6分15秒 バックブリーカー）井上
③井上（3分48秒　逆さ押さえ込み）グラハム
※グラハムが3度目の防衛に失敗。井上が第9代王者となる

■11月4日＝東京・後楽園ホール
IWA世界ヘビー級選手権試合（61分3本勝負）
マイティ井上（2-1）レイ・スティーブンス
①井上（11分56秒 体固め）スティーブンス
②スティーブンス（4分50秒 体固め）井上
③井上（1分50秒 ジャパニーズ・レッグロール・クラッチホールド）スティーブンス
※井上が初防衛に成功

■11月21日＝大阪府立体育会館
IWA世界ヘビー級&AWA世界ヘビー級ダブル選手権試合（61分3本勝負）
マイティ井上（1-1）バーン・ガニア
①ガニア（17分17秒 スリーパーホールド）井上
②井上（4分55秒 体固め）ガニア
③井上（8分59秒 両者リングアウト）ガニア
※井上がIWA世界ヘビー級王座2度目の防衛に成功。ガニアがAWA世界ヘビー級王座の防衛に成功

1975年（昭和50年）

■2月2日＝東京・後楽園ホール
IWA世界ヘビー級選手権試合（61分3本勝負）
マイティ井上（2-1）ダニー・リンチ
①井上（3分4秒 反則勝ち）リンチ
②リンチ（4分2秒 反則勝ち）井上
③井上（11分2秒 体固め）リンチ
※井上が3度目の防衛に成功

■4月10日＝東京・足立区体育館
IWA世界ヘビー級選手権試合（61分3本勝負）
マッドドッグ・バション（2-1）マイティ井上
①バション（9分30秒 コブラクラッチ）井上
②バション（3分18秒 両者リングアウト）井上
※井上が4度目の防衛に失敗。バションが第10代王者となる

■4月19日＝北海道・札幌中島スポーツセンター
IWA世界ヘビー級選手権試合＝金網デスマッチ（時間無制限1本勝負）
ラッシャー木村（7分25秒 逆エビ固め）マッドドッグ・バション
※バションが初防衛に失敗。木村が第11代王者となる

■5月26日＝東京・後楽園ホール
IWA世界ヘビー級選手権試合（61分3本勝負）
ラッシャー木村（2-1）キラー・トーア・カマタ
①木村（11分25秒 両者リングアウト）カマタ
②木村（6分2秒 反則勝ち）カマタ
※木村が初防衛に成功

■6月6日＝栃木・宇都宮市体育館
IWA世界ヘビー級選手権試合＝金網デスマッチ（時間無制限1本勝負）
ラッシャー木村（14分59秒 KO勝ち）キラー・トーア・カマタ
※木村が2度目の防衛に成功

■6月29日＝東京・後楽園ホール
IWA世界ヘビー級選手権試合（61分3本勝負）
ラッシャー木村（2-1）マイティ井上
①井上（12分10秒 回転エビ固め）木村
②木村（4分44秒 逆エビ固め）井上
③木村（6分45秒 体固め）井上
※木村が3度目の防衛に成功

■7月28日＝東京・大田区体育館
IWA世界ヘビー級選手権試合（61分3本勝負）
ラッシャー木村（2-1）ビッグ・ジョン・クイン
①クイン（15分47秒 体固め）木村
②木村（1分30秒 反則勝ち）クイン
③木村（1分15秒 体固め）クイン
※木村が4度目の防衛に成功

■10月6日＝東京・後楽園ホール
IWA世界ヘビー級選手権試合（61分3本勝負）
ラッシャー木村（2-1）ジプシー・ジョー
①ジョー（10分36秒 体固め）木村
②木村（3分12秒 片エビ固め）ジョー
③木村（8分18秒 リングアウト勝ち）ジョー
※木村が5度目の防衛に成功

■10月8日＝茨城・古河市体育館
IWA世界ヘビー級選手権試合＝金網デスマッチ（時間無制限1本勝負）
ラッシャー木村（14分55秒 KO勝ち）ジプシー・ジョー
※木村が6度目の防衛に成功

■12月4日＝東京・後楽園ホール
IWA世界ヘビー級選手権試合（61分3本勝負）
ラッシャー木村（2-0）ピエール・マーチン
①木村（12分56秒 反則勝ち）マーチン
②木村（3分2秒 体固め）マーチン
※木村が7度目の防衛に成功

1976年（昭和51年）

■1月24日＝埼玉・越谷市体育館
IWA世界ヘビー級選手権試合（時間無制限1本勝負）
ラッシャー木村（15分2秒 体固め）セーラー・ホワイト
※木村が8度目の防衛に成功

■3月7日＝神奈川・大和車体工業体育館
IWA世界ヘビー級選手権試合（61分3本勝負）
ラッシャー木村（2-1）キラー・トーア・カマタ
①木村（8分55秒 両者リングアウト）カマタ

②木村（3分45秒 リングアウト勝ち）カマタ
※木村が9度目の防衛に成功
■3月11日＝茨城・水戸市民体育館
IWA世界ヘビー級選手権試合＝金網デスマッチ（時間無制限1本勝負）
ラッシャー木村（10分20秒 逆エビ固め）キラー・トーア・カマタ
※木村が10度目の防衛に成功
■4月13日＝茨城・岩瀬町体育館
IWA世界ヘビー級選手権試合（61分3本勝負）
ラッシャー木村（2-1）ジ・アンダーテーカー
①木村（12分17秒 逆エビ固め）アンダーテーカー
②木村（5分51秒 両者リングアウト）アンダーテーカー
※木村が11度目の防衛に成功するも、試合後に試合内容への不満から王座返上
■4月22日＝仙台・宮城県スポーツセンター
IWA世界ヘビー級王座決定戦＝金網デスマッチ（時間無制限1本勝負）
ラッシャー木村（12分47秒 逆エビ固め）ジ・アンダーテーカー
※木村が第12代王者となる
■6月11日＝茨城・古河市体育館
IWA世界ヘビー級選手権試合（時間無制限1本勝負）
上田馬之助（16分35秒 体固め）ラッシャー木村
※木村が初防衛に失敗。上田が第13代王者となる
■7月28日＝千葉・銚子市体育館
IWA世界ヘビー級選手権試合＝金網デスマッチ（時間無制限1本勝負）
上田馬之助（17分48秒 没収試合）ラッシャー木村
※没収試合のため王座は空位となる
※再戦を控えて上田が負傷したため、代打としてスーパー・アサシンを指名して、木村との王座決定戦を行う
■7月31日＝埼玉・越谷市体育館
IWA世界ヘビー級王座決定戦＝金網デスマッチ（時間無制限1本勝負）
ラッシャー木村（12分32秒 逆エビ固め）スーパー・アサシン
※木村が第14代王者となる
■10月2日＝埼玉・熊谷市民体育館
IWA世界ヘビー級選手権試合（61分3本勝負）
ラッシャー木村（2-1）ワイルド・アンガス
①アンガス（3分42秒 体固め）木村
②木村（9分15秒 体固め）アンガス
③木村（5分4秒 体固め）アンガス
※木村が初防衛に成功
■10月26日＝茨城・境町体育館
IWA世界ヘビー級選手権試合（61分3本勝負）
ラッシャー木村（1-1）ジプシー・ジョー
①木村（6分55秒 両者リングアウト）ジョー
②木村（8分46秒 両者リングアウト）ジョー
※木村が2度目の防衛に成功
■11月1日＝北海道・札幌中島スポーツセンター
IWA世界ヘビー級選手権試合（時間無制限1本勝負）
ラッシャー木村（13分7秒 両者リングアウト）ジプシー・ジョー
※木村が3度目の防衛に成功
■11月11日＝秋田・大館市民体育館
IWA世界ヘビー級選手権試合（61分3本勝負）
ラッシャー木村（2-1）ギル・ヘイズ
①ヘイズ（7分29秒 体固め）木村
②木村（5分32秒 反則勝ち）ヘイズ
③木村（12分43秒 逆エビ固め）ヘイズ
※木村が4度目の防衛に成功
■12月3日＝東京・後楽園ホール
IWA世界ヘビー級選手権試合＝金網デスマッチ（時間無制限1本勝負）
ラッシャー木村（14分37秒 KO勝ち）ジプシー・ジョー
※木村が5度目の防衛に成功

1977年（昭和52年）

■1月19日＝栃木・佐野市民会館
IWA世界ヘビー級選手権試合（61分3本勝負）
ラッシャー木村（2-0）リップ・タイラー
①木村（11分31秒 反則勝ち）タイラー
②木村（3分37秒 片エビ固め）タイラー
※木村が6度目の防衛に成功
■5月13日＝埼玉・大宮スケートセンター
IWA世界ヘビー級選手権試合（時間無制限1本勝負）
ラッシャー木村（15分43秒 片エビ固め）ワイルド・アンガス
※木村が7度目の防衛に成功
■6月27日＝静岡・駿府会館
IWA世界ヘビー級選手権試合（61分3本勝負）
ラッシャー木村（1-1）キラー・トーア・カマタ
①カマタ（2分20秒 体固め）木村
②木村（13分7秒 体固め）カマタ
③木村（3分31秒 両者リングアウト）カマタ
※木村が8度目の防衛に成功
■8月7日＝東京・後楽園ホール
IWA世界ヘビー級選手権試合（時間無制限1本勝負）
ラッシャー木村（15分23秒 無効試合）ジプシー・ジョー
※木村が9度目の防衛に成功
■9月7日＝大阪府立体育会館
IWA世界ヘビー級選手権試合（61分3本勝負）
ラッシャー木村（2-1）マイティ井上
①木村（23分54秒 片エビ固め）井上
②井上（1分34秒 回転エビ固め）木村
③木村（2分25秒 リングアウト勝ち）井上
※木村が10度目の防衛に成功

■9月29日＝神奈川・川崎市体育館
IWA世界ヘビー級選手権試合（61分1本勝負）
ラッシャー木村（11分44秒 片エビ固め）ボブ・エリス
※木村が11度目の防衛に成功
■11月24日＝埼玉・越谷市体育館
IWA世界ヘビー級選手権試合（61分1本勝負）
ラッシャー木村（16分15秒 体固め）キラー・ブルックス
※木村が12度目の防衛に成功

1978年（昭和53年）

■1月19日＝茨城・水戸市民体育館
IWA世界ヘビー級選手権試合＝金網デスマッチ（時間無制限1本勝負）
ラッシャー木村（15分15秒 体固め）セーラー・ホワイト
※木村が13度目の防衛に成功
■3月24日＝神奈川・横浜文化体育館
IWA世界ヘビー級選手権試合（61分3本勝負）
ラッシャー木村（2-1）キラー・ブルックス
①ブルックス（11分25秒 体固め）木村
②木村（2分40秒 片エビ固め）ブルックス
③木村（4分22秒 逆片エビ固め）ブルックス
※木村が14度目の防衛に成功
■5月1日＝静岡・富士市民体育館
IWA世界ヘビー級選手権試合（61分3本勝負）
ラッシャー木村（無効試合）マイティ井上
①井上（13分1秒 エビ固め）木村
②木村（3分3秒 スリーパーホールド）井上
③木村（2分17秒 無判定）井上
※木村が15度目の防衛に成功
■7月19日＝秋田県営体育館
IWA世界ヘビー級選手権試合＝金網デスマッチ（時間無制限1本勝負）
ラッシャー木村（14分34秒 KO勝ち）ザ・カサバブ

77年11・24越谷、木村vsブルックス

※木村が16度目の防衛に成功
■7月26日＝埼玉・越谷市体育館
IWA世界ヘビー級選手権試合（61分3本勝負）
ラッシャー木村（2-1）アレックス・スミルノフ
①木村（9分51秒 片エビ固め）スミルノフ
②スミルノフ（2分33秒 体固め）木村
③木村（4分58秒 試合放棄）スミルノフ
※木村が17度目の防衛に成功
■8月2日（現地時間）＝韓国・ソウル文化体育館
IWA世界ヘビー級選手権試合（61分1本勝負）
ラッシャー木村（7分59秒 体固め）梁承揮
※木村が18度目の防衛に成功
■9月25日＝富山・高岡市体育館
IWA世界ヘビー級選手権試合＝金網デスマッチ（時間無制限1本勝負）
ラッシャー木村（19分57秒 KO勝ち）オックス・ベーカー
※木村が19度目の防衛に成功
■10月13日＝茨城・常陸太田市体育館
IWA世界ヘビー級選手権試合＝テキサスデスマッチ（時間無制限1本勝負）
ラッシャー木村（17分39秒 逆片エビ固め）オックス・ベーカー
※木村が20度目の防衛に成功

1979年（昭和54年）

■1月28日＝神奈川・大和車体工業体育館
IWA世界ヘビー級選手権試合（61分3本勝負）
アレックス・スミルノフ（2-1）ラッシャー木村
①スミルノフ（5分39秒 体固め）木村
②木村（7分0秒 逆エビ固め）スミルノフ
③スミルノフ（5分10秒 反則勝ち）木村
※反則含みのため王座の移動なし。木村が21度目の防衛に成功
■3月26日＝福島・原ノ町市体育館

IWA世界ヘビー級選手権試合（61分3本勝負）
ラッシャー木村（2-1）ジョン・トロス
①木村（4分20秒 両者リングアウト）トロス
②木村（1分46秒 反則勝ち）トロス
※木村が22度目の防衛に成功

■4月20日＝富山市体育館
IWA世界ヘビー級選手権試合（61分3本勝負）
ラッシャー木村（2-1）上田馬之助
①木村（9分40秒 両者リングアウト）上田
②木村（1分57秒 反則勝ち）上田
※木村が23度目の防衛に成功

■4月21日＝富山・高岡市民体育館
IWA世界ヘビー級選手権試合＝金網デスマッチ（時間無制限1本勝負）
ラッシャー木村（12分30秒 逆エビ固め）スーパースター・ビリー・グラハム
※木村が24度目の防衛に成功

■5月7日＝静岡・富士市民体育館
IWA世界ヘビー級選手権試合＝金網デスマッチ（時間無制限1本勝負）
ラッシャー木村（9分52秒 スタンプホールド）ジプシー・ジョー
※木村が25度目の防衛に成功

■5月9日＝静岡・焼津スケートセンター
IWA世界ヘビー級選手権試合＝チェーンデスマッチ（61分3本勝負）
ラッシャー木村（14分56秒 無効試合）キラー・ブルックス
※試合途中からチェーンデスマッチに変更。無効試合となり防衛回数にはカウントされず

■7月20日＝秋田・大館市民体育館
IWA世界ヘビー級選手権試合（61分1本勝負）
ラッシャー木村（10分25秒 両者リングアウト）アンドレ・ザ・ジャイアント
※木村が26度目の防衛に成功

■7月21日＝新潟・村上市体育館
IWA世界ヘビー級選手権試合（61分3本勝負）
アレックス・スミルノフ（2-1）ラッシャー木村
①木村（8分48秒 片エビ固め）スミルノフ
②スミルノフ（2分50秒 体固め）木村
③スミルノフ（3分16秒 体固め）木村
※木村が27度目の防衛に失敗。スミルノフが第15代王者となる

■7月25日＝静岡・三島市民体育館
IWA世界ヘビー級選手権試合（61分1本勝負）
ラッシャー木村（15分19秒 片エビ固め）アレックス・スミルノフ
※スミルノフが初防衛に失敗。木村が第16代王者となる

■9月29日＝神奈川・横浜文化体育館
IWA世界ヘビー級選手権試合（61分1本勝負）
ラッシャー木村（6分16秒 反則勝ち）上田馬之助
※木村が初防衛に成功

■10月3日＝栃木・黒石市中央スポーツセンター
IWA世界ヘビー級選手権試合（61分1本勝負）
ラッシャー木村（13分23秒 レフェリーストップ）ジョー・ルダック
※木村が2度目の防衛に成功

■10月5日＝東京・後楽園ホール
IWA世界ヘビー級&AWA世界ヘビー級ダブル選手権試合（60分1本勝負）
ラッシャー木村（16分30秒 反則勝ち）ニック・ボックウインクル
※木村がIWA世界ヘビー級王座3度目の防衛に成功。反則勝ちのため、AWA世界ヘビー級王座の移動はなし。ニックがAWA世界ヘビー級王座の防衛に成功

■11月13日＝新潟・三条市厚生福祉会館
IWA世界ヘビー級選手権試合（61分1本勝負）
バーン・ガニア（17分41秒 リングアウト勝ち）ラッシャー木村
※木村が4度目の防衛に失敗。ガニアが第17代王者となる

■11月16日＝和歌山県立体育館
IWA世界ヘビー級選手権試合（61分1本勝負）
ラッシャー木村（13分53秒 リングアウト勝ち）バーン・ガニア
※ガニアが初防衛に失敗。木村が第18代王者となる

■12月4日＝東京・後楽園ホール
IWA世界ヘビー級選手権試合（61分1本勝負）
ラッシャー木村（10分49秒 体固め）モンゴリアン・ストンパー
※木村が初防衛に成功

1980年（昭和55年）

■1月7日＝大阪府立体育会館
IWA世界ヘビー級選手権試合（61分1本勝負）
ラッシャー木村（17分35秒 片エビ固め）キラー・カール・クラップ
※木村が2度目の防衛に成功

■1月28日＝愛知・蒲郡市民体育館
IWA世界ヘビー級選手権試合（61分1本勝負）
ラッシャー木村（15分21秒 片エビ固め）キラー・カール・クラップ
※木村が3度目の防衛に成功

■3月8日＝鹿児島県立体育館
IWA世界ヘビー級選手権試合（61分3本勝負）
ラッシャー木村（2-1）モンゴリアン・ストンパー
①木村（0分55秒 体固め）ストンパー
②ストンパー（6分44秒 体固め）木村
③木村（2分12秒 エビ固め）ストンパー
※木村が4度目の防衛に成功

■3月31日＝東京・後楽園ホール
IWA世界ヘビー級選手権試合（61分1本勝負）
ラッシャー木村（13分29秒 リングアウト勝ち）ジョニー・パワーズ
※木村が5度目の防衛に成功

■4月30日＝青森・弘前市民体育館
IWA世界ヘビー級選手権試合（61分3本勝負）
ラッシャー木村（2-1）ジョー・ルダック
①ルダック（11分40秒 反則勝ち）木村
②木村（0分57秒 反則勝ち）ルダック
③木村（3分29秒 逆エビ固め）ルダック
※木村が6度目の防衛に成功

■5月10日＝青森・八戸市体育館
IWA世界ヘビー級選手権試合（61分1本勝負）
ラッシャー木村（25分15秒 両者リングアウト）マイク・ジョージ
※木村が7度目の防衛に成功

■7月13日＝兵庫・八鹿町民体育館
IWA世界ヘビー級選手権試合（61分1本勝負）
ラッシャー木村（12分7秒 裏足4の字固め）ランディ・タイラー
※木村が8度目の防衛に成功

■10月4日＝滋賀・近江八幡市立運動公園体育館
IWA世界ヘビー級選手権試合（61分1本勝負）
ラッシャー木村（14分29秒 リングアウト勝ち）ビッグ・ジョン・クイン
※木村が9度目の防衛に成功

■10月11日＝埼玉・越谷市体育館
IWA世界ヘビー級選手権試合（61分1本勝負）
ラッシャー木村（9分12秒 片エビ固め）ロン・バス
※木村が10度目の防衛に成功

■11月22日＝和歌山・新宮市総合体育館
IWA世界ヘビー級選手権試合（61分1本勝負）
ラッシャー木村（17分16秒 カウントアウト）アレックス・スミルノフ
※木村が11度目の防衛に成功

■12月13日＝東京体育館（新日本プロレス）
IWA世界ヘビー級選手権試合（61分1本勝負）
ラッシャー木村（11分37秒 片エビ固め）ストロング小林
※木村が12度目の防衛に成功

1981年（昭和56年）

■1月30日＝茨城・常陸太田市民体育館
IWA世界ヘビー級選手権試合（61分3本勝負）
ラッシャー木村（2-0）マイク・ジョージ
①木村（11分47秒 反則勝ち）ジョージ
②木村（3分42秒 首固め）ジョージ
※木村が13度目の防衛に成功

■3月24日＝宮城・泉市民体育館
IWA世界ヘビー級選手権試合（61分1本勝負）
ラッシャー木村（13分8秒 グラウンド卍固め）レイ・キャンディ
※木村が14度目の防衛に成功

■5月16日＝東京・後楽園ホール
IWA世界ヘビー級選手権試合（61分1本勝負）
ラッシャー木村（13分12秒 裏足4の字固め）スティーブ・オルソノスキー
※木村が15度目の防衛に成功

■6月22日＝福島・郡山セントラルホール
IWA世界ヘビー級選手権試合（61分3本勝負）
ラッシャー木村（2-0）ジプシー・ジョー
①木村（9分41秒 反則勝ち）ジョー
②木村（8分7秒 グラウンド卍固め）ジョー
※木村が16度目の防衛に成功

■8月6日＝北海道・室蘭市体育館
IWA世界ヘビー級選手権試合＝金網デスマッチ（時間無制限1本勝負）
ラッシャー木村（7分18秒 逆エビ固め）ジ・エンフォーサー
※木村が17度目の防衛に成功

三冠ヘビー級選手権試合

1989年（平成元年）

■4月18日＝東京・大田区体育館
インターナショナル&PWF&UN三冠ヘビー級王座統一戦（60分1本勝負）
ジャンボ鶴田（17分53秒 片エビ固め）スタン・ハンセン
※ハンセンがPWFヘビー級王座3度目の防衛、UNヘビー級王座3度目の防衛に失敗。鶴田がインターナショナルヘビー級王座3度目の防衛に成功するとともに、第15代PWFヘビー級王者、第28代UNヘビー級王者となる。三冠統一に成功した鶴田が初代三冠ヘビー級王者となる

■4月20日＝大阪府立体育会館
三冠ヘビー級選手権試合（60分1本勝負）
ジャンボ鶴田（16分3秒 体固め）天龍源一郎
※鶴田が初防衛に成功

■6月5日＝東京・日本武道館
三冠ヘビー級選手権試合（60分1本勝負）
天龍源一郎（24分5秒 エビ固め）ジャンボ鶴田
※鶴田が2度目の防衛に失敗。天龍が第2代王者となる

■7月18日＝大津・滋賀県立体育館
三冠ヘビー級選手権試合（60分1本勝負）
天龍源一郎（18分57秒 エビ固め）谷津嘉章
※天龍が初防衛に成功

■9月2日＝東京・日本武道館
三冠ヘビー級選手権試合（60分1本勝負）
天龍源一郎（12分12秒 エビ固め）テリー・ゴーディ

※天龍が2度目の防衛に成功
■10月11日＝神奈川・横浜文化体育館
三冠ヘビー級選手権試合（60分1本勝負）
ジャンボ鶴田（22分38秒 エビ固め）天龍源一郎
※天龍が3度目の防衛に失敗。鶴田が第3代王者となる

1990年（平成2年）

■3月6日＝東京・日本武道館
三冠ヘビー級選手権試合（60分1本勝負）
ジャンボ鶴田（12分39秒 バックドロップ・ホールド）バリー・ウインダム
※鶴田が初防衛に成功
■4月19日＝神奈川・横浜文化体育館
三冠ヘビー級選手権試合（60分1本勝負）
ジャンボ鶴田（12分32秒 バックドロップ・ホールド）天龍源一郎
※鶴田が2度目の防衛に成功
■6月5日＝千葉公園体育館
三冠ヘビー級選手権試合（60分1本勝負）
テリー・ゴーディ（14分51秒 片エビ固め）ジャンボ鶴田
※鶴田が3度目の防衛に失敗。ゴーディが第4代王者となる
■6月8日＝東京・日本武道館
三冠ヘビー級選手権試合（60分1本勝負）
スタン・ハンセン（21分33秒 片エビ固め）テリー・ゴーディ
※ゴーディが初防衛に失敗。ハンセンが第5代王者となる
■7月17日＝金沢・石川県産業展示館
三冠ヘビー級選手権試合（60分1本勝負）
テリー・ゴーディ（21分4秒 片エビ固め）スタン・ハンセン
※ハンセンが初防衛に失敗。ゴーディが第6代王者となるが、7月26日に急病で倒れて救急搬送。7月27日に王座返上
■7月27日＝千葉・松戸市運動公園体育館
三冠ヘビー級王座決定戦（60分1本勝負）
スタン・ハンセン（16分16秒 体固め）三沢光晴
※ハンセンが第7代王者となる
■9月1日＝東京・日本武道館
三冠ヘビー級選手権試合（60分1本勝負）
スタン・ハンセン（20分32秒 片エビ固め）スティーブ・ウイリアムス
※ハンセンが初防衛に成功

1991年（平成3年）

■1月19日＝長野・松本市総合体育館
三冠ヘビー級選手権試合（60分1本勝負）
ジャンボ鶴田（15分49秒 体固め）スタン・ハンセン
※ハンセンが2度目の防衛に失敗。鶴田が第8代王者となる
■4月18日＝東京・日本武道館
三冠ヘビー級選手権試合（60分1本勝負）
ジャンボ鶴田（23分17秒 片エビ固め）三沢光晴
※鶴田が初防衛に成功
■7月20日＝神奈川・横浜文化体育館
三冠ヘビー級選手権試合（60分1本勝負）
ジャンボ鶴田（20分35秒 体固め）スティーブ・ウイリアムス
※鶴田が2度目の防衛に成功
■10月24日＝神奈川・横浜文化体育館
三冠ヘビー級選手権試合（60分1本勝負）
ジャンボ鶴田（19分5秒 バックドロップ・ホールド）川田利明
※鶴田が3度目の防衛に成功

1992年（平成4年）

■1月28日＝千葉公園体育館
三冠ヘビー級選手権試合（60分1本勝負）
スタン・ハンセン（16分41秒 片エビ固め）ジャンボ鶴田
※鶴田が4度目の防衛に失敗。ハンセンが第9代王者となる
■3月4日＝東京・日本武道館
三冠ヘビー級選手権試合（60分1本勝負）
スタン・ハンセン（19分12秒 体固め）三沢光晴
※ハンセンが初防衛に成功
■6月5日＝東京・日本武道館
三冠ヘビー級選手権試合（60分1本勝負）
スタン・ハンセン（21分18秒 片エビ固め）川田利明
※ハンセンが2度目の防衛に成功
■7月31日＝千葉・松戸市運動公園体育館
三冠ヘビー級選手権試合（60分1本勝負）
スタン・ハンセン（14分41秒 体固め）田上明
※ハンセンが3度目の防衛に成功
■8月22日＝東京・日本武道館
三冠ヘビー級選手権試合（60分1本勝負）
三沢光晴（24分4秒 体固め）スタン・ハンセン
※ハンセンが4度目の防衛に失敗。三沢が第10代王者となる
■10月21日＝東京・日本武道館
三冠ヘビー級選手権試合（60分1本勝負）
三沢光晴（29分52秒 タイガー・スープレックス・ホールド）川田利明
※三沢が初防衛に成功

1993年（平成5年）

■2月28日＝東京・日本武道館
三冠ヘビー級選手権試合（60分1本勝負）
三沢光晴（22分33秒 エビ固め）田上明
※三沢が2度目の防衛に成功
■5月21日＝北海道・札幌中島体育センター
三冠ヘビー級選手権試合（60分1本勝負）
三沢光晴（26分11秒 片エビ固め）スタン・ハンセン
※三沢が3度目の防衛に成功

■7月29日＝東京・日本武道館
三冠ヘビー級選手権試合（60分1本勝負）
三沢光晴（25分53秒　タイガー・スープレックス・ホールド）川田利明
※三沢が4度目の防衛に成功
■9月3日＝東京・日本武道館
三冠ヘビー級選手権試合（60分1本勝負）
三沢光晴（23分6秒　エビ固め）スティーブ・ウイリアムス
※三沢が5度目の防衛に成功
■10月23日＝東京・日本武道館
三冠ヘビー級選手権試合（60分1本勝負）
三沢光晴（22分10秒　回転エビ固め）スタン・ハンセン
※三沢が6度目の防衛に成功
1994年（平成6年）
■6月3日＝東京・日本武道館
三冠ヘビー級選手権試合（60分1本勝負）
三沢光晴（35分50秒　エビ固め）川田利明
※三沢が7度目の防衛に成功
■7月28日＝東京・日本武道館
三冠ヘビー級選手権試合（60分1本勝負）
スティーブ・ウイリアムス（27分39秒　片エビ固め）三沢光晴
※三沢が8度目の防衛に失敗。ウイリアムスが第11代王者となる
■9月3日＝東京・日本武道館
三冠ヘビー級選手権試合（60分1本勝負）
スティーブ・ウイリアムス（41分23秒　バックドロップ・ホールド）小橋健太
※ウイリアムスが初防衛に成功
■10月22日＝東京・日本武道館
三冠ヘビー級選手権試合（60分1本勝負）
川田利明（37分58秒　片エビ固め）スティーブ・ウイリアムス

93年10・23武道館、三沢vsハンセン

※ウイリアムスが2度目の防衛に失敗。川田が第12代王者となる
1995年（平成7年）
■1月19日＝大阪府立体育会館
三冠ヘビー級選手権試合（60分1本勝負）
川田利明（時間切れ引き分け）小橋健太
※川田が初防衛に成功
■3月4日＝東京・日本武道館
三冠ヘビー級選手権試合（60分1本勝負）
スタン・ハンセン（31分26秒　片エビ固め）川田利明
※川田が2度目の防衛に失敗。ハンセンが第13代王者となる
■5月26日＝北海道・札幌中島体育センター
三冠ヘビー級選手権試合（60分1本勝負）
三沢光晴（25分6秒　ヘッドシザース固め）スタン・ハンセン
※ハンセンが初防衛に失敗。三沢が第14代王者となる
■7月24日＝東京・日本武道館
三冠ヘビー級選手権試合（60分1本勝負）
三沢光晴（24分16秒　片エビ固め）川田利明
※三沢が初防衛に成功
■9月10日＝東京・日本武道館
三冠ヘビー級選手権試合（60分1本勝負）
三沢光晴（20分50秒　片エビ固め）田上明
※三沢が2度目の防衛に成功
■10月25日＝東京・日本武道館
三冠ヘビー級選手権試合（60分1本勝負）
三沢光晴（35分51秒　エビ固め）小橋健太
※三沢が3度目の防衛に成功
1996年（平成8年）
■3月2日＝東京・日本武道館
三冠ヘビー級選手権試合（60分1本勝負）
三沢光晴（14分20秒　片エビ固め）ゲーリー・オブライト
※三沢が4度目の防衛に成功
■5月24日＝北海道・札幌中島体育センター
三冠ヘビー級選手権試合（60分1本勝負）
田上明（16分5秒　体固め）三沢光晴
※三沢が5度目の防衛に失敗。田上が第15代王者となる
■6月7日＝東京・日本武道館
三冠ヘビー級選手権試合（60分1本勝負）
田上明（17分41秒　片エビ固め）川田利明

※田上が初防衛に成功
■7月24日＝東京・日本武道館
三冠ヘビー級選手権試合（60分1本勝負）
小橋健太（27分25秒 体固め）田上明
※田上が2度目の防衛に失敗。小橋が第16代王者となる
■9月5日＝東京・日本武道館
三冠ヘビー級選手権試合（60分1本勝負）
小橋健太（26分7秒 片エビ固め）スタン・ハンセン
※小橋が初防衛に成功
■10月18日＝東京・日本武道館
三冠ヘビー級選手権試合（60分1本勝負）
小橋健太（時間切れ引き分け）川田利明
※小橋が2度目の防衛に成功

1997年（平成9年）

■1月20日＝大阪府立体育会館
三冠ヘビー級選手権試合（60分1本勝負）
三沢光晴（42分6秒 片エビ固め）小橋健太
※小橋が3度目の防衛に失敗。三沢が第17代王者となる
■3月1日＝東京・日本武道館
三冠ヘビー級選手権試合（60分1本勝負）
三沢光晴（27分52秒 エビ固め）スティーブ・ウイリアムス
※三沢が初防衛に成功
■6月6日＝東京・日本武道館
三冠ヘビー級選手権試合（60分1本勝負）
三沢光晴（31分22秒 ジャーマン・スープレックス・ホールド）川田利明
※三沢が2度目の防衛に成功
■7月25日＝東京・日本武道館
三冠ヘビー級選手権試合（60分1本勝負）
三沢光晴（20分25秒 ジャーマン・スープレックス・ホールド）田上明
※三沢が3度目の防衛に成功
■9月6日＝東京・日本武道館
三冠ヘビー級選手権試合（60分1本勝負）
三沢光晴（24分57秒 エビ固め）秋山準
※三沢が4度目の防衛に成功
■10月11日＝福岡国際センター
三冠ヘビー級選手権試合（60分1本勝負）
三沢光晴（24分21秒 エビ固め）スティーブ・ウイリアムス
※三沢が5度目の防衛に成功
■10月21日＝東京・日本武道館
三冠ヘビー級選手権試合（60分1本勝負）
三沢光晴（32分55秒 体固め）小橋健太
※三沢が6度目の防衛に成功

1998年（平成10年）

■1月26日＝大阪府立体育会館
三冠ヘビー級選手権試合（60分1本勝負）
三沢光晴（23分9秒 体固め）秋山準
※三沢が7度目の防衛に成功
■2月28日＝東京・日本武道館
三冠ヘビー級選手権試合（60分1本勝負）
三沢光晴（33分34秒 片エビ固め）ジョニー・エース
※三沢が8度目の防衛に成功
■5月1日＝東京ドーム
三冠ヘビー級選手権試合（時間無制限1本勝負）
川田利明（28分5秒 エビ固め）三沢光晴
※三沢が9度目の防衛に失敗。川田が第18代王者となる
■6月12日＝東京・日本武道館
三冠ヘビー級選手権試合（60分1本勝負）
小橋健太（33分49秒 片エビ固め）川田利明
※川田が初防衛に失敗。小橋が第19代王者となる
■7月24日＝東京・日本武道館
三冠ヘビー級選手権試合（60分1本勝負）
小橋建太（32分50秒 片エビ固め）秋山準
※小橋が初防衛に成功
■9月11日＝東京・日本武道館
三冠ヘビー級選手権試合（60分1本勝負）
小橋建太（25分39秒 片エビ固め）田上明
※小橋が2度目の防衛に成功
■10月31日＝東京・日本武道館
三冠ヘビー級選手権試合（60分1本勝負）
三沢光晴（43分29秒 片エビ固め）小橋健太
※小橋が3度目の防衛に失敗。三沢が第20代王者となる

1999年（平成11年）

■1月22日＝大阪府立体育会館
三冠ヘビー級選手権試合（60分1本勝負）
川田利明（24分15秒 片エビ固め）三沢光晴
※三沢が初防衛に失敗。川田が第21代王者となるも、右腕尺骨骨折のため1月29日に王座返上
■3月6日＝東京・日本武道館
三冠ヘビー級王座決定戦（60分1本勝負）
ベイダー（12分51秒 エビ固め）田上明
※ベイダーが第22代王者となる
■5月2日＝東京ドーム
三冠ヘビー級選手権試合（60分1本勝負）
三沢光晴（18分7秒 片エビ固め）ベイダー
※ベイダーが初防衛に失敗。三沢が第23代王者となる
■6月11日＝東京・日本武道館
三冠ヘビー級選手権試合（60分1本勝負）
三沢光晴（43分40秒 片エビ固め）小橋建太
※三沢が初防衛に成功
■7月23日＝東京・日本武道館
三冠ヘビー級選手権試合（60分1本勝負）
三沢光晴（21分58秒 片エビ固め）川田利明
※三沢が2度目の防衛に成功
■10月30日＝東京・日本武道館

三冠ヘビー級選手権試合（60分1本勝負）
ベイダー（12分12秒 エビ固め）三沢光晴
※三沢が3度目の防衛に失敗。ベイダーが第24代王者となる

2000年（平成12年）

■1月23日＝神奈川・横浜文化体育館
三冠ヘビー級選手権試合（60分1本勝負）
ベイダー（16分13秒 片エビ固め）秋山準
※ベイダーが初防衛に成功

■2月27日＝東京・日本武道館
三冠ヘビー級選手権試合（60分1本勝負）
小橋健太（19分49秒 エビ固め）ベイダー
※ベイダーが2度目の防衛に失敗。小橋が第25代王者となる

■5月26日＝新潟市体育館
三冠ヘビー級選手権試合（60分1本勝負）
小橋健太（21分20秒 体固め）高山善廣
※小橋が初防衛に成功。6月15日に全日本退団に伴い王座返上

■10月28日＝東京・日本武道館
新三冠王者決定トーナメント決勝戦（時間無制限1本勝負）
天龍源一郎（26分28秒 片エビ固め）川田利明
※天龍が第26代王者となる

2001年（平成13年）

■3月3日＝神奈川・横浜文化体育館
三冠ヘビー級選手権試合（60分1本勝負）
天龍源一郎（19分39秒 片エビ固め）太陽ケア
※天龍が初防衛に成功

■6月8日＝東京・日本武道館
三冠ヘビー級選手権試合（60分1本勝負）
武藤敬司（23分24秒 体固め）天龍源一郎
※天龍が2度目の防衛に失敗。武藤が第27代王者となる

■7月14日＝東京・日本武道館
三冠ヘビー級選手権試合（60分1本勝負）
武藤敬司（18分52秒 体固め）スティーブ・ウイリアムス
※武藤が初防衛に成功

■9月23日＝大阪・なみはやドーム（新日本プロレス）
三冠ヘビー級選手権試合（60分1本勝負）
武藤敬司（15分14秒 片エビ固め）スコット・ホール
※武藤が2度目の防衛に成功

■10月27日＝東京・日本武道館
三冠ヘビー級選手権試合（60分1本勝負）
武藤敬司（22分52秒 体固め）蝶野正洋
※武藤が3度目の防衛に成功

■12月11日＝大阪府立体育会館（新日本プロレス）
三冠ヘビー級選手権試合（60分1本勝負）
武藤敬司（19分32秒 体固め）藤波辰爾
※武藤が4度目の防衛に成功

2002年（平成14年）

■2月24日＝東京・日本武道館
三冠ヘビー級選手権試合（60分1本勝負）
川田利明（27分37秒 エビ固め）武藤敬司
※武藤が5度目の防衛に失敗。川田が第28代王者となるも、右ヒザ負傷のため3月28日に王座返上

■4月13日＝東京・日本武道館
三冠ヘビー級王座決定戦（60分1本勝負）
天龍源一郎（19分38秒 片エビ固め）武藤敬司
※天龍が第29代王者となる

■7月17日＝大阪府立体育会館
三冠ヘビー級選手権試合（60分1本勝負）
天龍源一郎（28分55秒 エビ固め）小島聡
※天龍が初防衛に成功

■10月27日＝東京・日本武道館

01年12・11大阪、武藤 vs 藤波

三冠ヘビー級選手権試合（60分1本勝負）
グレート・ムタ（17分12秒 体固め）天龍源一郎
※天龍が2度目の防衛に失敗。ムタが第30代王者となる
グレート・ムタ（18分11秒 体固め）ザ・グラジエーター
※ムタが初防衛に成功

2003年（平成15年）

■1月13日＝大阪府立体育会館
三冠ヘビー級選手権試合（60分1本勝負）
橋本真也（20分9秒 片エビ固め）グレート・ムタ
※ムタが2度目の防衛に失敗。橋本が第31代王者となる
■4月12日＝東京・日本武道館
三冠ヘビー級選手権試合（60分1本勝負）
橋本真也（17分4秒 TKO勝ち）嵐
※レフェリーストップによる。橋本が初防衛に成功
■6月13日＝名古屋・愛知県体育館
三冠ヘビー級選手権試合（60分1本勝負）
橋本真也（21分54秒 体固め）小島聡
※橋本が2度目の防衛に成功するも、右ヒザ及び右肩負傷により8月13日に王座返上
■9月6日＝東京・日本武道館
三冠ヘビー級王座決定トーナメント決勝戦（時間無制限1本勝負）
川田利明（21分34秒 エビ固め）大谷晋二郎
※川田が第32代王者となる
■10月26日＝東京・日本武道館
三冠ヘビー級選手権試合（60分1本勝負）
川田利明（17分5秒 TKO勝ち）ドン・フライ
※レフェリーストップによる。川田が初防衛に成功

2004年（平成16年）

■1月18日＝大阪府立体育会館
三冠ヘビー級選手権試合（60分1本勝負）
川田利明（17分59秒 片エビ固め）天龍源一郎
※川田が2度目の防衛に成功
■2月22日＝東京・日本武道館
三冠ヘビー級選手権試合（60分1本勝負）
川田利明（19分57秒 TKO勝ち）橋本真也
※セコンドのTシャツ（タオル）投入による。川田が3度目の防衛に成功
■5月8日＝神奈川・横浜アリーナ（ハッスル）
三冠ヘビー級選手権試合（60分1本勝負）
川田利明（12分56秒 片エビ固め）ミック・フォーリー
※川田が4度目の防衛に成功
■6月12日＝名古屋・愛知県体育館
三冠ヘビー級選手権試合（60分1本勝負）
川田利明（18分1秒 TKO勝ち）ジャマール
※レフェリーストップによる。川田が5度目の防衛に成功
■7月18日＝東京・両国国技館
三冠ヘビー級選手権試合（60分1本勝負）
川田利明（22分36秒 体固め）大森隆男
※川田が6度目の防衛に成功
■9月3日＝神奈川・横浜文化体育館
三冠ヘビー級選手権試合（60分1本勝負）
川田利明（27分12秒 体固め）西村修
※川田が7度目の防衛に成功
■10月31日＝東京・両国国技館
三冠ヘビー級選手権試合（60分1本勝負）
川田利明（26分44秒 エビ固め）太陽ケア
※川田が8度目の防衛に成功
■12月5日＝東京・両国国技館
三冠ヘビー級選手権試合（60分1本勝負）
川田利明（32分21秒 片エビ固め）天山広吉
※川田が9度目の防衛に成功

2005年（平成17年）

■1月16日＝大阪府立体育会館
三冠ヘビー級選手権試合（60分1本勝負）
川田利明（23分27秒 片エビ固め）佐々木健介
※川田が10度目の防衛に成功
■2月16日＝東京・国立代々木競技場 第二体育館
三冠ヘビー級選手権試合（60分1本勝負）
小島聡（27分4秒 片エビ固め）川田利明
※川田が11度目の防衛に失敗。小島が第33代王者となる
■2月20日＝東京・両国国技館（新日本プロレス）
IWGPヘビー級&三冠ヘビー級ダブル選手権試合（60分1本勝負）
小島聡（59分45秒 KO勝ち）天山広吉
※天山がIWGPヘビー級王座の初防衛に失敗。小島が三冠ヘビー級王座の初防衛に成功するとともに、第41代IWGPヘビー級王者となる
■7月26日＝東京・国立代々木競技場 第二体育館
三冠ヘビー級選手権試合（60分1本勝負）
小島聡（26分37秒 片エビ固め）武藤敬司
※小島が2度目の防衛に成功
■9月1日＝北海道・札幌メディアパーク・スピカ
三冠ヘビー級選手権試合（60分1本勝負）
小島聡（25分41秒 片エビ固め）ジャマール
※小島が3度目の防衛に成功
■10月18日＝新潟市体育館
三冠ヘビー級選手権試合（60分1本勝負）
小島聡（18分7秒 片エビ固め）ジャイアント・バーナード
※小島が4度目の防衛に成功
■11月19日＝東京・国立代々木競技場 第二体育館
三冠ヘビー級選手権試合（60分1本勝負）
小島聡（23分28秒 片エビ固め）佐々木健介
※小島が5度目の防衛に成功

2006年(平成18年)

■1月8日＝大阪府立体育会館
三冠ヘビー級選手権試合(60分1本勝負)
小島聡(19分6秒 体固め)TARU
※小島が6度目の防衛に成功
■3月10日＝東京・大田区体育館
三冠ヘビー級選手権試合(60分1本勝負)
小島聡(19分31秒 片エビ固め)グレート・ムタ
※小島が7度目の防衛に成功
■6月10日＝熊本・三井グリーンランド遊園地内レインボードーム
三冠ヘビー級選手権試合(60分1本勝負)
小島聡(21分28秒 片エビ固め)諏訪魔
※小島が8度目の防衛に成功
■7月3日＝東京・大田区体育館
三冠ヘビー級選手権試合(60分1本勝負)
太陽ケア(19分56秒 片エビ固め)小島聡
※小島が9度目の防衛に失敗。ケアが第34代王者となる
■8月27日＝東京・両国国技館
三冠ヘビー級選手権試合(60分1本勝負)
太陽ケア(24分51秒 エビ固め)川田利明
※ケアが初防衛に成功
■9月3日＝北海道・札幌メディアパーク・スピカ
三冠ヘビー級選手権試合(60分1本勝負)
鈴木みのる(34分52秒 TKO勝ち)太陽ケア
※レフェリーストップによる。ケアが2度目の防衛に失敗。鈴木が第35代王者となる
■10月29日＝福岡国際センター
三冠ヘビー級選手権試合(60分1本勝負)
鈴木みのる(23分32秒 体固め)RO'Z
※鈴木が初防衛に成功

2007年(平成19年)

■1月4日＝東京ドーム(新日本プロレス)
鈴木みのる(17分22秒 TKO勝ち)永田裕志
※レフェリーストップによる。鈴木が2度目の防衛に成功
■2月17日＝東京・両国国技館
三冠ヘビー級選手権試合(60分1本勝負)
鈴木みのる(23分58秒 体固め)小島聡
※鈴木が3度目の防衛に成功
■4月30日＝名古屋・愛知県体育館
三冠ヘビー級選手権試合(60分1本勝負)
鈴木みのる(13分26秒 体固め)TAJIRI
※鈴木が4度目の防衛に成功
■7月1日＝神奈川・横浜文化体育館
三冠ヘビー級選手権試合(60分1本勝負)
鈴木みのる(26分54秒 ヒールホールド)武藤敬司
※鈴木が5度目の防衛に成功
■8月26日＝東京・両国国技館
三冠ヘビー級選手権試合(60分1本勝負)
佐々木健介(42分7秒 体固め)鈴木みのる
※鈴木が6度目の防衛に失敗。健介が第36代王者となる
■10月18日＝東京・国立代々木競技場 第二体育館
三冠ヘビー級選手権試合(60分1本勝負)
佐々木健介(26分5秒 片エビ固め)川田利明
※健介が初防衛に成功

2008年(平成20年)

■3月1日＝東京・両国国技館
三冠ヘビー級選手権試合(60分1本勝負)
佐々木健介(25分18秒 片エビ固め)小島聡
※健介が2度目の防衛に成功
■4月29日＝名古屋・愛知県体育館
三冠ヘビー級選手権試合(60分1本勝負)
諏訪魔(29分55秒 片エビ固め)佐々木健介
※健介が3度目の防衛に失敗。諏訪魔が第37代王者となる
■6月28日＝大阪府立体育会館
三冠ヘビー級選手権試合(60分1本勝負)
諏訪魔(36分57秒 体固め)西村修
※諏訪魔が初防衛に成功
■8月31日＝東京・両国国技館
三冠ヘビー級選手権試合(60分1本勝負)
諏訪魔(時間切れ引き分け)太陽ケア
※諏訪魔が2度目の防衛に成功
■9月28日＝神奈川・横浜文化体育館
三冠ヘビー級選手権試合(60分1本勝負)
グレート・ムタ(24分52秒 体固め)諏訪魔
※諏訪魔が3度目の防衛に失敗。ムタが第38代王者となる
■11月3日＝東京・両国国技館
三冠ヘビー級選手権試合(60分1本勝負)
グレート・ムタ(25分46秒 体固め)鈴木みのる
※ムタが初防衛に成功

2009年(平成21年)

■3月14日＝東京・両国国技館
三冠ヘビー級選手権試合(60分1本勝負)
髙山善廣(13分42秒 エベレスト・ジャーマン・スープレックス・ホールド)グレート・ムタ
※ムタが2度目の防衛に失敗。髙山が第39代王者となる
■5月30日＝名古屋・愛知県体育館
三冠ヘビー級選手権試合(60分1本勝負)
髙山善廣(22分59秒 エベレスト・ジャーマン・スープレックス・ホールド)鈴木みのる
※髙山が初防衛に成功
■8月30日＝東京・両国国技館
三冠ヘビー級選手権試合(60分1本勝負)
髙山善廣(26分21秒 エベレスト・ジャーマン・スープレックス・

ホールド）諏訪魔
※髙山が2度目の防衛に成功
■9月26日＝神奈川・横浜文化体育館
三冠ヘビー級選手権試合（60分1本勝負）
小島聡（19分30秒 片エビ固め）髙山善廣
※髙山が3度目の防衛に失敗。小島が第40代王者となる

2010年（平成22年）

■1月11日＝静岡・浜北総合体育館
三冠ヘビー級選手権試合（60分1本勝負）
小島聡（17分30秒 片エビ固め）ジョー・ドーリング
※小島が初防衛に成功
■3月21日＝東京・両国国技館
三冠ヘビー級選手権試合（60分1本勝負）
浜亮太（20分15秒 体固め）小島聡
※小島が2度目の防衛に失敗。浜が第41代王者となる
■5月2日＝名古屋・愛知県体育館
三冠ヘビー級選手権試合（60分1本勝負）
鈴木みのる（21分44秒 体固め）浜亮太
※浜が初防衛に失敗。鈴木が第42代王者となる
■7月4日＝大阪府立体育会館
三冠ヘビー級選手権試合（60分1本勝負）
鈴木みのる（25分19秒 TKO勝ち）河野真幸
※レフェリーストップによる。鈴木が初防衛に成功
■8月29日＝東京・両国国技館
三冠ヘビー級選手権試合（60分1本勝負）
諏訪魔（44分24秒 バックドロップ・ホールド）鈴木みのる
※鈴木が2度目の防衛に失敗。諏訪魔が第43代王者となる
■10月24日＝神奈川・横浜文化体育館
三冠ヘビー級選手権試合（60分1本勝負）
諏訪魔（29分13秒 体固め）船木誠勝
※諏訪魔が初防衛に成功

2011年（平成23年）

■1月10日＝静岡・浜北総合体育館
三冠ヘビー級選手権試合（60分1本勝負）
諏訪魔（35分49秒 体固め）太陽ケア
※諏訪魔が2度目の防衛に成功
■3月21日＝東京・両国国技館
三冠ヘビー級選手権試合（60分1本勝負）
諏訪魔（29分25秒 体固め）KENSO
※諏訪魔が3度目の防衛に成功
■6月19日＝東京・両国国技館
三冠ヘビー級選手権試合（60分1本勝負）
諏訪魔（30分13秒 バックドロップ・ホールド）永田裕志
※諏訪魔が4度目の防衛に成功
■7月31日＝名古屋・愛知県体育館
三冠ヘビー級選手権試合（60分1本勝負）
諏訪魔（28分0秒 体固め）真田聖也
※諏訪魔が5度目の防衛に成功
■10月23日＝東京・両国国技館
三冠ヘビー級選手権試合（60分1本勝負）
秋山準（30分35秒 体固め）諏訪魔
※諏訪魔が6度目の防衛に失敗。秋山が第44代王者となる
■11月27日＝東京・有明コロシアム（NOAH）
三冠ヘビー級選手権試合（60分1本勝負）
秋山準（23分8秒 スタンディング・フロント・ネックロック）太陽ケア
※秋山が初防衛に成功

2012年（平成24年）

■2月3日＝東京・後楽園ホール
三冠ヘビー級選手権試合（60分1本勝負）
秋山準（23分21秒 体固め）大森隆男
※秋山が2度目の防衛に成功
■3月20日＝東京・両国国技館
三冠ヘビー級選手権試合（60分1本勝負）
秋山準（18分21秒 体固め）武藤敬司
※秋山が3度目の防衛に成功
■7月1日＝東京・両国国技館（新日本プロレス&全日本プロレス）
三冠ヘビー級選手権試合（60分1本勝負）
秋山準（23分26秒 片エビ固め）太陽ケア
※秋山が4度目の防衛に成功
■8月26日＝東京・大田区総合体育館
三冠ヘビー級選手権試合（60分1本勝負）
船木誠勝（4分37秒 体固め）秋山準
※秋山が5度目の防衛に失敗。船木が第45代王者となる
■9月23日＝神奈川・横浜文化体育館
三冠ヘビー級選手権試合（60分1本勝負）
船木誠勝（27分11秒 体固め）諏訪魔
※船木が初防衛に成功
■10月21日＝愛知・名古屋国際会議場イベントホール
三冠ヘビー級選手権試合（60分1本勝負）
船木誠勝（6分33秒 体固め）大森隆男
※船木が2度目の防衛に成功
■12月11日＝長野・ホワイトリング
三冠ヘビー級選手権試合（60分1本勝負）
船木誠勝（19分18秒 体固め）征矢学
※船木が3度目の防衛に成功

2013年（平成25年）

■1月26日＝東京・大田区総合体育館
三冠ヘビー級選手権試合（60分1本勝負）
船木誠勝（11分54秒 片エビ固め）曙
※船木が4度目の防衛に成功
■3月17日＝東京・両国国技館
三冠ヘビー級選手権試合（60分1本勝負）

諏訪魔（30分15秒 バックドロップ・ホールド）船木誠勝
※船木が5度目の防衛に失敗。諏訪魔が第46代王者となる
■6月30日＝東京・両国国技館
三冠ヘビー級選手権試合（60分1本勝負）
諏訪魔（22分29秒 体固め）秋山準
※諏訪魔が初防衛に成功
■8月25日＝東京・大田区総合体育館
三冠ヘビー級選手権試合（60分1本勝負）
諏訪魔（35分2秒 体固め）潮崎豪
※諏訪魔が2度目の防衛に成功
■10月27日＝東京・両国国技館
三冠ヘビー級選手権試合（60分1本勝負）
曙（19分30秒 片エビ固め）諏訪魔
※諏訪魔が3度目の防衛に失敗。曙が第47代王者となる
■11月24日＝長野・ビッグハット
三冠ヘビー級選手権試合（60分1本勝負）
曙（5分16秒 両者リングアウト）ジョー・ドーリング
再試合（60分1本勝負）
曙（2分14秒 体固め）ジョー・ドーリング
※曙が初防衛に成功

2014年（平成26年）

■1月3日＝東京・後楽園ホール
三冠ヘビー級選手権試合（60分1本勝負）
曙（14分22秒 体固め）大森隆男
※曙が2度目の防衛に成功
■2月23日＝宜野湾・沖縄コンベンションセンター
三冠ヘビー級選手権試合（60分1本勝負）
曙（15分25秒 体固め）潮崎豪
※曙が3度目の防衛に成功
■3月18日＝東京・後楽園ホール
三冠ヘビー級選手権試合（60分1本勝負）
曙（9分24秒 体固め）宮原健斗
※曙が4度目の防衛に成功するも、体調不良により5月30日に王座返上
■6月15日＝東京・後楽園ホール
三冠ヘビー級王者決定戦（時間無制限1本勝負）
大森隆男（23分20秒 片エビ固め）秋山準
※大森が第48代王者となる
■6月29日＝北海道・札幌テイセンホール
三冠ヘビー級選手権試合（60分1本勝負）
諏訪魔（33分9秒 体固め）大森隆男
※大森が初防衛に失敗。諏訪魔が第49代王者となる
■7月27日＝東京・後楽園ホール
三冠ヘビー級選手権試合（60分1本勝負）
ジョー・ドーリング（21分11秒 エビ固め）諏訪魔
※諏訪魔が初防衛に失敗。ドーリングが第50代王者となる
■8月30日＝名古屋・愛知県体育館
三冠ヘビー級選手権試合（60分1本勝負）
ジョー・ドーリング（11分49秒 片エビ固め）曙
※ドーリングが初防衛に成功
■10月18日（現地時間）＝カナダ・オンタリオ州ウィンザー
三冠ヘビー級選手権試合（60分1本勝負）
ジョー・ドーリング（試合タイム、決め技不明）ライノ
※ドーリングが2度目の防衛に成功
■10月29日＝山形市総合スポーツセンター
三冠ヘビー級選手権試合（60分1本勝負）
ジョー・ドーリング（20分37秒 エビ固め）潮崎豪
※ドーリングが3度目の防衛に成功

2015年（平成27年）

■1月3日＝東京・後楽園ホール
三冠ヘビー級選手権試合（60分1本勝負）
潮崎豪（23分7秒 片エビ固め）ジョー・ドーリング
※ドーリングが4度目の防衛に失敗。潮崎が第51代王者となる
■2月7日＝大阪府立体育会館・第2競技場（BODY MAKERコロシアム第2競技場）
三冠ヘビー級選手権試合（60分1本勝負）
潮崎豪（25分43秒 片エビ固め）ゼウス
※潮崎が初防衛に成功
■3月27日＝東京・後楽園ホール
三冠ヘビー級選手権試合（60分1本勝負）
潮崎豪（24分11秒 体固め）宮原健斗
※潮崎が2度目の防衛に成功
■5月21日＝東京・後楽園ホール
三冠ヘビー級選手権試合（60分1本勝負）
曙（21分29秒 体固め）潮崎豪
※潮崎が3度目の防衛に失敗。曙が第52代王者となる
■6月21日＝北海道・札幌テイセンホール
三冠ヘビー級選手権試合（60分1本勝負）
曙（16分41秒 体固め）宮原健斗
※曙が初防衛に成功
■8月16日＝兵庫・神戸サンボーホール
三冠ヘビー級選手権試合（60分1本勝負）
曙（17分34秒 体固め）ゼウス
※曙が2度目の防衛に成功
■11月1日＝青森県武道館
三冠ヘビー級選手権試合（60分1本勝負）
秋山準（13分16秒 片エビ固め）曙
※曙が3度目の防衛に失敗。秋山が第53代王者となる

2016年（平成28年）

■1月2日＝東京・後楽園ホール
三冠ヘビー級選手権試合（60分1本勝負）
諏訪魔（24分19秒 バックドロップ・ホールド）秋山準
※秋山が初防衛に失敗。諏訪魔が第54代王者となるも、

右足アキレス腱断裂で1月12日に王座返上
■2月12日＝東京・後楽園ホール
三冠ヘビー級王座決定戦（60分1本勝負）
宮原健斗（23分20秒 シャットダウン・スープレックス・ホールド）ゼウス
※宮原が第55代王者となる
■3月21日＝沖縄・豊見城市民体育館
三冠ヘビー級選手権試合（60分1本勝負）
宮原健斗（20分19秒 シャットダウン・スープレックス・ホールド）大森隆男
※宮原が初防衛に成功
■5月25日＝東京・後楽園ホール
三冠ヘビー級選手権試合（60分1本勝負）
宮原健斗（20分6秒 シャットダウン・スープレックス・ホールド）関本大介
※宮原が2度目の防衛に成功
■6月15日＝東京・後楽園ホール
三冠ヘビー級選手権試合（60分1本勝負）
宮原健斗（21分59秒 シャットダウン・スープレックス・ホールド）真霜拳號
※宮原が3度目の防衛に成功
■7月23日＝福岡・博多スターレーン
三冠ヘビー級選手権試合（60分1本勝負）
宮原健斗（22分13秒 シャットダウン・スープレックス・ホールド）秋山準
※宮原が4度目の防衛に成功
■8月27日＝愛知・名古屋国際会議場イベントホール
三冠ヘビー級選手権試合（60分1本勝負）
宮原健斗（22分16秒 シャットダウン・スープレックス・ホールド）崔領二
※宮原が5度目の防衛に成功
■11月27日＝東京・両国国技館
三冠ヘビー級選手権試合（60分1本勝負）
宮原健斗（26分21秒 シャットダウン・スープレックス・ホールド）諏訪魔
※宮原が6度目の防衛に成功

2017年（平成29年）

■1月15日＝福岡・博多スターレーン
三冠ヘビー級選手権試合（60分1本勝負）
宮原健斗（27分56秒 シャットダウン・スープレックス・ホールド）大森隆男
※宮原が7度目の防衛に成功
■2月26日＝エディオンアリーナ大阪・第2競技場（大阪府立体育会館・第2競技場）
三冠ヘビー級選手権試合（60分1本勝負）
宮原健斗（22分23秒 シャットダウン・スープレックス・ホールド）ザ・ボディガー
※宮原が8度目の防衛に成功
■5月21日＝東京・後楽園ホール
三冠ヘビー級選手権試合（60分1本勝負）
石川修司（20分38秒 体固め）宮原健斗
※宮原が9度目の防衛に失敗。石川が第56代王者となる
■6月11日＝東京・後楽園ホール
三冠ヘビー級選手権試合（60分1本勝負）
石川修司（16分53秒 片エビ固め）ジェイク・リー
※石川が初防衛に成功
■7月17日＝東京・後楽園ホール
三冠ヘビー級選手権試合（60分1本勝負）
石川修司（19分37秒 片エビ固め）諏訪魔
※石川が2度目の防衛に成功
■8月27日＝東京・両国国技館
三冠ヘビー級選手権試合（60分1本勝負）
宮原健斗（24分39秒 シャットダウン・スープレックス・ホールド）石川修司
※石川が3度目の防衛に失敗。宮原が第57代王者となる
■10月9日＝東京・後楽園ホール
三冠ヘビー級選手権試合（60分1本勝負）
諏訪魔（31分3秒 体固め）宮原健斗
※宮原が初防衛に失敗。諏訪魔が第58代王者となる
■10月21日＝神奈川・横浜文化体育館
三冠ヘビー級選手権試合（60分1本勝負）
ジョー・ドーリング（20分10秒 エビ固め）諏訪魔
※諏訪魔が初防衛に失敗。ドーリングが第59代王者となる
■11月9日＝東京・後楽園ホール
三冠ヘビー級選手権試合（60分1本勝負）
ジョー・ドーリング（11分49秒 エビ固め）ヨシ・タツ
※ドーリングが初防衛に成功

2018年（平成30年）

■1月2日＝東京・後楽園ホール
三冠ヘビー級選手権試合（60分1本勝負）
ジョー・ドーリング（20分9秒 エビ固め）ゼウス
※ドーリングが2度目の防衛に成功
■2月3日＝神奈川・横浜文化体育館
三冠ヘビー級選手権試合（60分1本勝負）
ジョー・ドーリング（14分31秒 エビ固め）KAI
※ドーリングが3度目の防衛に成功
■3月25日＝埼玉・さいたまスーパーアリーナ・コミュニティアリーナ
三冠ヘビー級選手権試合（60分1本勝負）
宮原健斗（17分34秒 シャットダウン・スープレックス・ホールド）ジョー・ドーリング
※ドーリングが4度目の防衛に失敗。宮原が第60代王者となる
■5月24日＝東京・後楽園ホール
三冠ヘビー級選手権試合（60分1本勝負）

宮原健斗（25分52秒 シャットダウン・スープレックス・ホールド）丸藤正道
※宮原が初防衛に成功

■6月12日＝東京・後楽園ホール
三冠ヘビー級選手権試合（60分1本勝負）
宮原健斗（23分8秒 シャットダウン・スープレックス・ホールド）ディラン・ジェイムス
※宮原が2度目の防衛に成功

■7月29日＝エディオンアリーナ大阪（大阪府立体育会館）
三冠ヘビー級選手権試合（60分1本勝負）
ゼウス（29分36秒 片エビ固め）宮原健斗
※宮原が3度目の防衛に失敗。ゼウスが第61代王者となる

■8月26日＝千葉・キッコーマンアリーナ
三冠ヘビー級選手権試合（60分1本勝負）
ゼウス（30分24秒 片エビ固め）石川修司
※ゼウスが初防衛に成功

■10月21日＝神奈川・横浜文化体育館
三冠ヘビー級選手権試合（60分1本勝負）
宮原健斗（34分0秒 シャットダウン・スープレックス・ホールド）ゼウス
※ゼウスが2度目の防衛に失敗。宮原が第62代王者となる

2019年（平成31年&令和元年）

■1月3日＝東京・後楽園ホール
三冠ヘビー級選手権試合（60分1本勝負）
宮原健斗（28分34秒 シャットダウン・スープレックス・ホールド）KAI
※宮原が初防衛に成功

■2月24日＝神奈川・横浜文化体育館
三冠ヘビー級選手権試合（60分1本勝負）
宮原健斗（32分29秒 シャットダウン・スープレックス・ホールド）諏訪魔
※宮原が2度目の防衛に成功

■3月19日＝東京・後楽園ホール
三冠ヘビー級選手権試合（60分1本勝負）
宮原健斗（28分58秒 シャットダウン・スープレックス・ホールド）野村直矢
※宮原が3度目の防衛に成功

■5月20日＝東京・後楽園ホール
三冠ヘビー級選手権試合（60分1本勝負）
宮原健斗（27分41秒 シャットダウン・スープレックス・ホールド）石川修司
※宮原が4度目の防衛に成功

■6月30日＝東京・後楽園ホール
三冠ヘビー級選手権試合（60分1本勝負）
宮原健斗（26分15秒 シャットダウン・スープレックス・ホールド）ヨシ・タツ
※宮原が5度目の防衛に成功

■7月28日＝エディオンアリーナ大阪・第2競技場（大阪府立体育会館・第2競技場）
三冠ヘビー級選手権試合（60分1本勝負）
宮原健斗（33分44秒 シャットダウン・スープレックス・ホールド）ゼウス
※宮原が6度目の防衛に成功

■9月3日＝東京・後楽園ホール
三冠ヘビー級選手権試合（60分1本勝負）
宮原健斗（27分51秒 シャットダウン・スープレックス・ホールド）野村直矢
※宮原が7度目の防衛に成功

■10月24日＝東京・後楽園ホール
三冠ヘビー級選手権試合（60分1本勝負）
宮原健斗（33分19秒 シャットダウン・スープレックス・ホールド）ジェイク・リー
※宮原が8度目の防衛に成功

2020年（令和2年）

■1月3日＝東京・後楽園ホール
三冠ヘビー級選手権試合（60分1本勝負）
宮原健斗（31分3秒 シャットダウン・スープレックス・ホールド）ジェイク・リー
※宮原が9度目の防衛に成功

■2月11日＝東京・後楽園ホール
三冠ヘビー級選手権試合（60分1本勝負）
宮原健斗（24分9秒 シャットダウン・スープレックス・ホールド）青柳優馬
※宮原が10度目の防衛に成功

■3月23日＝東京・後楽園ホール
三冠ヘビー級選手権試合（60分1本勝負）
諏訪魔（31分25秒 バックドロップ・ホールド）宮原健斗
※宮原が11度目の防衛に失敗。諏訪魔が第63代王者となる

■6月30日＝TVマッチ（会場非公開）
三冠ヘビー級選手権試合（60分1本勝負）
諏訪魔（27分59秒 体固め）芦野祥太郎
※諏訪魔が初防衛に成功

■7月25日＝東京・後楽園ホール
三冠ヘビー級選手権試合（60分1本勝負）
諏訪魔（27分33秒 バックドロップ・ホールド）石川修司
※諏訪魔が2度目の防衛に成功

■10月17日＝エディオンアリーナ大阪・第2競技場（大阪府立体育会館・第2競技場）
三冠ヘビー級選手権試合（60分1本勝負）
諏訪魔（32分22秒 バックドロップ・ホールド）ゼウス
※諏訪魔が3度目の防衛に成功

2021年（令和3年）

■1月3日＝東京・後楽園ホール
三冠ヘビー級選手権試合（60分1本勝負）
諏訪魔（26分28秒 バックドロップ・ホールド）青柳優馬
※諏訪魔が4度目の防衛に成功

■1月24日＝東京・後楽園ホール
三冠ヘビー級選手権試合（60分1本勝負）
諏訪魔（26分41秒 バックドロップ・ホールド）芦野祥太郎
※諏訪魔が5度目の防衛に成功

■2月23日＝東京・後楽園ホール
三冠ヘビー級選手権試合（60分1本勝負）
諏訪魔（21分34秒 バックドロップ・ホールド）佐藤耕平
※諏訪魔が6度目の防衛に成功

■3月21日＝京都・KBSホール
三冠ヘビー級選手権試合（60分1本勝負）
諏訪魔（27分14秒 バックドロップ・ホールド）ヨシ・タツ
※諏訪魔が7度目の防衛に成功するも、6月20日に新型コロナウイルス陽性判定を受けて王座返上

■6月26日＝東京・大田区総合体育館
三冠ヘビー級王座決定巴戦（時間無制限）
①宮原健斗（18分28秒 シャットダウン・スープレックス・ホールド）青柳優馬
②ジェイク・リー（10分9秒 片エビ固め）宮原健斗
③ジェイク・リー（19分4秒 片エビ固め）青柳優馬
※宮原、青柳に連勝したジェイクが第64代王者となる

■7月22日＝東京・後楽園ホール
三冠ヘビー級選手権試合（60分1本勝負）
ジェイク・リー（20分25秒 片エビ固め）芦野祥太郎
※ジェイクが初防衛に成功

■9月21日＝東京・後楽園ホール
三冠ヘビー級選手権試合（60分1本勝負）
ジェイク・リー（24分40秒 片エビ固め）諏訪魔
※ジェイクが2度目の防衛に成功

■10月16日＝東京・大田区総合体育館
三冠ヘビー級選手権試合（60分1本勝負）
ジェイク・リー（時間切れ引き分け）宮原健斗
※ジェイクが3度目の防衛に成功するも、鼻骨骨折及び左眼窩内側壁骨折により、12月28日に王座返上

2022年（令和4年）

■1月23日＝東京・後楽園ホール
三冠ヘビー級王座決定トーナメント決勝戦（時間無制限1本勝負）
宮原健斗（23分3秒 シャットダウン・スープレックス・ホールド）本田竜輝
※宮原が第65代王者となる

■2月23日＝東京・後楽園ホール
三冠ヘビー級選手権試合（60分1本勝負）
宮原健斗（16分6秒 ジャーマン・スープレックス・ホールド）アブドーラ・小林
※宮原が初防衛に成功

■3月21日＝東京・大田区総合体育館
三冠ヘビー級選手権試合（60分1本勝負）
宮原健斗（32分28秒 シャットダウン・スープレックス・ホールド）石川修司
※宮原が2度目の防衛に成功

■5月15日＝北海道・ホテルエミシア札幌
三冠ヘビー級選手権試合（60分1本勝負）
宮原健斗（32分43秒 シャットダウン・スープレックス・ホールド）青柳優馬
※宮原が3度目の防衛に成功

■5月29日＝東京・後楽園ホール
三冠ヘビー級選手権試合（60分1本勝負）
宮原健斗（24分9秒 シャットダウン・スープレックス・ホールド）T-Hawk
※宮原が4度目の防衛に成功

■6月19日＝東京・大田区総合体育館
三冠ヘビー級選手権試合（60分1本勝負）
ジェイク・リー（27分57秒 体固め）宮原健斗
※宮原が5度目の防衛に失敗。ジェイクが第66代王者となる

■7月14日＝東京・後楽園ホール
三冠ヘビー級選手権試合（60分1本勝負）
諏訪魔（22分26秒 バックドロップ・ホールド）ジェイク・リー
※ジェイクが初防衛に失敗。諏訪魔が第67代王者となる

■9月18日＝東京・日本武道館
三冠ヘビー級選手権試合（60分1本勝負）
宮原健斗（16分35秒 シャットダウン・スープレックス・ホールド）諏訪魔

22年9・18武道館、宮原 vs 諏訪魔

※諏訪魔が初防衛に失敗。宮原が第68代王者となる
■9月19日＝東京・後楽園ホール
三冠ヘビー級選手権試合（60分1本勝負）
宮原健斗（20分24秒 シャットダウン・スープレックス・ホールド）野村直矢
※宮原が初防衛に成功
■10月22日＝新潟・三条市厚生福祉会館
三冠ヘビー級選手権試合（60分1本勝負）
宮原健斗（24分41秒 シャットダウン・スープレックス・ホールド）大森隆男
※宮原が2度目の防衛に成功

2023年（令和5年）

■1月3日＝東京・後楽園ホール
三冠ヘビー級選手権試合（60分1本勝負）
宮原健斗（28分42秒 シャットダウン・スープレックス・ホールド）野村卓矢
※宮原が3度目の防衛に成功
■2月4日＝東京・エスフォルタアリーナ八王子・サブアリーナ
三冠ヘビー級選手権試合（60分1本勝負）
宮原健斗（28分10秒 シャットダウン・スープレックス・ホールド）青柳優馬
※宮原が4度目の防衛に成功
■2月19日＝東京・後楽園ホール
三冠ヘビー級選手権試合（60分1本勝負）
永田裕志（23分6秒 バックドロップ・ホールド）宮原健斗
※宮原が5度目の防衛に失敗。永田が第69代王者となる
■3月21日＝東京・大田区総合体育館
三冠ヘビー級選手権試合（60分1本勝負）
永田裕志（25分46秒 バックドロップ・ホールド）石川修司
※永田が初防衛に成功
■5月29日＝東京・後楽園ホール
三冠ヘビー級選手権試合（60分1本勝負）
永田裕志（22分26秒 バックドロップ・ホールド）T-Hawk
※永田が2度目の防衛に成功
■6月17日＝東京・大田区総合体育館
三冠ヘビー級選手権試合（60分1本勝負）
宮原健斗（21分6秒 バックドロップ・ホールド）安齊勇馬
※永田が3度目の防衛に成功
■7月2日＝東京・後楽園ホール
三冠ヘビー級選手権試合（60分1本勝負）
青柳優馬（21分18秒 片エビ固め）永田裕志
※永田が4度目の防衛に失敗。青柳が第70代王者となる
■7月22日＝島根・くにびきメッセ・大展示場
三冠ヘビー級選手権試合（60分1本勝負）
青柳優馬（20分4秒 エビ固め）大森北斗
※青柳が初防衛に成功
■8月6日＝千葉・幕張メッセ国際展示場7ホール
三冠ヘビー級選手権試合（60分1本勝負）
青柳優馬（22分27秒 エビ固め）諏訪魔
※青柳が2度目の防衛に成功
■9月3日＝新潟・アオーレ長岡
三冠ヘビー級選手権試合（60分1本勝負）
青柳優馬（18分12秒 エビ固め）小島聡
※青柳が3度目の防衛に成功
■9月23日＝東京・後楽園ホール
三冠ヘビー級選手権試合（60分1本勝負）
青柳優馬（22分46秒 エビ固め）本田竜輝
※青柳が4度目の防衛に成功
■10月21日＝東京・後楽園ホール
三冠ヘビー級選手権試合（60分1本勝負）
青柳優馬（29分48秒 エビ固め）宮原健斗
※青柳が5度目の防衛に成功
■11月5日＝北海道・ホテルエミシア札幌
三冠ヘビー級選手権試合（60分1本勝負）
中嶋勝彦（24分16秒 エビ固め）青柳優馬
※青柳が6度目の防衛に失敗。中嶋が第71代王者となる
■12月31日＝東京・国立代々木競技場 第二体育館
三冠ヘビー級選手権試合（60分1本勝負）
中嶋勝彦（25分51秒 腕固め）宮原健斗
※中嶋が初防衛に成功

2024年（令和6年）

■1月3日＝東京・後楽園ホール
三冠ヘビー級選手権試合（60分1本勝負）
中嶋勝彦（19分42秒 片エビ固め）チャーリー・デンプシー
※中嶋が2度目の防衛に成功
■1月27日＝東京・エスフォルタアリーナ八王子・メインアリーナ
三冠ヘビー級選手権試合（60分1本勝負）
中嶋勝彦（19分40秒 腕固め）芦野祥太郎
※中嶋が3度目の防衛に成功
■2月20日＝東京・後楽園ホール
三冠ヘビー級選手権試合（60分1本勝負）
中嶋勝彦（18分11秒 片エビ固め）斉藤ジュン
※中嶋が4度目の防衛に成功
■3月30日＝東京・大田区総合体育館
三冠ヘビー級選手権試合（60分1本勝負）
安齊勇馬（20分16秒 ジャーマン・スープレックス・ホールド）中嶋勝彦
※中嶋が5度目の防衛に失敗。安齊が第72代王者となる

【第１巻で登場する王者】

インターナショナルヘビー級王者
NWFヘビー級王者
PWFヘビー級王者
IWGPヘビー級王者

- 週刊プロレス 40周年記念
- 70年以上におよぶ日本プロレス史を彩った歴代王者を一挙掲載！「代」ごとの足跡、防衛戦を紹介
- 王座の「起源」について詳しく解説
- 掲載王座の「タイトルマッチ記録」を収録

NWFヘビー級王者

第16代 アントニオ猪木 日本を超えて、世界中に「INOKI」の名を轟かす

1975年6月26日、蔵前国技館でシンを2対1で破り王座奪還に成功した猪木は、そこから4年8カ月の第2次王座期間に27度の防衛記録を重ねた。期間中の75年8月にNWAに加盟したことにより「世界」の2文字が削除されて「NWFヘビー級王者」と名称変更を余儀なくされたが観客動員に影響はなく、猪木のカリスマ的な人気はこの期間に国民的セレブリティの域に達している。76年2月からは「格闘技世界一決定戦」という前人未踏のジャンルに踏み出して、78年12月にはWWWF（当時）から「格闘技世界ヘビー級王座」のベルトも与えられたことから、シングル2冠王として毎月のように防衛ロードを驀進。「世界の猪木」として日亜欧米を股にかけた。

▲75年12・11蔵前で人間風車ロビンソンと初対決。1本目を奪われるも、60分タイムアップ寸前に卍固めで2本目を奪い返す劇的展開に（試合は1対1のまま時間切れ）

▼韓国に乗り込み、パクと対戦。現地のスターを血ダルマにしてリングアウト勝ちするという凄惨な試合となった（76年10・10ソウル）

▼75年6・26蔵前でシンから王座を奪回。この試合はシンが珍しくクリーンファイトに徹し、猪木vsシン史上に残る名勝負となった

▲日本プロレスの若手時代以来となる鉄人テーズとの一騎打ちは、ブロックバスター・ホールドでフォール勝ち（75年10・9蔵前）

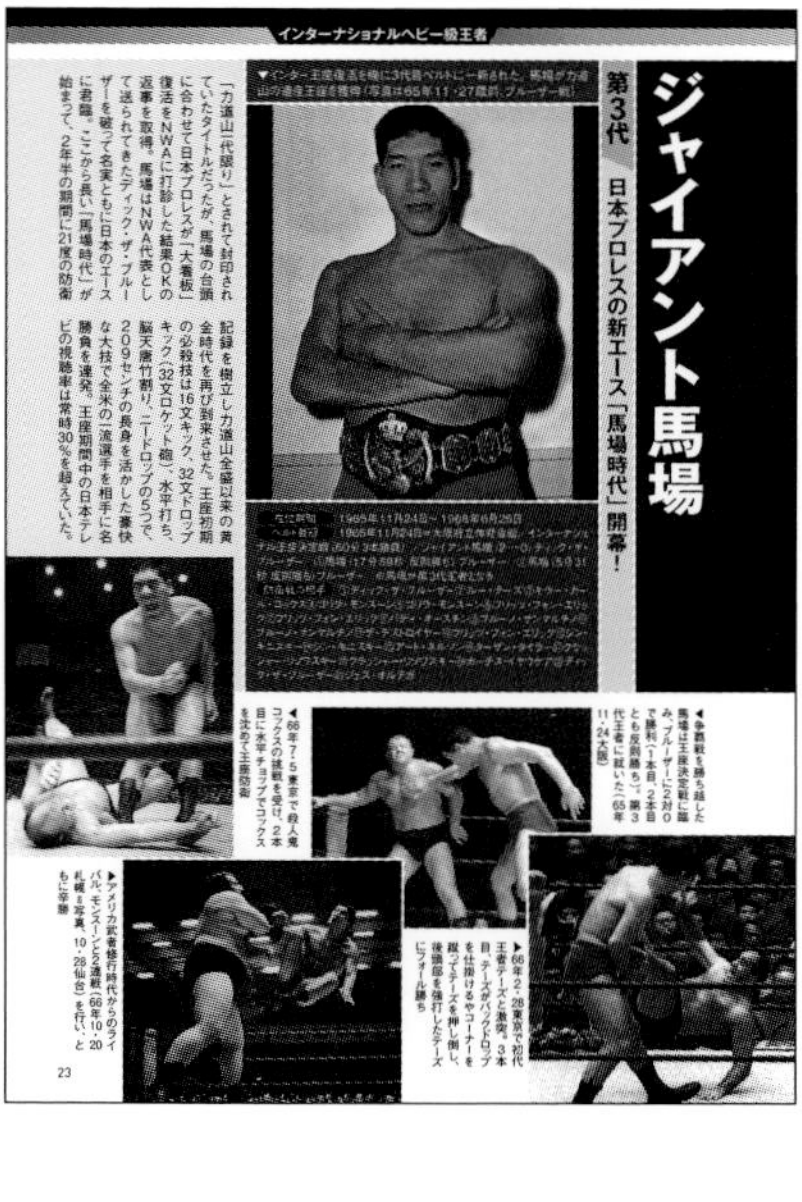

インターナショナルヘビー級王者

第3代 ジャイアント馬場 日本プロレスの新エース「馬場時代」開幕！

「力道山一代限り」とされて封印されていたタイトルだったが、馬場の台頭に合わせて日本プロレスが「大看板」復活をNWAに打診した結果OKの返事を取得。馬場はNWA代表として送られてきたディック・ザ・ブルーザーを破って名実ともに日本のエースに君臨。ここから長い「馬場時代」が始まって、2年半の期間に21度の防衛記録を樹立し力道山全盛以来の黄金時代を再び到来させた。王座初期の必殺技は16文キック、32文ドロップキック（32文ロケット砲）、水平打ち、脳天唐竹割り、ニードロップの5つで、209センチの長身を活かした豪快な大技で全米の一流選手を相手に名勝負を連発。王座期間中の日本テレビの視聴率は常時30％を超えていた。

◀争覇戦を勝ち越した馬場は王座決定戦に臨み、ブルーザーに2対0で勝利（1本目、2本目とも反則勝ち）。第3代王者に就いた（65年11・24大阪）

◀66年7・5東京で殺人鬼コックスの挑戦を受け、2本目に水平チョップでコックスを沈めて王座防衛

▶アメリカ武者修行時代からのライバル、モンスーンと2連戦（66年10・20札幌＝写真、10・28仙台）を行い、ともに辛勝

▶66年2・28東京で初代王者テーズと激突。3本目、テーズがバックドロップを仕掛けるやコーナーを蹴ってテーズを押し倒し、後頭部を強打したテーズにフォール勝ち

23

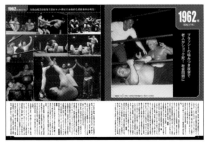

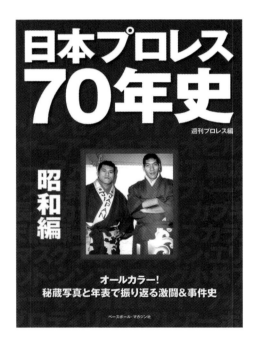

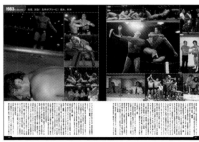

編集・文 本多 誠（元『週刊プロレス』編集長）
流 智美（プロレス評論家）
市川 亨
デザイン 間野 成（株式会社間野デザイン）
Special thanks to Dan Westbrook

日本《にほん》プロレス歴代王者名鑑《れきだいおうじゃめいかん》
ヘビー級《きゅう》シングル編《へん》② 世界最高峰《せかいさいこうほう》、王道最高峰《おうどうさいこうほう》

2024年4月30日　第1版第1刷発行

編　集　週刊《しゅうかん》プロレス
発行人　池田哲雄
発行所　株式会社ベースボール・マガジン社
〒103-8482 東京都中央区日本橋浜町2-61-9　TIE浜町ビル
電話 03-5643-3930（販売部）
03-5643-3885（出版部）
振替口座 00180-6-46620
https://www.bbm-japan.com/

印刷・製本 共同印刷株式会社

Printed in Japan
ISBN978-4-583-11669-3　C0075